사이클의
발자취를 찾아서

사이클의 발자취를 찾아서

발   행 | 2019년 2월 28일
저   자 | 김용수
펴낸이 | 한건희
펴낸곳 | 주식회사 부크크
출판사등록 | 2014.07.15.(제2014-16호)
주   소 | 경기도 부천시 원미구 춘의동 202 춘의테크노파크2단지 202동 1306호
전   화 | 1670-8316
이메일 | info@bookk.co.kr

ISBN | 979-11-272-6410-9

www.bookk.co.kr
© 김용수 2019

사이클의 발자취를 찾아서

海東 金龍洙 엮음

사이클

이 책을 쓰면서

최초의 자전거는 1790년 프랑스의 귀족 콩트 메데 드 시브락(Conte Mede de Sivrac)에 의해서 탄생했다. 이후 자전거는 1860년대 미쇼(Michaux)와 랄르망(Lallement)에 의해 앞바퀴에 페달이 달린 형태기 출시되면서 두 다리를 동력으로 승부를 가르는 레이싱도 가능해졌으며, 19세기 말 체인이 달린 형태가 개발되면서 전 인류가 향유하는 스포츠 문화로 성장하기 시작했다.

그럼 한국에 자전거는 언제 어떠한 경로를 통해서 도입되었을까 역사는 말하고 행한 것들의 기억이다.

한국(韓國)에서 자전거(自轉車)가 언제 처음으로 사용되었는지는 확실한 기록이 없어 알 수가 없다. 다만 20세기를 전·후한 개화시대일 것이라고 추측되어 서양의 선교사나 개화파 인사들이 처음 들여왔다고 추정하고 있다. 우리나라 자전거 도입의 역사는 1896년 서재필(徐載弼) 박사가 독립문 공사현장에 갈 때 처음으로 탔다는 설(設)도 있고, 같은 해 외무부 소속 간부인 고희성이 한양에서 자전거를 탄 것이 처음이라 하기도 한다. 그 후 1898년 윤치호(尹致昊) 선생이 하와이로부터 통타이어로 제작된 자전거를 도입해 왔다는 설(設)도 있으나 근거가 확실하지 않다.

일제강점기에 엄복동은 국내 각종자전거대회에서 일본선수들을 물리치고 당당히 우승한 불세출의 스타였다. 또한 그는 우리나라 자전거史의 대명사이며, 한국 자전거 100년史에 있어 가장 빛나는 스타이다. 엄복동이 힘차게 자전거 페달을 밟는 모습은 당시 억눌려 있던 조선인들에게 꿈과 희망을 주었다.

사이클 경기(競技)는 오랜 역사와 전통(傳統)을 가진 스포츠로서 1869년 파리에서 프랑스와 루엔을 잇는 세계 최초의 도로 사이클 경기(競技)가 실시된 이래 오늘에 이르기 까지 세계 각국에서 널리 실시되고 있다.

사이클 경기는 올림픽의 정식 종목으로 1896년 아테네에서 개최된 제1회 근대 올림픽경기대회를 제외하고, 1990년 제2회 파리 올림픽 경기대회 이래 오늘에 이르기까지 인기 있는 종목으로 계속 실시되고 있다.

우리나라는 1922년 5월 31일 전국자전거타기 대회가 개최되었고, 1939년 조선자전거경기연맹으로 발족(發足)하여 제1회 전조선자전거경기선수권대회를 개최하였으나, 1941년 일제가 국방 경기훈련을 위한 실용자전거경기, 중량운반 경기 등을 강요함에 따라 스포츠경기는 중지되었다.

해방 후 1945년 11월 조선자전차경기연맹이 창립 발기인 대회와 함께 대한체육회에 가맹하였으며, 1945년 서울운동장에서 개최된 전국체육대회 10개 종목 중 자전거(自轉車) 경기가 실시되었다.

한국이 사이클에 첫 선수단을 파견한 것은 처녀 출전이었던 1948 런던올림픽 때부터다. 하지만 역대 최고 성적은 2000 시드니올림픽 남자 40km 포인트레이스에서 조호성이 기록한 4위로 아직까지 노메달에 그치고 있다.

한국은 아시아권에서 정상급의 사이클 실력을 갖춘 국가로 손꼽힌다. 그러나 세계무대에서 아직 이렇다 할 성적을 내지 못하고 있다. 특히 올림픽에서는 사이클에 대한 기대가 전무하다고 해도 과언이 아니었다.

하지만 사이클은 그동안 경제적인 어려움이나 운동부에 대한 이해부족, 선수 수급의 어려움과 작고 큰 대형 안전사고 등 이루 다 설명할 수 없을 만큼의 사건 등을 딛고 한국스포츠 발전에 기여했다. 이와 같은 발달 과정은 헌신적인 지도자와 선수들의 부단한 노력의 결과라고 볼 수 있다.

2019년 2월
海東 김용수

차례

http://www.viva100.com/main/view.php?key=20170212010003746(2019. 02. 07)

Ⅰ. 사이클에 대하여 알아봅시다

1. 사이클의 유래(由來)

인류(人類)가 바퀴를 이용하여 생활의 편익을 가져 온 것은 기원 전 부터이며, 자전거의 형태가 나타 난 것은 19세기 초이다.

1790년경 자전거의 원형을 최초로 고안해 낸 사람은 프랑스의 콩트 드시브락(De Sivras) 백작에 의해 개발된 것이 효시(嚆矢)이다. 드시브락(De Sivras)는 목재 수레바퀴와 두 개의 수직자루를 만들어 이것을 윙목으로 연결하여 이륜자전거의 형태를 만들었다. 이때의 드시브락(De Sivras) 2륜차를 '빨리 달릴 수 있는 기계(셀레르페르, celerifere)'로 불렀다. 또한 1818년 독일의 칼 바론 폰 드라이스(Von Drais)가 발명한 자전거인 드라이제(draise)는 현재 자전거의 모습과는 다소 거리가 멀지만 그것의 최고 속도는 15Km였다고 한다.

1839년 스코트랜드의 맥밀란(Machmillan)이 자전거 동력 장치인 페달과 크랭크를 개발하였다. 1875년 영국의 제임스 스탈레이(Starley)가 앞뒤 바퀴의 크기가 똑같고 체인 구동식인 지금의 형태에 가까운 현대형 자전거를 개발한 것으로 알려져 있다. 이러한 과정을 거치면서 실용적이면서도 효과적인 교통수단으로 발전을 거듭하여 오늘 날의 자전거에 이르렀다. 그 후 1887년에 이르러 현재의 사이클 모양과 유사하게 제작되었다.

사이클 경기(競技)는 오랜 역사와 전통(傳統)을 가진 스포츠로서 1869년 파리에서 프랑스와 루엔을 잇는 세계 최초의 도로 사이클 경기(競技)가 실시된[1] 이래 오늘에 이르기 까지 세계 각국에서 널리 실시되고 있다.

사이클 경기는 올림픽의 정식 종목으로 1896년 아테네에서 개최된 제1회 근대 올림픽경기대회를 제외하고, 1990년 제2회 파리 올림픽 경기대회 이래 오늘에 이르기까지 인기 있는 종목으로 계속 실시되고 있다.[2]

제1회 세계선수권대회가 1893년 시카고에서 시작되면서 오늘날 까지 세계 각 도시에서 매년 개최되고 있다.[3] 특히 유럽에서는 대중들에게 가장 인기 있는 스포츠로서 널리 보급되어 있는데, 매년 개최되고 있는 프랑스 일주 도로 경기(투르드 프랑스) 등은 상당한 인기가 있는 경기로 각광을 받고 있다.

세계 사이클 경기를 운영하고 있는 단체를 살펴보면, 1900년 창설된 국제사이클연맹(UCI, Union Cyclitse Internationale)[4]이 총괄하고 있으며, 하부 조직으로서는 국제아마추어사이클경기연맹(FIAC)[5], 국제프로사이클경기연맹(FICP)[6] 등이 있다.

국제사이클연맹(UIC, Union Cyclitse Internationale)은 1900년 창설된 이래 각 대륙사이클연맹과 협조 하에 사이클 발전에 많은 이바지를 해 왔다. 국제사이클연맹(UIC)은 세계선수권대회 및 주니어 선수권대회, 월드컵대회, 올림픽대회 등을 개최하는 데 주된 활동을 한다. 국제사이클연맹(UCI, Union Cyclitse Internationale)의 주요 임무는 각 국가연맹 및 관련 주요 단체들과 협조를 통하여 사이클 모든 분야에 있어 차별 없이 발전 및 증진시키는데 그 목적을 둔다. 여기서 말하는 사이클의 모든 분야는 경기로서의 스포츠 측면, 여행 및 여가활동을 통한 건강 형성 측면, 마지막으로 현대사회의 이동수단 문제를 해결하는데 일조하기 위한 경제학, 생태학 및 환경 친화적인 의미의 교통수단 측면을 말한다.

국제사이클연맹 UCI(Union Cyclitse Internationale)는 세계 사이클센터(WCC)를 2002년 1월 열어, 후진국에 사이클 지식과 기술, 그리고 훈련 장소를 제공하는 등 사이클의 세계화를 위해 계속적인 노력을 한다.[7]

아시아사이클연맹(ACC, Asian Cycling Confederation)은 현재 아시아 39개

국이 가입되어 있다. 아시아사이클연맹(ACC) 본부는 대한민국 서울에 두고 있으며, 1년에 1회의 정기 총회를 열어 의사결정을 한다. 아시아사이클연맹(ACC)의 임무는 아시아 사이클 회원국의 친선을 도모하면서, 더 나아가 후진국에 대한 원조를 하고 있으며, 아시아선수권대회 및 아시아주니어선수권대회를 주최하여 아시아 사이클의 경기력 발전을 도모하고 있다. 그 외에도 여러 측면에서 아시아사이클의 양적·질적인 향상을 위해 노력한다.

ACC(Asian Cycling Confederation) 조직은 회장, 사무총장, 집행위원회(트랙, 도로, 마운틴바이크, 인도어, 솔리다리티), 그리고 각 회원국으로 구성된다. 집행위원회는 조화를 이루며 아시아 사이클의 발전에 이바지하고 있는데, 특히 솔리다리티 위원회는 아시아의 빈곤 국가에 자전거 및 경기 관련 부품 등을 제공하며 아시아 후진국의 사이클 발전을 위해 노력하고 있다.

현재 올림픽에서 사이클은 총 18개(남자 9개, 여자 9개) 종목을 실시하며, 그 종목은 사이클 전용 경기장인 벨로드롬에서 실시하는 트랙종목과 포장된 도로에서 실시하는 도로종목, 산악코스에서 실시하는 마운틴바이크 종목, BMX 전용 경기장에서 실시하는 BMX 종목이 있으며, 이들 종목에 따라 사용되는 자전거의 종류(種類)도 달라진다.

트랙에서 스프린트는 올림픽정식 종목으로 2~4명씩 조 편성되어 트랙 크기가 333m 미만의 트랙은 3바퀴, 333m 및 그 이상의 트랙에서는 2바퀴를 돌면서 선수들 간에 견제와 작전을 구사하여 결승선을 가장 먼저 통과하는 선수가 승자가 되는 경기로, 흥미와 스릴이 넘치며 두뇌가 요구되는 경기이다. 조 편성을 위해 200m 기록경기를 실시한다.

이 경기는 보통 1바퀴를 남겨 놓고 선수들이 전력 질주하는 모습을 볼 수 있는데, 이는 최종 200m 정도의 거리로 승부를 가름하는 경향이 많아 200m 거리의 순간 속도가 빠른 선수들이 승리할 확률이 높다. 경기는 토너먼트 방식으로 진행되며, 보통 준준결승전부터 3전 2선승제로 실시된다. 출발 위치는 추첨으로 결정하며 트랙의 안쪽(Inside)에 위치하는 선수가 첫 바퀴를 선행해야 한다. 2차전에서는 출발 위치가 서로 바뀌게 되며, 3차전에서 추첨으로 출발 위치를 결정한다. 출발 위치가 서로 바뀌게 되며, 3차전에서 추첨(抽籤)으로 출발 위치를 결정한다.

개인 도로 경기 종목은 육상으로 보면 마라톤에 해당하는 종목이다. 그만큼 열량 소모가 크고, 강한 심폐기능을 요하는 종목이다. 개인 도로경기는 올림픽에서는 주행거리를 남자 엘리트는 220~250km, 여자 엘리트는 100~140km로 정해 놓고 있다.

이 경기는 일정거리를 정해 놓고 개인 선수만 참가시키는 도로 경기를 말한다. 출전 선수가 일제히 출발하여 결승선에 도착한 순서에 의해 등위가 결정된다. 선수 및 감독은 출발 서명 장소로 집결하여 출발 서명을 한 후 출발선에 모여 일제히 출발한다. 모든 선수는 음식, 음료수, 공구 및 부속품을 대여 또는 교환과 같은 사소한 서비스를 상호 지원할 수 있다. 선수들은 경기 중 지정된 보급 장소에서 지정된 임원(任員)에 의해서나 소속 팀 차량에 의해 음식물을 보급을 받아 경기에 임할 수 있다. 보급품(補給品)은 출발 50km 이내와 결승(決勝) 20km 이내에서는 보급을 받을 수 없다.

또한, 최종 10km 코스 이내에서는 어떤 차량도 선수를 추월할 수 없다. 경기 중 기재 고장 시 선수는 소속팀 기술 요원 또는 중립 차량으로부터 기재 고장 수리를 지원 받을 수 있다. 경기는 선수가 스프린트 시 자신이 선택한 주로로부터 이탈 또는 방해하는 것을 엄격히 금지(禁止)하며, 이때 상대 선수를 위험에 빠뜨리는 행위도 엄격하게 금지한다. 등위 분류는 항시 결승선 통과 순위에 따라 결정되며, 이때 사진 판독(判讀)은 의무적이다. 결승선을 통과 시 그룹 내에 있는 선수는 동일한 기록 시간으로 간주된다.

MTB의 크로스컨트리는 지형의 기복이 심한 오르막길과 내리막길 등의 지형을 배경으로 대부분 폐쇄된 산림도로나 시골길이 경기장이 된다. 1966년 미국 애틀란타 올림픽 때부터 정식종목으로 채택된 이 종목이다. 경기 코스에는 오르막과 내리막, 평지, 직선로와 굴곡이 골고루 섞여 있어, 산악

자전거의 여러 가지 테크닉을 종합적으로 갖추고 있어야 좋은 경기를 진행할 수 있다. 코스는 지형과 기후 조건에 구애 없이 100% 자전거를 탈 수 있어야 한다.

BMX는 우리나라에서는 흔히 묘기자전거쯤 인식하고 있으나, 세계사이클연맹에서 시행하는 BMX 종목은 다양한 기술, 순발력 및 파워 등을 요하는 300-400m 거리의 모글 코스를 달리는 경기를 말한다. 미국에서 1970년대 초 처음으로 공식적으로 경기가 시행되었으며, 1978년 유럽에 소개되었다. 1981년 세계 BMX연맹이 설립되어 1982년부터 세계선수권대회를 개최하여 오다가, 1993년 UCI로 완전히 통합되었다. 그 후 UCI에서 매년 세계선수권대회가 개최되고 있으며, 전 세계에 이 종목이 알려지면서 급속한 발전을 하고 있다.

BMX 표준 차체와 20인치의 바퀴를 사용하여 경기를 하는데, 출발대에서 시작하여 약간의 내리막을 달려 인공으로 조성된 여러 개의 점프대(장애물)와 급커브를 통과하여 결승선(決勝線)에 빨리 들어오는 순서로 그 순위를 가리게 된다. 300~400m의 경기장에서 총 8명의 선수가 동시에 출발하여, 각자의 스피드, 유연성, 파워 및 기술을 이용하여 결승에 빨리 들어오는 4명의 선수가 다음 라운드에 진출하게 된다. 2008년 북경 올림픽에서는 이 BMX가 정식종목으로 채택되어 주목을 받았다.

트랙 경기장은 트랙의 치수, 경사, 재료 및 장비 등에 대해 국제사이클연맹(UCI) 국제사이클연맹의 국제 공인을 받은 경우에는 UCI에 등록된 트랙경기를 개최할 수 있는 요건이 된다. 트랙 경기장은 타원형의 구조를 갖고 있으며 표면은 절대적으로 부드럽고 매끄러워야 한다. 즉, 마찰을 크게 일으키지 않으며 미끄럽지도 않아야 하고, 타이어와 트랙 표면간의 최소 25~30^0 마찰 각도에 지탱이 가능하도록 되어야 한다. 트랙의 길이는 주로 250m와 333m 길이의 트랙을 많이 사용하는 현대에는 박진감 넘치는 경기를 위해 250m 트랙을 선호하고 있다. 트랙의 내부 구조는 2개의 직선 주로에 연결된 2개의 굴곡(屈曲) 주로로 구성되며, 주로에서 선수가 원심력에 의해 이탈하는 것을 방지하기 위해 직선 주로는 $7 \sim 13^0$, 곡선 주로는 $22 \sim 42^0$로 경사각을 두고 있다. 현재 국내에서 보유하고 있는 트랙 경기장 중 서울, 창원, 부산 벨로드롬은 경륜 경기장으로 사용되고 있다.

사이클 도로경기는 포장된 일반 도로에서 실시되며, 경기 중 도로 코스는 선수, 수행요원, 공식 임직원 또는 관중의 안전을 위해 통제해야 한다. 또한, 선수가 올바른 코스를 따라 주행하고 있다는 사실을 확인할 수 있고, 현재 주행거리가 얼마인지를 나타내는 표시판을 설치해야 하며, 이는 질주하는 선수의 눈에 잘 띄는 것이어야 한다. 결승선 전방 최소 300m와 후방 100m 지역은 바리케이트로 결승 지역을 구분하여 장애물로 방호(防護) 조치를 해야 한다. 또한 결승점 전에 우회도를 준비하여 모든 차량이 의무적으로 우회하도록 한다.

그러나 행정부서 차량, 심판차량, 그리고 공식의무 차량은 예외로 한다. 종목에 따라 거리수가 달리 결정되며, 순환도로 코스로도 코스를 만들 수 있다. 사마운틴 바이크 경기장 코스는 가능한 산림로(山林路)와 통로, 야지, 흙 또는 자갈길을 포함해야 한다. 포장로 또는 타르 칠을 한 도로/아스팔트로(路)는 전체 코스의 15%를 초과할 수 없다.

기본적으로 크로스컨트리와 다운 힐 코스는 따로 분리되어야 하며, 같은 코스를 공유할 수 없다. 그러나 동일한 코스를 공유한다면 서로 연습 기간이 상이(相異)하게 할당되어야 한다. 관중은 모든 공식 훈련 및 경기 시 코스밖에 있어야 한다.

크로스컨트리 코스는 지형과 기후 조건에 구애됨이 없이 100% 자전거를 탈 수 있어야 한다. 선수가 올바른 코스를 따라 주행하고 있다는 사실을 확인할 수 있도록 일정한 간격을 두고 코스 주위에 표시판이 표시되어야 한다. 벽, 나무 그루터기, 나무 기둥과 같은 곳에는 건초 꾸러미 또는 적절한 볏단 등을 사용하여 선수 안전 보호를 위한 방어벽을 만들어 놓아야 하며,

또한 위험한 지역을 알려주기 위해 눈에 잘 보이는 곳에 표시판을 설치해야 한다. 기술 대표와 심판장의 판단에 따라 빠른 속도가 나는 구역에는 코스 이탈 방지용 테이프를 설치하여 선수들이 코스에 따라 경기에 임할 수 있게 하여야 한다.

다운 힐 코스는 높이 1.5~2m의 대나무 또는 스키 활강 기문으로 표시하며 기술 대표와 심판장의 판단에 따라 빠른 속도가 나는 구역에는 테이프를 설치하여 선수들이 코스에 따라 경기에 임할 수 있게 하여야 한다. 안전을 위한 방어벽과 위험 및 코스를 알리는 표시는 위 크로스컨트리에 언급한 것과 같은 시설을 해야 한다.[8]

2. 사이클 경기

사람의 힘으로 자전거를 움직여 속도 경쟁에 임하는 경기를 말한다. 인류가 바퀴를 이용하여 생활에 사용한 것은 기원전부터이나 자전거의 형태가 나타난 것은 19세기에 들어서는 문턱에서였다.

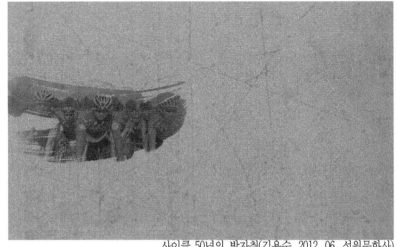

사이클 50년의 발자취(김용수, 2012. 06, 성원문화사)

1790년, 자전거의 원형을 최초로 고안해 낸 사람은 프랑스의 콩트 드 시브락 백작으로 그는 목재 수레바퀴와 두 개의 수직 자루를 만들고, 이것을 횡목으로 연결하여 자전거 형태를 만들었다. 이때의 2륜차는 '빨리 달릴 수 있는 기계-셀레리페르(Celerifere)' 라 불리게 되었다.

또한 1818년 독일의 칼 바론 폰 드라이스가 발명한 자전거(Draise, 드라이제)도 현재의 자전거와는 거리가 멀지만, 최고 속도 시속 15km를 낼 수 있었다고 한다.

그 후 1839년 스코트랜드의 맥밀란이 자전거 동력장치인 페달과 크랭크를 개발하였다. 1885년 영국의 제임스 스탈레이가 앞뒤 바퀴의 크기가 똑같고 체인 구동식인 지금의 형태에 가까운 현대형 자전거를 개발한 것으로 알려져 있다. 그 후 자전거는 실용적이면서도 효과적인 교통수단으로 발전을 거듭하여 오늘날의 자전거에 이르렀다.

자전거가 운동 수단으로써 도로 경기를 가졌던 것은 1869년 프랑스 파리와 루엔을 잇는 코스를 달린 경기가 처음이었으며, 그 후 1893년 미국 시카고에서 제1회 선수권 대회 이후, 올림픽에서는 제1회 아테네 올림픽 대회를 제외하고 줄곧 정식종목으로 채택되어 왔다. 또한, 아시아 경기대회도 제2회 마닐라대회에서만 사이클 경기 종목이 제외되고, 제3회 도쿄 대회부터 부활하여 계속 이어지고 있다.

사이클 종목은 유럽에서 발달하여 역대 올림픽에서 프랑스, 이탈리아, 네덜란드, 스위스, 구동독, 구소련 등이 강세를 나타내었으며 최근 프랑스의 초강세 속에 호주가 새로운 강국으로 부상하고 있다.

올림픽의 사이클 종목은 '80년 모스크바 대회까지 6~7개 종목으로 구성되어 오다가, 84년 LA올림픽대회에서 여자 개인 도로경기가 추가, 88올림픽에서 여자 스프린트 추가, 92년 바르셀로나 올림픽에서 여자 3km 개인 추발 추가, 96년 애틀랜타 올림픽에서는 여자 포인트 경기, 도로독주와 MTB 크로스컨트리 남, 여 종목 등 4개 종목이 추가되어 총 14개 종목으로 시행되다가 2000 시드니 올림픽에서는 올림픽 스프린트, 경륜 경기, 매디슨 경기, 여자 500m 독주 등 4개 종목이 추가되어 총 18개 종목이 실시되었다. 이에 따라 사이클은 메달이 많이 걸려있는 중요한 종목으로 부상하였다.[9]

사이클 경기는 1868년 5월 31일 파리 근교의 생클루 공원에서 열린 1,200m 경기를 시작으로 스포츠로 정식 출범했다.

그 이튿날 영국 미들식스 주에 있는 헨던에서 영국 최초의 사이클 경기가 열렸는데, 이 경기에서 우승한 영국의 제임스 무어는 1869년에 프랑스의 루앙에서 파리까지 133.57km를 달리는 최초의 도시간 경기에서도 우승했다. 유럽 대륙에서는 도로경기가 우세했지만, 영국은 도로사정이 나빠서 사이클 경기에는 적합하지 않았기 때문에 1871년부터 프로 사이클 경기가 등장하자 트랙을 달리는 경기가 더 많이 열렸다.

1878년에 창설된 영국 사이클 선수협회(National Cyclists Union/NCU : 1959년 영국 사이클 경기연맹으로 개편)는 국제 사이클 선수협회(International Cyclist Association/ICA : 1892) 창설을 주도했다.

이 협회의 창립 회원은 영국·벨기에·덴마크·독일·프랑스·네덜란드·미국·캐나다였다. 그러나 ICA에서 영국의 영향력이 지나치게 강하다는 느낌 때문에, 1900년 새로운 국제 사이클 선수연맹(Union Cycliste Internationale/UCI)이 결성되었다. 영국도 몇 년 뒤 UCI에 가입했다.

미국의 사이클 경기는 1878년에 시작되어 1880년대에는 도로경기와 트랙 경기가 자주 열렸다. 미국 사이클 선수협회(League of American Wheelmen/LAW : 1880)는 놀이로 자전거 타는 것을 권장하고 아마추어 경기를 관장한 최초의 기구였다.

전미 사이클 경기협회(1898)는 아마추어 선수와 프로 선수의 판단 기준을 둘러싸고 일어난 LAW 내부의 불화로 생겨난 단체였다. 나중에 LAW에서는 자전거 여행만 관장하고, 미국 사이클 경기연맹(1921년 창설된

'미국 아마추어 자전거경기연맹' 의 후신)이 아마추어 경기를 관리하게
되었다. 미국의 초기 사이클 경기는 속도조절자를 이용하는 것이 특징이
었다. 선두에서 선수가 원하는 만큼 빠른 속도로 달려 속도의 모범을 보
인 다음 도중에 탈락하는 속도조절자는 원래 1인승 자전거를 타고 달렸지
만 그후 2인승을 타게 되었고, 결국에는 한 자전거에 최고 6명까지 타게
되었다.

나무판자로 트랙을 깐 뉴욕 시의 매디슨스퀘어가든에서는 1891년에 최
초의 6일경기가 열렸다(영국에서는 1878년 6일경기가 열렸음). 이 경기는
1930년대까지 인기를 유지했고 그후에도 1961년까지 가끔 열렸는데, 이와
비슷한 경기가 미국 전역의 많은 도시에서 벌어졌다. 원래 6일경기에는
선수가 단독으로 참가했지만, 1899년부터는 2인 1조가 되어 참가했다.

6일경기는 20세기에 유럽으로 역수입되었고 캐나다와 오스트레일리아
에도 소개되었으며, 미국에서는 6일경기가 사라진 뒤에도 독일·벨기에·
프랑스·영국·네덜란드에서 인기를 끌었다(→ 6일경기).

20세기에 접어들면서 영국과 미국에서는 자동차가 점점 인기를 얻게
됨에 따라 사이클 경기에 대한 관심이 상당히 줄어들었고, 그후 두 나라
는 오랫동안 유럽에서 열리는 경기에 출전하지 않았다. 영국의 NCU는 유
럽 대륙에서 널리 열리고 있던 도로경기를 금지했다. 영국에서는 주로 아
마추어를 대상으로 했으며, 유럽 대륙에서는 프로·아마추어 경기가 모두
열렸다.

사이클 경기 단체가 조직된 직후에 오락으로서의 사이클 경기를 관장
하는 단체도 조직되었다. 1878년 창설된 영국의 자전거 여행 클럽이 1883
년 사이클 여행 클럽으로 개편되어 20세기초에 약 6만 명의 회원을 거느
렸고, 1980년대에도 약 2만 5,000명의 회원을 갖게 되었다. 특히 1880년대
에 로버 안전자전거가 개발되자, 처음으로 보조자가 없는 상태에서 남녀
가 함께 사이클을 즐길 수 있게 되었다. 뿐만 아니라 여성의 자전거용 운

동복이 차츰 남성화되었기 때문에 보수적인 사람들은 놀라서 아우성을 쳤다.

사이클 경기가 유럽 전역에서 여름에 관중을 동원하는 인기 있는 스포츠로 발전하기 시작한 것은 1890년대였다. 이때부터 유명한 보르도-파리 간 경기, 파리-롱베 간 경기, 리에주-바스토뉴 간 왕복 경기가 전시를 제외하고는 해마다 열렸다. 1903년에는 가장 유명한 도로경기인 프랑스 일주 국제도로대회가 시작되었으며, 이 대회는 그후 전시를 제외하고는 해마다 계속되었다. 도로경기가 금지된 영국에서는 도로경기금지법을 피하기 위해 특수한 경주 형태인 타임 트라이얼이 만들어졌다.

이 경기는 선수들이 1번에 1사람씩 출발하여 정해진 거리를 달리는 것으로 더 빨리 달린 선수가 이긴다. 1888년에 창설된 도로경기 기록협회는 1937년에 도로 타임 트라이얼 위원회로 이름을 바꾸어 존속했다. 여러 선수가 함께 출발하는 도로경기는 영국에서 1942년까지 열리지 않았다. 1951년 시작된 영국 일주 국제도로대회는 1958년부터는 밀크 경주라는 이름으로 해마다 열렸다. 프로 사이클 경기는 1965년에 시작되었다.

유럽의 도로경기는 제2차 세계대전 때까지 자전거 제조업체의 후원을 받았다(아마추어 스포츠). 그후 자전거 제조업이 쇠퇴하자, 자동차연료·술·담배 등의 제조업체들이 그 뒤를 이어 도로경기를 후원하게 되었다.

프로 경기는 봄에 지중해 연안 지역에서 시작되어 꾸준히 북상하면서 전국대회와 지역대회를 벌이다가 가을에 북부에서 끝난다. 아마추어 경기도 비슷한 양상을 보인다.

아마추어 사이클 경기(남자)는 1896년에 제1회 근대 올림픽 대회가 열렸을 때부터 정식 종목으로 채택되었다. 1896년에는 남자도로경기뿐이었고, 트랙 경기는 1900년 올림픽 대회부터 채택되었다(→ 올림픽 대회). 세계선수권대회는 프로와 아마추어 부문에서 모두 열렸는데, 세계 아마추어 선수권대회는 1892년 ICA가 결성되기 전에는 비공식 경기였고 1893년부터 공식 경기가 되었다.

세계선수권대회는 제1차 세계대전이 끝날 때까지는 영국이 지배했고, 도전국은 프랑스·독일·미국뿐이었으나 제2차 세계대전이 끝난 뒤 유럽 전역으로 확산되었다. 세계 프로 선수권대회는 1920년대에 시작되었다(프로 스포츠). 그러나 프로와 아마추어를 구분하기가 어려워져 국제 올림픽 위원회가 사이클 경기를 올림픽 종목에서 제외하겠다고 위협했기 때문에 1965년 UCI 산하에 2개의 새로운 조직이 결성되었다.

하나는 유럽의 10개국을 회원으로 하는 국제 프로 사이클 경기연맹이고, 또 하나는 전세계적으로 100개국 이상을 회원으로 하는 국제 아마추어 사이클 경기연맹이었다. UCI는 아마추어 세계선수권대회와 올림픽 대회의 사이클 종목을 계속 주관했다. 국가별 선수권대회는 각 나라의 지부에서 주관했고, 민간 후원자들은 다른 경기를 주관했다(→ 스포츠 기록 : 사이클).

아마추어와 프로를 막론하고 선수들은 흥분제나 피로예방약을 복용하는 경우가 많았다.

그러다가 약물복용 문제가 다른 스포츠에서 물의를 일으킨 뒤 사이클 경기에서도 금지약물 목록이 확정되고, 기체 상태의 색층분석법을 이용한 혈액검사가 실시되었다. 영국의 톰 심프슨 선수가 1967년에 프랑스 일주 국제도로경기대회에서 치명적인 사고를 당한 것은 약물남용 때문이었다.

유럽, 특히 프랑스·벨기에·이탈리아·영국에서는 자전거 여행 클럽이 많이 조직되었다.

흔히 자전거를 타고 여러 나라를 여행하는 것이다. 미국에서도 자전거 타는 것이 건강에 좋다는 의학계의 의견에 힘입어 1950년대부터 자전거 여행이 늘어났다. 약 5,000만 명이 규칙적으로 자전거를 타며, 자전거의 연간 판매량은 1932년에 20만 대에서 1980년대에는 1,000만 대 이상으로 늘어났다. 미국에서는 도시의 거리와 시립공원 및 국립공원에 자전거 전용도로가

만들어졌다.[10]

[제 27회 올림픽 경기대회(The 27th Olympic Game)]

사진 출처: 엄인영 소장

    양양고등학교 36회 엄인영 선수는 경륜경기 종목으로, 시드니 올림픽에 출전하였다. 이 장면은 유도원이 퇴출한 후 마지막 결승점을 향하여 전력 질주를 하는 모습이다. 2000년 9월 15부터 10월 1일까지 17일간 오스트레일리아의 시드니에서 개최한 제27회 하계 올림픽경기대회 개최 하였다. 200여국이 참가하였으며, 한국은 22개 종목 139명이 참가 하였다.

3. 비앙키(Bianchi), 130년 역사의 이탈리안 사이클 명가

수많은 경주에서 우승하며 그 성능을 인정받았거나 역사성 혹은 예술적 가치를 지닌 자전거라면 명품이라 부를 수 있을 것이다. 그리고 이러한 명품 자전거를 만들어내는 브랜드를 우리는 자전거의 명가(名家)라 부른다.

가. 비앙키, 살아있는 자전거의 역사

비앙키(F.I.V. Edoardo Bianchi S.p.A)는 현존하는 가장 오랜 역사를 가진 자전거 메이커다. 비앙키의 창립자 에두아르도 비앙키는 1885년 21세의 나이에 밀라노 니로네거리 7번지에 작은 자전거 공방을 차리는데, 이것이 비앙키 130년 역사의 시작이다.

비앙키는 당시의 혁신적인 자전거 기술을 빠르게 받아들이고 습득하여 이탈리아의 유명 자전거 제조업체로 빠르게 성장한다. 에두아르도 비앙키는 당시 유행하던 거대한 앞바퀴를 가진 하이 휠 자전거 대신 1885년 영국에서 개발된 앞 뒤 바퀴 크기가 비슷하고 체인으로 뒷바퀴를 구동하는 세이프티 방식 자전거에 주목했고, 1888년에는 던롭이 개발한 공기주입식 타이어를 접목한 자전거를 가장 먼저 이탈리아에 선보였다.

초창기 비앙키 자전거를 상징하는 컬러는 검정 바탕에 붉은 빛깔로 칠해진 Bianchi 로고였다. 그러나 비앙키를 상징하는 컬러는 '체레스테'(celeste : sky blue)라는 터키석과 닮은 푸른 빛깔로 바뀌게 된다.

체레스테가 비앙키를 상징하게 된 이유는 몇 가지 가설이 있다. 첫 번째는 에두아르도 비앙키는 1895년 마르게리타 여왕을 위해 세계 최초의 여성용 자전거를 만들고, 이탈리아 왕실을 방문하여 여왕에게 자전거 타는 법을 가르치게 되는데, 이때 여왕이 자신의 눈동자 색을 하사하였고 비앙키는 이를 기념하여 브랜드를 상징하는 색을 체레스테로 바꾸었다는 것이다. 또 다른 이야기로는 에두아르도 비앙키가 마르게리타 여왕을 만나기 위해 방문한 밀라노의 하늘색을 보고 체레스테 컬러를 떠올렸다고도 한다. 이제는 이

야기의 사실여부를 확인할 방법이 없지만, 이 같은 낭만적인 이야기들이 많은 비앙키 팬들을 만들어내는 데 일조한 것 또한 사실이다.

나. 레이스에서 두각을 나타내다

과거에도 지금도 자전거 메이커의 이름을 가장 드높이는 방법은 레이스에서 우승하는 것이다. 비앙키가 레이스에서 두각을 나타내기 시작한 것은 1899년 파리 스프린트 그랑프리 경주에서 우승한 조반니 토마젤로를 후원하면서다. 1935년에는 이탈리아 챔피언의 자리에 7번 오르고, 지로 디 이탈리아에서 2번이나 우승한 사이클 스타 콘스탄테 지라르뎅고를 후원하기도 했다.

그러나 비앙키가 레이스 명가로 확실히 자리 잡게 된 이유로는 무엇보다 안젤로 파우스토 코피의 활야이 가장 컸다. 파우스토 코피의 별명은 챔피언 중의 챔피언이라는 뜻의 '일 캄피오니시모'(Il campionissimo : Champion of champion)였다. 파우스토 코피는 1945~1955년까지, 그리고 1958년에 비

앙키 사이클링 팀에서 활약했다. 이 기간 동안 세계선수권대회 우승(1953), 지로 디 이탈리아 4회 우승(1940, 1947, 1949, 1952, 1953), 뚜르 드 프랑스 2 회 우승(1949, 1952), 이탈리아 챔피언십 3회 우승(1942, 1945, 1949, 1955), 파리-루베 우승(1950) 등의 엄청난 기록을 세웠다. 당시 사람들의 뇌리에 비앙키는 챔피언의 자전거로 그 이름을 각인했다.

비앙키는 파우스토 코피를 위한 전용 자전거를 제작했다. 코피의 자전거는 당시 최신형 부품이던 캄파뇰로 파리-루베 디레일러 장착을 위해 톱니 모양의 전용 드롭아웃이 적용되었고, 캄파뇰로 허브와 니시 림으로 빌딩 된 휠세트, 피렐리 타이어, 레지나 4단 프리휠 스프라켓과 체인, 비앙키 스틸 핸들바와 스템 등이 장착되었다.

다. 판타니, 그리고 비앙키를 탄 영웅들

비교적 최근의 비앙키를 탄 사이클 영웅을 꼽자면 마르코 판타니 (1998~2003, 메르카토네-우노)를 빼놓을 수 없다. 1970년생인 마르코 판타니는 11세에 파우스토 코피 유소년 사이클링 클럽에서 로드레이스에 입문했고, 1992년 카레라(Carrera) 팀을 통해 프로 레이서로 데뷔한다. 판타니는 데뷔 첫 해인 1993년에는 부상으로 큰 두각을 나타내지 못했다.

그러나 1994년, 두 번째 참가한 지로 디 이탈리아의 산악스테이지에서 두 번 연속 우승 하는 등 클라이머로서의 특출난 재능을 보였다. 같은 해 처음 참가한 뚜르 드 프랑스에서는 종합성적 3위, 베스트 영 라이더 상을 수상했다.

그러나 그의 선수로서의 삶은 순탄치 않았다. 1995년 세계선수권에서 자동차와 충돌하는 사고를 당하고, 이로 인해 왼쪽 다리의 길이가 오른쪽보다 3cm나 짧아지는 사이클 선수로서는 치명적인 장애를 갖게 되었다. 모두가 마르코 판타니의 선수 생명은 끝난 것과 다름없다고 생각했고, 판타니는

1996년까지 어떤 레이스에도 출전하지 못했다.

1996년 말 팀 스폰서였던 카레라 진(Carrera Jean Manufacturers)이 후원을 중단하면서, 판타니가 속해있던 카레라 팀은 해체된다. 그러나 이탈리아 출신 사이클리스트 루치아노 페치가 카레라 팀 출신의 선수 10명을 '메르카토네-우노' 팀에 영입하고, 팀 리더로 마르코 판타니를 기용했다. 1997년 판타니는 지로 디 이탈리아에 복귀한다.

그러나 경기 초반 그의 자전거 앞에 검은 고양이 한 마리가 뛰어들고, 이를 피하려다가 자전거에서 낙차하는 사고를 당한다. 그것도 하필이면 1995년 다친 다리를 또다시 다치게 되고, 이후 다리 근육의 통증은 그를 끊임없이 따라다니며 괴롭히게 된다.

판타니는 1997년 뚜르 드 프랑스의 알프스 산악 스테이지에서 두 번의 승리를 차지한다. 그 해의 뚜르 드 프랑스에서는 얀 율리히가 우승을 차지했고, 판타니는 3위에 올랐다.

판타니가 비앙키를 타기 시작한 것은 1998년이다. 그리고 1998년은 마르코 판타니에게 있어 기적과도 같은 승리의 해였다. 마르코판타니는 1998년의 지로 디 이탈리아에서 종합우승을 차지하고, 이어 뚜르 드 프랑스에서도 종합우승을 차지한다. 판타니는 스테이지1의 개인타임트라이얼에서 189명의 선수 중 181등이라는 저조한 성적을 냈다.

1위는 1997년 뚜르 드 프랑스 우승자 얀 율리히였다. 그러나 피레네 산악스테이지에 들어서면서 판타니는 페이스를 올렸고, 알프스로 들어오면서 율리히를 강하게 압박하기 시작했다.

그리고 비오는 갈리비에에서 판타니는 단독으로 어택을 시작한다. 마르코 판타니는 무려 48km를 팀 메이트의 도움 없이 단독으로 주파하는 놀라운 투혼을 보여주었고, 얀 율리히를 8분 차이로 따돌리고 피니쉬라인을 통과한다. 판타니는 율리히보다 전체 기록에서 3분을 뒤지고 있었으나, 이 갈리비에에서의 놀라운 어택으로 역전하여 6분을 앞서게 된다. 결국 마르코 판타니는 뚜르 드 프랑스에서 우승하며, 1998년의 지로 디 이탈리아와 뚜르 드 프랑스 동시 제패의 위업을 달성한다.

당시 갈리비에에서 마르코 판타니가 탔던 자전거는 비앙키 '메가프로 XL 레파르토 코르세' 모델이다. 이 모델은 비앙키의 맞춤 제작 프레임 공방인 레파르토 코르세 워크숍에서 판타니 전용으로 제작했다.

프레임은 7000번대 알루미늄 합금을 더블버티드 가공 및 열처리한 데다 치아이의 튜빙을 사용해 제작되었다. 당시에는 프레임의 탑튜브가 수평에 가까울수록 강성 면에서 유리하다고 여겨졌는데, 판타니의 키가 작았기 때문에 세미슬로핑 지오메트리를 적용했다. 다운튜브는 헤드튜브 쪽 튜빙의 단면이 세로방향 타원을 이루고, BB쪽으로 갈수록 점점 가로방향의 타원형으로 변하는 비앙키의 '메가프로' 디자인을 적용한 것이 특징이다.

컴포넌트는 캄파뇰로 레코드 9단을 장착했고, 카세트 스프라켓은 경량화를 위해 티타늄 제를 장착했다. 포크는 비앙키의 다른 알루미늄 모델과 똑같은 컬러로 칠해졌지만, 실은 프랑스의 타임이 제작한 카본 포크였으며, 클립리스 페달은 보디를 마그네슘으로 만들고 액슬은 티타늄으로 만든 초경량 모델이 장착되었다.

당시의 레이스 바이크 프레임은 주로 알루미늄을 이용해 제작되었고, 7.3kg 정도의 무게가 일반적이었다. 그러나 메가프로 XL 레파르토 코르세 판타니 전용 모델은 페달과 물통케이지를 모두 포함하여 무게가 불과 6.96kg에 불과했다. 알루미늄 프레임의 레이스 바이크로서는 거의 한계에 가까운 감량을 한 것이다.

게다가 기어는 54/42T 체인링과 11-23T 스프라켓을 장착했다. 힐 클라임

용으로 사용하기에는 굉장히 무거운 고속기어다. 그러나 마르코 판타니는
가벼운 체중의 이점을 살려 안장에서 일어나 끊임없이 댄싱을 하며 언덕을
오르는 라이딩스타일을 고수했다. 엄청난 체력의 손실과 근육의 고통이 따
르는 주행 방법이지만, 이를 견디며 달리는 마르코 판타니의 열정적인 힐
클라임은 지금도 사이클링 팬 사이에서 '천사가 날아오르는 듯한' 매혹적
인 댄싱으로 기억되곤 한다.

또 다른 비앙키의 에이스로는 얀 율리히(2003, 비앙키), 마리오 치폴리니
(2005, 리퀴가스-비앙키) 등이 있다. 얀 율리히는 사실 2003년 한 해 동안만
비앙키 팀 소속으로 활약했으며, 텔레콤/T모바일 팀 등에서 활약한 기간이
더 긴 선수다.

그러나 2003년 뚜르 드 프랑스에서 랜스 암스트롱과 치열한 경쟁을 벌이
고 있음에도 불구하고, 낙차 사고를 당한 랜스 암스트롱이 코스로 돌아오기
를 기다려 정정당당한 대결을 펼친 얀 율리히의 페어플레이 정신은 지금도
뚜르 드 프랑스의 명장면 중 하나로 기억된다.

이때의 기록을 살펴보면, 얀 율리히가 입고 있는 유니폼, 자전거에는 체
레스테 컬러가 형형히 빛나고 있다.

마리오 치폴리니 역시 비앙키를 탄 기간은 짧았지만, 월드챔피언 자리에 올랐던 이탈리아를 대표하는 스프린터이자 모델을 겸할 정도의 미남 인기 사이클리스트답게 비앙키를 타고 많은 팬들에게 강한 인상을 남겼다.

과거에도 그리고 지금도 비앙키는 도로와 산악을 불문하고 수많은 레이스에 참가하며 자전거 명가의 이름에 어울리는 다양한 수상기록을 이어나가고 있다. 비앙키가 지금까지 세운 주요 레이스의 성적은 다음과 같다.

☞ 로드 레이스

지로 디 이탈리아 우승 12회, 뚜르 드 프랑스 우승 3회, 밀란-산레모 우승 19회, 지로 디 롬바르디아 우승 16회, 파리-루베 우승 7회, 세계선수권 로드레이스 우승 4회, 트랙 세계선수권, 속도기록 및 추발종목 우승 6회, UCI 프로투어 우승 1회.

☞ MTB

2004 아테네 올림픽 금메달, 세계선수권 우승 9회, 세계선수권 XCO 우승 4회, 세계선수권 XCM 우승 2회, 유럽선수권 우승 10회.[11]

Ⅱ. 우리나라 자전거의 도입[12]

    한국 자전거의 도입 과정에 대한 정확한 실체를 파악하기 위해 회고록, 잡지, 신문 등을 활용하여 한국 자전거 도입 과정을 고찰한 결과, 우선 1884년 미국 해군 장교가 한국에 최초로 자전거를 수입했던 사실을 파악할 수 있었다.

    이후 자전거는 19세기 말 한국에 거주하는 서양인들 사이에 평양, 서울, 여주 등의 지역을 이동하는 교통수단으로 이용되면서 점차 확산되었다.

    특히, 이러한 과정에서 한국 최초의 민간신문이었던 독립신문의 영문판에서는 서양인들이 자전거를 통해 이동한 시간에 대해 경기적 의미를 부여하기도 했고, 자전거 관련 광고들이 등장하기도 했다. 이처럼 19세기 후반 서구 문화였던 자전거는 당시 조선에 거주한 외국인들의 교통수단으로 수입되었으며, '더 인디펜던트(The Independent)'의 자전거 관련 광고를 통해 재조선 외국인을 중심으로 상용화가 시작되었다고 판단된다.

1. 개화기 자전거 도입 과정

    최근 한국교통연구원의 조사에 따르면 우리나라 사람들 중 3명은 월 1회 이상 자전거를 이용한다고 한다.[13] 자전거는 한국에서 잉태된 문화가 아니다.

    최초의 자전거는 1790년 프랑스의 귀족 콩트 메데 드 시브락(Conte Mede de Sivrac)에 의해서 탄생했다. 이후 자전거는 1860년대 미쇼(Michaux)와 랄르맹(Lallement)에 의해 앞바퀴에 페달이 달린 형태가 출시되면서 두 다리를 동력으로 승부를 가르는 레이싱도 가능해졌으며, 19세기 말 체인이 달린 형태가 개발되면서 전 인류가 향유하는 스포츠 문화로 성장하기 시작했다.[14]

그럼 한국에 자전거는 언제 어떠한 경로를 통해서 도입되었을까 역사는 말하고 행한 것들의 기억이다.[15] 현재 한국에서 행해지고 있는 근대 스포츠의 도입 역사는 기억에 의존하고 있는 것들이 많다. 한국 자전거의 역사도 마찬가지이다. 자전거 역사에 대한 기존 연구는 자전거 도입 과정의 실체를 면밀히 검토하지 못한 채 구전에 의존한 설을 재인용하고 있는 실정이다. 다만 일제강점기 이후 자전거의 발달 과정에 대해서는 여러 편의 논문이 있다. 이러한 이유는 한국에서의 자전거가 식민지 조선에 강한 민족의식을 일깨울 수 있는 수단이 되었기 때문이다.[16] 또한 일제강점기 이전의 자전거 도입에 대한 사료의 부족이 그 원인이었다.

한국 자전거 역사에 관한 선행연구[17]를 보다 구체적으로 검토해 보면 주로 엄복동에 관한 생애사적 검토와 한국 사이클 경기의 변천과정의 고찰이 주를 이루고 있는 것을 알 수 있다. 특히, 선봉옥(1997)은 방대한 신문 사료와 인터뷰를 바탕으로 한국 사이클 변천의 역사를 도입기(자전거 도입-1913년 전조선자전거경기대회 개최이전), 보급기(1913-1930년 만국자전거경기대회 이전), 발전기(1930-광복이전)로 나누어 한국 사이클의 전개 과정을 구체적으로 검토하였다. 하지만 선봉옥을 비롯한 나머지 선행연구들은 공통적으로 개화기 한국 자전거의 도입과정에 대한 역사적 사실을 파악하는데 한계를 드러냈다. 다만, 공통적으로 한국 자전거 도입의 주체가 서양인이있을 것이라는 가능성에 경도된 채 연구가 귀결되었다.

본 연구는 선행연구에 언급된 자전거 도입에 대한 재고찰과 새롭게 발굴한 사료의 분석을 통해 한국 자전거 도입에 대한 실체를 파악하는데 그 목적이 있다. 본 연구의 연구 방법은 문헌 고찰이 며, 주된 사료로 활용된 한국 최초의 민간신문이었던 『더 인디펜던트(The Independent)』,[18] 한국 최초의 영문 잡지인 『더 코리안리포지터리)(The 1Korean Repository)』,[19] 선교사 알렌(Horace N. Allen)의 회고담인 『씽즈 코리안(Things Korean)』 등을 통해 한국 자전거의 도입 과정을 고찰하고자 한다.

이를 위해 본 연구에서는 기존 한국의 자전거 도입설을 도입 주체별로 분류하여 고찰한 다음, 새롭게 발굴한 사료를 통해 한국 자전거의 도입 과정에 대한 실체를 집중적으로 살펴보고자 한다.

한편 본 연구는 지금까지 추측으로 일관해 온 한국 최초 자전거 도입 과정의 역사적 맥락을 파악함으로써 한국 스포츠 경기사의 기초 자료를 제공할 수 있다는 측면에서 그 의의가 있다고 생각된다.

2. 한국의 자전거 도입설

자전거는 한국에서 자생한 문화가 아니라 19세기 서양에서 유입된 근대적 문화유산이다. 서구에서 조선으로 전파가 이루어진 문화 동화 과정의 산물인 것이다. 하지만 한국 땅에 자전거의 태동시점은 불분명하며 다만, 개화파 인사와 서양인이 주체가 되어 자전거가 도입되었을 것이라는 설이 존재할 뿐이다. 따라서 본 장에서는 자전거 도입설을 내국인과 외국인으로 나누어 검토하기로 한다.

가. 내국인 도입설

1) 대한 사이클 연맹

1945년 조선 자전차 경기연맹으로 출범한 대한 사이클 연맹은 현재 한국 자전거 문화 전반을 주도하고 있는 단체로 한국 자전거의 도입에 대해 다음과 같이 주장하고 있다.

> 우리나라의 자전거 도입의 역사는 1896년 서재필 박사가 독립문 공사현
> 장에 갈 때 처음으로 탔다는 설도 있고, 같은 해 고희성이 자전거를 탄 것
> 이 처음이라 하기도 한다. 그 후 1898년 윤치호 선생이 하와이로부터 통타
> 이어를 사용한 자전거를 도입해 왔다고 한다. 1950년대 후반부터 자전거가
> 생산되어 점차적으로 늘어난 자전거는 1960-1970년 사이에는 실용적인 주
> 교통수단으로 사용하게 되었으며, 현대에 이르러는 경기 및 레저용 등으로
> 다양화 되고 있다.[20]

대한 사이클 연맹에서는 한국 자전거의 도입 역사에 대해 1896년 서재필
과 고희성이 처음으로 자전거를 탔던 사실과 1898년 윤치호가 하와이로 부
터 통타이어를 사용한 자전거를 수입했다는 주장을 근거자료 없이 기술하
고 있다.

2) 이규태(1971)

1971년 이규태는 『개화백경』을 통해 윤치호가 한국에 자전거를 최초로
들여왔다고 언급하고 있다.

> 자전거를 처음 수입한 연대는 명확히 알 수 없다. 세간에 널리 알려진
> 것은 윤치호(尹致昊)가 미국에서 돌아올 때 자전거를 가지고 와 타고 다닐
> 때 구경꾼이 많이 모여 신기하게 보았다는 사실뿐인데, 이것이 확실하더라
> 도 윤씨의 제 1차 귀국이 1883년, 제 2차 귀국이 1895년이므로, 1차인지, 2
> 차인지를 알아야 할 것이다.[21]

이규태의 『개화백경』은 한국의 자전거 도입에 대해 구전에 의존하면서
구한말 정치가였던 윤치호가 미국에서 돌아올 때 자전거를 도입했을 것이

라고 근거 없이 추론하는 논리적 한계를 드러내고 있다.

3) 황산웅 · 심현(1980)

1980년 런던 올림픽 사이클 선수로 출전했던 황산웅 선생(1925~2012)은 심현과 공동으로 『자전거교본(自轉車敎本)』을 출간했다. 당시 자전거 경기에 관한 전문 서적이 전무한 실정에서 저자는 자전거 경기의 연혁, 트랙 경기, 로드 경기, 자전거의 구조, 경기 규칙 등으로 문헌을 구성하여 자전거 경기의 안내서를 편찬했다. 이 문헌에 기술된 한국 최초의 자전거 도입에 대한 내용을 살펴보면,

> 우리나라에 자전거가 처음 들어온 것이 1896년의 일이다. 즉 이씨왕조(李氏王朝) 예조사랑(禮曹史郞: 지금의 외무부 의전과장)으로 있던 고희성(高羲成)이 장안 거리를 자전거로 누비고 질주한 것이 자전거 첫 등장이 되는 것이다. 사람들은 〈괴물차(怪物車)〉라느니 혹은 〈날으는 새〉라느니 해 가며 신기하게 들여다보았다. 그 후 약 2년이 지난 1898년에 윤치호(尹致昊)가 하와이로부터 도입(導入)해 왔는데 이것이 두 번째이다. 통타이어를 사용한 이 자전거는 매우 엉성하였다. 평형(平形)으로 된 폭넓은 핸들 바이여, 모든 것이 연구가 미흡(未洽)한 것이었지만, 당시 사람들에게는 인기 있는 승용물이 아닐 수 없었다. 꼬불꼬불 좁은 길을 종횡무진(縱橫無盡)으로 달리는 이 자전거는 심지어 〈자행차(自行車)〉, 또는 〈축지차(縮地車)〉라는 별명까지 생겨 큰 화제거리가 되었던 것이다.[22]

라고 하여 1896년 이씨왕조 예조사랑이었던 고희성이 장안 거리를 자전거로 질주한 것을 자전거에 관한 한국 최초의 일이라고 주장하고 있다. 이후 1898년에 윤치호가 하와이로부터 통타이어로 구성된 자전거를 도입했다고 피력하고 있다. 하지만 본 문헌에서는 고희성과 윤치호의 자전거 도입 과정을 뒷받침할 수 있는 근거 자료가 부재하다.

4) 이경재(1993)

1993년 이경재 선생은 다큐멘터리 형식의 4부작인 『서울定都六百年』이라는 문헌을 집필하였다. 1928년생인 그가 어릴 적 듣고, 경험했던 개화기 서울의 사회상을 생생히 묘사한 저서이다. 특히, 두 번째 권인 『서울定都六百年 다큐멘터리2 開花風俗圖』에서는 자전거 기원을 다음과 같이 기술하고 있다.

자전거가 언제 우리나라에 처음 들어왔는지는 정확히 알 수 없으나 대체로 1890년대가 아닌가 생각된다. 독립협회를 이끌고 독립운동에 헌신했던 윤치호 선생이 미국에서 돌아올 때 자전거를 가지고 들어와서 타고 다녔는데 신기해서 구경꾼들이 많이 모여들었다고 한다. 그런데 윤치호 선생이 미국에서 귀국한 것은 1883년과 1895년 두 차례인데 그 어느 해인지는 알 수가 없다.[23]

이경재 선생은 앞선 문헌들에서 주장한 윤치호 선생의 자전거 도입설을 그대로 인용하고 있다. 그의 문헌에 근거자료에 대한 출처가 부재한 것이 이러한 판단의 근거이다.

5) 신동호(1994)

신동호는 한겨레 신문 1994년 4월 13일자에 『자동차 자전거 추월 1세기만의 역전극』이라는 기사 제목으로 한국의 자동차 대수가 자전거의 대수를 추월하는 시점에서 환경적인 측면에서 자전거의 중요성을 언급하고 있다. 이 기사에서 그는 한국 자전거의 역사를 다음과 같이 약술하고 있다.

우리나라에 자전거를 처음 들여온 사람은 한말의 개화파 윤치호다. 그가 미국에서 자전거를 가져온 것은 분명하나 1883년 한미수호조약 비준 때

통역관으로 갔다가 돌아오면서 들여왔는지, 갑신정변에 가담해 미국 망명 길에 올랐다가 1895년 귀국하면서 가져왔는지는 확실치 않다. 아무튼 19세 기말 국내에 들어와 자전거 영웅 엄복동을 탄생시키면서 1세기 동안 편리 한 대중교통수단으로 사랑을 받아오던 자전거가 자동차에 의해 마침내 권 좌에서 밀려났다.[24]

신동호는 개화파 윤치호가 우리나라에 처음 자전거를 도입한 인물로 주 장하고 있으며, 그 시기에 대해서는 불분명하다고 언급하고 있다. 신동호의 기사도 앞선 문헌들을 재인용하는 수준에서 머물고 있다고 판단된다.

6) 김근우(1994)

김근우(1994)는 체육연구소논문집에 『韓國 사이클 競技史의 時代的 區分』 라는 연구 제목으로 한국 사이클의 발달 과정을 고찰했다. 그가 언급한 한 국 자전거의 도입기를 살펴보면,

우리나라에 처음 自轉車가 들어온 년도는 不確實하다. 趙(趙豊衍의 서울 雜學辭典)의 文獻에 의하면 1880년대 이후부터 자전거가 등장하였다 라고 하였고, 李(李圭泰의 開化百景)의 文獻에는 自轉車를 처음 導入한 시대는 明確히 알 수 없다고 하였다. 世間에 널리 알려지게 된 것은 윤치호(尹致 昊)가 美國에서 돌아올 때 自轉車를 가지고와 타고 다닐때 구경꾼이 많이 모여 神奇하게 보았다는 사실뿐인데, 이것이 확실하더라도 윤치호(尹致昊) 시의 第1次 歸國이 1883년이고, 第2次인지를 알아야 할 것이다. 또 韓人인 으로 처음 自轉車를 收入한 것이 尹致昊씨임에는 틀림없다 하더라도 이에 앞서 美國 宣敎師중 어느 한두 사람이 自轉車를 收入했을지도 모를일이다. 黃(黃山雄의 自轉車敎本)의 著書에 보면 1896년 처음 自轉車를 도입된 것 으로 보고있다. 이씨왕조(李氏王朝), 예조사랑(禮曹史郞: 지금의 외무부 의 전과장)으로 있던 고희성(高犧誠)이 장안 거리를 自轉車로 누비고 질주한

것이 自轉車의 첫 등장이라고 하였다. 사람들은 괴물차(怪物車)라느니 혹은
나는 새라느니 해가며 신기하게 들여다 보았다. 그후 약 2년이 지난 1898
년 윤치호가 하와이로부터 導入해 왔는데 이것이 두번째 라고 하였다. 당
시 종횡무진으로 달리는 이 自轉車를 自行車 또는 축지차(縮地車)라는 별
명까지 생겨 큰 話題 거리가 되었다.[25]

라고 해, 김근우 역시 자전거 도입에 관해서 기존의 문헌에 기술된 자전
거 도입설을 재주장하는 차원에 머물고 있다. 새로운 사실은 1880년대 이후
부터 자전거가 조선에 등장했다는 주장이다.

그는 이러한 사실의 근거를 조풍연(趙豊衍)이 1898년 집필한 서울 잡학
사전(개화기의 서울 풍속도)을 들었다. 하지만 조풍연의 저서[26]에서는 이러
한 주장을 뒷받침할 근거 자료가 없다. 역사적 사실로 받아들이기에는 한계
가 있는 부분이다.

7) 박성득 외 2인(1995)

저자는 교통 문제와 환경 문제의 대안으로 자전거의 생활화를 주장했고,
이를 위한 지침서로 『자! 이제 자전거로 갑시다』를 집필하였다. 이 문헌에
는 자전거의 도입 시기가 다음과 같이 기술되어 있다.

우리나라에서 자전거가 언제 처음으로 사용되었는지는 확실히 알 수 없
지만 개화기였을 것이라고 추측되고 있다. 일설에 의하면 고희성(高羲成)이
1896년 장안 거리를 자전거를 타고 다닌 것이 처음이라고도 하고, 같은 해
서재필 박사가 독립문 신축현장에 갈 때 처음으로 자전거를 탔다고 전해지
기도 한다. 이때 사람들은 자전거를 '괴물차' 혹은 '나르는 새' 라느니
하며 신기하게 여겼다고 한다. 그 후 약 2년이 지난 1898년 윤치호(尹致昊)
가 하와이로 부터 도입해 왔는데 이것이 두 번째이다. 통타이어를 사용한
이 자전거는 매우 엉성하였지만, 당시 사람들에게 인기가 있었다. 굴곡이

많은 길을 종횡 무진으로 달리는 이 자전거는 심지어 '자행차', 또는 '축지차' 라는 별명까지 생겨 큰 화젯거리가 되었던 것이다.[27]

이와 같이 박성득 외 2인도 어떠한 문헌을 참고했는지에 대한 언급이 없는 채로, 앞선 연구들의 내용을 그대로 재인용하는 수준에 머물고 있다.

8) 정성은(2011)

정성은(2011)의『한국 사이클 경기의 역사』에서는 한국 자전거 도입에 대한 내용을 다음과 같이 언급하고 있다.

우리나라의 자전거 도입의 역사는 크게 4가지 설이 있다. 첫 번째는 1883년 윤치호가 1883년 한미수호 조약준비 시 미국공사의 통역관으로 미국을 방문한 뒤 귀국하면서 처음 들여왔다는 설이며, 두 번째는 1895년 윤치호가 갑신정변의 실패 후 미국으로 망명하였다가 재귀국할 때 가지고 왔다는 설이다. 세 번째는 1896년 당시 이씨 왕조의 예조화랑이던 고희성이 자전거를 타고 장안을 누빈 것이 최초라는 설과 마지막으로 네 번째는 1896년 서재필이 독립문 신축 현장에 자전거를 처음 타고 나왔다는 설이다.[28]

정성은의 논문에서는 자전거 도입에 대해 기존의 연구에서 주장하고 있는 윤치호, 고희성, 서재필의 도입설을 정리하는 수준에 머물고 있다.

9) 김용수(2012)

김용수(2012)가 발간한『사이클 50년의 발자취』에서 한국 자전거 도입에 대하여 다음과 같이 언급하고 있다.

한국(韓國)에서 자전거(自轉車)가 언제 처음으로 사용되었는지는 확실한

기록이 없어 알 수가 없다. 다만 20세기를 전·후한 개화시대일 것이라고 추
측되어 서양의 선교사나 개화파 인사들이 처음 들여왔다고 추정하고 있다.
우리나라 자전거 도입의 역사는 1896년 서재필(徐載弼) 박사가 독립문 공
사현장에 갈 때 처음으로 탔다는 설(設)도 있고, 같은 해 외무부 소속 간부
인 고희성이 한양에서 자전거를 탄 것이 처음이라 하기도 한다. 그 후
1898년 윤치호(尹致昊) 선생이 하와이로부터 통타이어로 제작된 자전거를
도입해 왔다는 설(設)도 있으나 근거가 확실하지 않다.[29]

김용수의 문헌에서는 자전거 도입에 대해 기존의 연구에서 주장하고 있
는 내용을 재인용한 서재필, 고희성, 윤치호의 도입설을 정리하는 수준에
머물고 있다.

나. 외국인 도입설

1) 대한 사이클 연맹

앞서, 대한 사이클 연맹에서는 윤치호가 자전거를 도입했다고 언급하면
서도 또 다른 추정을 하고 있는데,

> 한국에서 자전거가 언제 처음으로 사용되었는지는 확실한 기록이 없어
> 알 수가 없다. 다만 20세기를 전후한 개화시대일 것이라고 추측하고, 서양
> 의 선교사나 개화파 인사들이 처음 들여왔으리라 생각될 뿐이다.[30]

라고 해, 대한 사이클 연맹에서는 한국에 자전거가 언제 최초로 이용되
었는지에 대한 역사적 기록이 부재하다고 주장하면서도 자전거 도입에 대
해 개화파 인사들 이외에 개화시대를 전후해 서양의 선교사들이 자전거를
수입했을 가능성을 제기하고 있다.

2) 이규태(1971)

이규태는『개화백경』을 통해서 윤치호가 처음으로 자전거를 도입했을 가능성을 언급하면서도 그 보다 앞선 시기에 미국 선교사가 자전거를 수입했을지도 모른다는 견해를 밝히고 있다.

　　또 한인으로 처음 자전거를 수입한 것이 윤씨임에 틀림없다고 하더라도 이에 앞서 미국 선교사 중 어느 한 두 사람이 자전거를 수입했을지도 모를 일이다. 한국의 도로와 교회 사정 등으로 보아 그렇게 생각할 수도 있다.[31]

이와 같이 이규태는 윤치호의 도입보다 앞선 시기에 미국 선교사가 자전거를 수입했을 수도 있다는 추측을 하고 있지만, 그가 어떤 사실을 바탕으로 이러한 주장을 하고 있는지를 알 수가 없다.

3) 이경재(1993)

이경재 선생이 출간한『서울定都六百年 다큐멘터리2 開花風俗圖』에서도 윤치호 이전에 서울에 들어온 선교사들에 의한 자전거 도입의 가능성을 기술하고 있다.

　　그런데 윤치호 선생이 미국에서 귀국한 것은 1883년과 1895년 두 차례인데 그 어느 해인지는 알 수가 없다. 그리고 그 이전에도 서울에 들어온 선교사들이 자전거를 타고 전도를 했을 것을 생각한다면 1890년대에 많지는 않아도 자전거가 우리나라에 들어와 있던 것은 틀림이 없다. 그리고 1920년대 들어와서는 서울 시내에 자전거를 수리 판매하는 자전거포만 해도 50군데가 넘었다고 했다.[32]

여기에서는 윤치호 선생이 미국에서 자전거를 들여오기 이전에 이미 서울에 있던 선교사들이 전도를 할 때에 교통수단으로 자전거를 이용했을 것이라는 새로운 추측을 하고 있다.

4) 선봉옥(1997)

선봉옥의 『한국 사이클경기의 변천과정에 관한 연구』에서는 자전거의 도입에 대해서 다음과 같이 언급하고 있다.

> 자전거의 국내 도입은 독립신문의 1896년 10월 8일자 중고자전거 판매 광고의 기사로 미루어 1896년 10월 이전에 들어와 있었다는 것을 알 수 있었으며, 이 기사의 기고자가 외국인이었으므로 최초의 국내 자전거 도입자는 외국인일 가능성이 높다고 말할 수 있겠다.[33]

이와 같이 선봉옥은 독립신문의 자전거 관련 광고라는 실증적인 사료를 통해서 부분적이나마 한국 자전거의 도입의 주체가 외국인일 수 있다는 가능성을 제기하고 있다.

이상의 고찰 내용을 통해서 한국 자전거 도입에는 개화기 내국인과 외국인이 주체가 되었다는 것을 알 수 있다. 하지만 중요한 것은 이러한 도입 주체가 전개한 자전거 도입에 관한 주장을 설에 의존하고 있다는 사실이다. 구체적인 한국 자전거의 도입 과정의 실체를 파악하기 위해서는 실증적인 사료의 발굴을 기반으로 역사적 해석이 요망하다고 생각된다.

3. 한국의 자전거 도입과정

가. 한국 최초의 자전거 도입에 관한 검토

역사적으로 개항은 문화적 전달과 동화 과정의 직접적 원인이 되었다. 구한말 조선도 예외는 아니었다. 구한말 외세에 의한 물리적 개항은 외국인들이 다양한 목적으로 조선에 입국하는 직접적 계기를 마련했다.

19세기말 종교적, 상업적, 군사적 목적 등에 의해 조선에 당도한 외국인들은 조선인들에게 서양의 문화를 노출시키는 주체가 되었다. 예컨대, 현재 한국 최고의 인기 스포츠인 야구도 구한말 조선에 거주하고 있던 외국인들의 경기를 시초로 하고 있다.[34]

조선에 머물던 서양인들의 자국 문화에 대한 향유가 야구라는 새로운 스포츠 문화를 한국 토양에 스며들게 하는 동인이 되었던 것이다.

한국 자전거 문화의 시초도 구한말 조선에 상주했던 외국인들의 문화적 흔적이 시발점이 되어 전개되었던 것으로 보인다. 이러한 추측의 근거는 구한말 외국인들의 실증적인 흔적이 담긴 회고록, 신문, 영문 잡지 등을 검토를 통해서 발견되었다.

우선 이러한 기록 중에서 최초로 자전거가 언급된 것은 구한말 의료 선교 목적으로 한국에 온 미국인 알렌(Horace N. Allen)의 회고록이다.

In 1884 one of our naval officers came to Seoul from his ship at Chemulpo, bringing with him his bicycle which was of the old high wheel type. We went through the crowded main street, he on his wheel and I on a horse. As this appalling looking object came in sight the throngs of people rushed to the middle of the street for a good view, and as it came nearer they fell back in unfeigned astonishment amounting to

open-mouthed alarm, as the strangest thing they had ever seen glided
through the narrow passage left for it.[35]

알렌은 1884년에 한국에 입국해 종교, 의학, 외교와 문학에 족적을 남긴
한국 근대사의 주역이다.[36] 알렌은 자신의 『조선견문론』에서 1884년 미국
공사관 해군 장교 중에 한사람이 제물포 미국 선박에서 서울로 자전거를
가져왔다고 언급하고 있다. 이러한 역사는 지금까지 자전거 도입에 대한 최
초의 기록으로 볼 수 있다.

특히, 당시 이 해군 장교가 들여왔던 자전거는 앞바퀴가 뒷바퀴보다 훨
씬 큰 '하이휠 자전거(High Wheel bicycle)'[37]였다. 이러한 과정에서 조선인
무리들이 자전거라는 문화에 노출된 사실도 확인할 수 있다. 한편, 정성화
·로버트 네프는 당시 해군 장교와 관련된 신문 기사를 근거로, 최초로 자
전거를 타고 이동했던 해군 장교가 필립 랜스데일(Philip V. Lansdale)라는
인물이라고 밝히고 있다.

즉, 1884년 갑신정변으로 정국이 혼미해진 조선의 상황에서 미국 정부가
조선에 거류 중인 미국인들을 보호하기 위해 오시피(Ossipee)호를 제물포에
급파했고, 당시 전함에 승선했던 필립 랜스데일(Philip V. Lansdale) 대위가
미국 공사를 보호하기 위해 서울로 이동할 때 자전거를 이용했던 것이다.[38]

알렌은 선교를 목적으로 한 한국 최초의 영문 잡지인 『더 코리안 레포지
토리(The Korean Repository)』1896년 8월호에서도 "한국에서의 자전거 경
험(Bicycle Experience in Korea)" 란 제목으로 자전거에 대한 기사를 실었
다. 기사를 통해 알렌은 1896년 한국에 14대의 자전거가 존재하며, 많은 이
들이 자전거를 주문했다고 언급하고 있다.[39] 하지만 알렌의 글을 통해서 이
러한 자전거의 소유자, 주문자가 한국인인지, 외국인인지는 확실치 않지만,
주문이 확산되고 있는 사실을 볼 때, 1884년 이후 한국 땅에 자전거가 조금
씩 뿌리내리고 있었다는 것은 명백해 보인다.

한국의 자전거 도입은 구한말 한국에 거주하던 외국인들이 이동수단으로써 자전거를 이용했던 것이 계기가 된 것으로 보인다. '더 인디펜던트'의 1896년 4월 9일 단신(Local Items)란의 내용을 살펴보면 다음과 같다.

Rev. Graham Lee and Dr. J. H. Wells left Pyeng Yang on Monday morning and arrived at Seoul on Tuesday evening. This is the fastest trip ever made by bicycle between the two cities.[40]

이와 같이 '더 인디펜던트'에서는 그라함 목사와 웰스 박사가 평양에서 서울을 오는 길에 자전거를 이용했다는 기사내용을 통해서 최초로 자전거에 대한 기사를 싣고 있다. 이것은 이동수단으로 자전거의 출현을 의미하는 것이었다. 기사내용을 구체적으로 분석해 보면, 두 외국인 인사가 월요일 아침 평양을 떠나 화요일 저녁에 서울에 도착했으며, 이러한 이동시간은 두 도시간 자전거를 이용한 여행에서 가장 빠른 기록이라고 언급하고 있다. 이러한 사실은 조선에서 자전거가 이동수단으로 이용되고 있다는 점과 1896년 4월 9일 이전에 이미 외국인들 사이에 자전거가 교통수단으로 이용되었던 점을 확인할 수 있는 대목이다.

1899년 한국 최초의 철도가 개통되었다.[41] 1896년 조선에서는 두 건각이 유일한 교통수단으로 사용되었던 시절이었다. 이러한 시기에 조선에 거주했던 서양인들 사이에서 교통수단으로 자전거가 이용되었으며, 제물포나 평양에서 서울로 수시로 자전거를 타고 여행을 했던 것이다.[42] 예컨대 1896년 6월 18일자 '더 인디펜던트'를 살펴보면, 선교사 알렌 등이 제물포에서 개최될 회의 참석에 필요한 이동수단으로 자전거를 이용했고, 당시 약 3시간 정도의 이동시간이 소요되었던 것을 알 수 있다.[43]

19세기 말 외국인들 사이에 교통수단이었던 자전거는 경쟁적 요소가 반영된 경기적 측면으로 기능하게 되었다. 서양인들이 자전거로 이동한 거리

에 대한 시간의 자취들이 기록되면서 자전거를 통한 경기적인 의미가 부여
되었다는 것이다. 이러한 과정을 주도한 것은 바로 '더 인디펜던트' 였다.
'더 인디펜던트'는 서양인들 사이에 진행된 자전거 이동시간의 비교를 통
해 독자들의 관심을 유발하고자 했다.[44] 다음기사내용을 살펴보면, 19세말
조선에 거주하던 서양인들에게 자전거는 물리적 거리를 이동할 수 있는 교
통수단에서 경기적 요소가 가미된 신체 문화 수단의 속성을 가지고 전개되
었다는 것을 확인할 수 있다.

> The Southern Presbyterian delegates including Dr. Drew, Mr. Reynolds,
> Mr. Bell and Mr. Junkin arrived here last Friday. Mr. Reynolds made the
> journey from Chunju to Seoul in two days by bicycle. Mr Lee of
> Pyengyang is on the verge of losing his championship record of two days
> from Pyengyang to Seoul, unless Mr. Lee challenges Mr. Reynolds a
> contest whereby to clinch his former record.[45]

위 내용은 레이놀드 박사를 포함한 장로교회의 목사들이 자전거를 타고
전주에서 서울로 올라온 내용을 기사화한 것이다. 그들의 이동 시간은 2일
이었고, 이 기록이 평양에서 서울까지의 이동 시간과 비교되고 있다. '더
인디펜던트' 는 전주의 레이놀드 박사와 평양의 그라함 목사와의 자전거
경기 시합을 고대하는 내용으로 기사를 마무리하고 있다. 두 지역에서 자전
거를 통한 이동시간의 비교는 오늘날 한국 사이클 도로경기의 모태적 변인
으로 인식될 수 있다.

이후 '더 인디펜던트' 에서는 자전거를 통한 공식적인 이동시간에 대한
구체적인 비교를 기사화 해 나갔다. 1897년 3월 13일자 '더 인디펜던트'
에서는 앞선 기사에서 다루었던 평양과 서울, 전주와 서울간의 자전거 기록
에 대해서 전자의 거리가 후자의 거리보다 약 20km 멀다는 것을 이유로 평

양의 그라함 리 목사의 기록이 더 앞선다는 결론을 내리고 있다.[46] 이처럼 1890년 후반 조선에 거주한 서양인들 사이에 자전거는 이동 수단을 넘어 스포츠 문화적 의미를 내포하고 있었던 것이다.

1897년 5월에는 제물포와 서울간의 구간에 대한 새로운 자전거기록이 탄생했다. 서양인 레이놀즈씨가 자전거로 당시 제물포의 자전거 상회였던 메이어(Meyer)점포에서 서울 남대문까지 2시간 56분에 주파했던 것이다. 또한 '더 인디펜던트'는 이러한 기록을 평양의 그라함 리가 어떻게 생각할까라는 기사의 내용을 통해서 자전거 기록에 대한 독자들의 흥미를 유발하고 있는 것을 알 수 있다.[47]

19세기 말, 한국에서는 서양인들의 교통수단으로 수입되었던 자전거가 교통수단에서 스포츠문화의 수단으로 전이되고 있었다. 당시 독립신문 영문판을 주필했던 서재필[48]은 '더 인디펜던트' 1896년 5월 7일자에 『ATTENTION BICYCLISTS』라는 기사제목으로 정부가 신더 트랙(cinder track: 석탄재를 깔아 다진 경주용 트랙)건립에 대한 건의에 동의했다는 내용과 그 설치 장소로 당시 야구 경기가 진행되던 동대문 훈련장이 될 것이라는 기사를 게재했다. 이러한 사실은 1890년대 서양인들 사이에 자전거 경기에 대한 공식적인 요구가 시작되었고, 자전거가 교통수단을 넘어 스포츠 문화의 수단으로 인식되어 갔다는 것을 알 수 있는 대목이다. 한편, 서울유니언[49]에서는 이러한 자전거 트랙 건립 계획을 의제로 회의가 있을 것이라는 내용도 보인다.[50] 서울유니언이 구한말 외국인들의 스포츠 문화를 통한 친목단체였던 것을 감안할 때, 당시 조선 거주 서양인들이 자전거 도입의 주체임을 명확히 알 수 있는 대목이다.

문화는 직접적 경로와 간접적 경로를 통해서 이동하는 속성을 지니고 있다. 19세기 말 서양인을 중심으로 한 자전거문화의 향유는 조선인들의 자전거 문화에 대한 동화작용의 간접적인 원인으로 작용했던 것으로 보인다. 예컨대 외국인들이 자전거를 타고 이동하는 모습을 경험했던 조선인들은 외

국인들의 자전거 라이딩에 "좋구나, 좋아", "잘 굴러가네" 등의 반응을
보이면서도 자전거가 소리 없이 빠르게 지나갈 때는 놀라움을 자아내기도
했다. 외국인들이 연출한 자전거 타기는 조선 대중의 문화적 호기심을 자극
하기에 충분했던 것이다.[51]

  '더 인디펜던트'도 자전거에 관한 기사를 소개하면서 조선 대중들의
자전거에 대한 노출 기회를 높이고 있었다. '더 인디펜던트'의 주필이었던
서 재필은 1896년 7월 25일자 기사를 통해 '바이시클 (bicycle)'이라는 영
어 단어에 적합한 한국어가 없었던 시절에 한 신사가 두 개의 바퀴를 지닌
자전거의 특징에 착안해서 '두 바퀴'라는 이름을 제안했고, 자전거를 한
국인들에게 언급할 때는 '두 바퀴'라는 단어를 사용했으면 하는 바램을
기사화했다.[52] 이러한 사실을 통해 당시 서양인들이 주체가 되어 전개되었
던 자전거 문화에 당시 조선인들도 노출되었을 가능성을 짐작할 수 있다.

  자전거에 대한 조선인들의 문화적 동화는 독립신문 광고를 통해서도 이
루어졌다. '더 인디펜던트'는 1896년부터 1899년까지 수차례 자전거에 대
한 광고를 싣고 있다. 그 기사 내용을 살펴보면 다음과 같다.

  BICYCLE FOR SALE : A Juno bicycle with pneumatic tire, in good
  condition. The owner intends to go home, and will sell it at a reasonable
  price. Apply to D. L., Clifford, Yun-Mok-Kol, Seoul, Korea.[53]

  A Columbia Bicycle For Sale. It is in excellent condition. Apply to Dr. J.
  B. Busteed.[54]

  우리 뎐에셔 미국에 긔별 ᄒ야 지금 여러 가지 ᄌ힝거가 나왔ᄂᆞᆯ딕 갑이
  렴 ᄒᆞ오니 업서지기 젼에 만히 사 가심을 ᄇᆞᆯᄋᆞ오며 ᄯᅩ우리 뎐에 류성긔와
  견긔로치ᄂᆞᆫ 종과 ᄯᅩ여러 가지 죠혼 물건이 만히 잇ᄉᆞ오니 쳠 군쟈ᄂᆞᆫ 만히
  차져와사 가심을 ᄇᆞᆯᄋᆞ나이다 셔울 졍동 새 대궐 압기리양힝開利洋行.[55]

위의 기사내용과 같이, '더 인디펜던트'에서는 1896년과 1897년에는 외국인들이 타던 중고 자전거에 대한 광고를 했다. 이러한 기사를 통해 조선 사회에 자전거가 보급되어 어느 정도 상용화 되어가고 있다는 것을 짐작할 수 있다.

또한 1899년의 광고 내용은 당시 자전거 수입업체인 개리양행의 자전거 광고로 미국에서 수입한 자전거를 염가에 판매하고 있다는 기사이다. 서울에 자전거 수입상의 전면적인 광고가 등장했다는 사실은 자전거의 보급이 활성화되고 있다는 증거로 볼 수 있다.

지금까지 고찰·기술된 것처럼 1884년대 미국 해군 장교였던 랜스데일로부터 수입된 자전거는 외국인들이 주체가 되어 교통수단에서 여가수단으로 한국에 뿌리내렸다. 한편 이러한 외국인들의 자전거 문화 향유의 공간이 조선이었다는 점에서 조선 대중의 자전거에 대한 간접적 문화 경험의 기회가 확대되었고, 여기에 당시 언론이었던 '더 인디펜던트'는 자전거 관련 기사와 광고를 통해 자전거에 대한 한국인들의 문화적 동화과정을 견인했던 것을 알 수 있었다.

나. 정리하며

구한말은 한국 근대 스포츠 문화의 발아기라 수 있다. 개항은 타국의 문화를 수용할 수 있는 도화선이 되었다. 본 연구는 이러한 문화적 수용기에 유입된 자전거의 도입 과정을 파악하기 위해 외국인 회고록, 영문 잡지, 독립신문 영문판을 검토했으며, 그 결과는 다음과 같다.

첫째, 선행연구들은 자전거의 문화적 진화단계의 첫 단추를 제대로 꿰매지 못하고 있었다. 즉, 자전거가 어떻게 소개되어 일제강점기 엄복동을 중심으로 한 민족주의 의식 분출의 수단이 되었는지에 대한 파악이 부족했다. 구전에 의해 정리된 설에 의존하고 있기 때문이다. 하지만 선행연구의 분석을 통해 구한말 조선에 거주한 외국인들에 의해 자전거가 도입되었을 것이라는 가능성이 공통적으로 제기되었다는 사실을 확인할 수 있었다.

둘째, 구한말 자전거 도입의 직접적 주체는 다양한 목적으로 조선에 머문 외국인들이었다. 자전거에 대한 최초의 기록은 1884년 미국 해군 장교였던 필립 랜스데일(Philip V. Lansdale) 대위가 제물포에서 미국 공사를 보호하기 위해 서울로 이동할 때 앞바퀴가 뒷바퀴보다 큰 하이휠 형태의 자전거를 이용했다는 내용이다. 알렌의 회고록에 나타난 이 내용은 지금까지 선행연구에서 언급한 외국인 주체의 도입설을 증명하는 최초의 기록으로 볼 수 있다.

한편, 1896년 '더 인디펜던트'는 서양인 그라함 목사와 웰스 박사가 평양에서 서울로 이동시에 자전거를 이용했다는 기록을 기사화했다. 이후 이 신문에서는 서울을 중심으로 한 자전거 문화의 역사적 동선(動線)을 기록했다. 특히 이러한 기사를 통해서 자전거가 단순히 교통수단의 의미를 넘어 스포츠 문화로 전개되었음을 확인할 수 있었다. 이동거리에 대한 시간이 기록되면서 자연스레 같은 거리를 얼마나 빨리 자전거로 이동할 수 있느냐 하는 자전거의 경기적 요소를 반영했던 것이다. 이러한 과정 속에서 자전거는 조선인들에게 간접적으로 소개되었고, '더 인디펜던트'에 자전거 관련 광고가 출현한 것으로 보아, 당시 재조선 외국인을 중심으로 자전거의 보급과 상용화가 시작되었다고 볼 수 있다.

이처럼 본 연구는 한국 자전거 도입의 실체를 파악해 서양인들이 구한말 자전거 문화를 주도한 주체라는 사실을 파악했다. 하지만 후속연구에 대한 갈망이 존재한다. 1890년대 서양 사람뿐만 아니라 연락 업무를 맡은 한국의 소년이나 상점의 배달 소녀들도 자전거를 타고 다녔다는 주장이 제기되고 있기 때문이다.[56] 따라서 차후 연구에서는 외국인에 의해 수입된 자전거가 어떻게 한국인들에게 흡수되어 갔는지에 사료 발굴을 통해 한국 자전거 도입 과정의 맥락을 보다 선명히 파악할 필요가 있다고 생각된다.[57]

Ⅲ. 대한민국(大韓民國) 사이클 경기

한국(韓國)에서 자전거(自轉車)가 언제 처음으로 사용되었는지는 확실한 기록이 없어 알 수가 없다. 다만 20세기를 전·후한 개화시대일 것이라고 추측되어 서양의 선교사나 개화파 인사들이 처음 들여왔다고 추정하고 있다.

우리나라 자전거 도입의 역사는 1896년 서재필(徐載弼) 박사가 독립문 공사현장에 갈 때 처음으로 탔다는 설(設)도 있고, 같은 해 외무부 소속 간부인 고희성이 한양에서 자전거를 탄 것이 처음이라 하기도 한다. 그 후 1898년 윤치호(尹致昊) 선생이 하와이로부터 통타이어로 제작된 자전거를 도입해 왔다는 설(設)도 있으나 근거가 확실하지 않다.

1950년대 후반부터 생산되어 점차적으로 늘어난 자전거는 1960~1970년 사이에는 실용적인 주 교통수단으로 사용하게 되었으며, 현대에 이르러는 경기 및 레저용 등으로 다양화되고 있다.

1900년대 초 일본으로부터 도입된 사이클 경기가 개최된 것은 1906년 4월 22일 대회였으나 본격적인 스포츠경기로 발전된 것은 1913년 전조선자전거경주대회 이후(以後)이다. 1920년대부터 한국과 일본선수들이 동시에 경기에 참가하였으며, 이 때 한국선수들은 민족정신(民族精神)을 크게 일깨우는 역할을 하였다. 특히 오늘날에도 기념대회를 개최하고 있는 엄복동(嚴福童, 1892~1951)[58] 선수는 1910~1920년대에 일본 선수들을 물리치고 많은 우승을 차지하여 한 민족의 의기를 북돋는 주역(主役)이 되기도 했다. 일제 강점기에 엄복동(嚴福童)은 국내 각종 자전거대회(自轉車大會)에서 일본(日本) 선수들을 물리치고 당당히 우승한 불세출(不世出)의 스타였다. 한국 자전거 100년 사(史)에 있어 가장 빛나는 스타이다. 엄복동(嚴福童)이 힘차게 페달을 밟는 모습은 당시 억눌려 있던 조선인들에게 꿈과 희망을 주었다.

이러한 엄복동(嚴福童)의 당시 인기를 증명하듯이 유행했던 노랫말에 '떴다 보아라 떴다 보아라 안창남의 비행기, 내려다보니 엄복동 자전거, 간다 못간다 얼마나 울었나' 하는 내용이 있다.[59]

1. 대한민국(大韓民國) 사이클 경기의 발전 과정

1922년 5월 31일에는 전국자전거타기 대회가 개최되었고, 1939년 조선자전거경기연맹으로 발족(發足)하여 제1회 전조선자전거경기선수권대회를 개최하였으나, 1941년 일제가 국방 경기훈련을 위한 실용자전거경기, 중량운반 경기 등을 강요함에 따라 스포츠경기는 중지되었다.

해방 후 1945년 11월 조선자전차경기연맹이 창립 발기인 대회와 함께 대한체육회에 가맹하였으며,[60] 1945년 서울운동장에서 개최된 전국체육대회 10개 종목 중 자전거(自轉車) 경기가 실시되었다.

1946년 4월, 조선자전거경기연맹을 창립하고, 1947년 6월 세계아마추어사이클연맹(FIAC) 가입, 세계사이클연맹에(UCI)에 가입되어 국제 무대에서 활동할 수 있는 기틀을 마련하였다.[61] 1962년 아시아사이클연맹(ACA) 창립과 동시에 ACA(Asia Cycle Federation)가입하였다.

1968년 1월 대한자전차경기연맹이 대한사이클경기연맹(KACF)으로, 1994년에 1월 대한사이클경기연맹(KACF)이 대한사이클연맹(KCF, Korea Cycling Federation)으로 명칭을 변경하여 오늘에 이르고 있다.[62]

한국이 국제대회에 최초로 참가한 것은 1948년 한상응, 권익현 등이 참가한 제14회 런던 올림픽대회이며, 그 후 1968년 멕시코 올림픽대회까지 계속 선수단을 파견하였다. 1972년, 1976년, 1980년 올림픽에 불참하였으며, 1984년 제23회 LA(로스엔젤래스)올림픽부터 1996년 아틀란타 올림픽까지 계속 참가하였고, 2000년 시드니 올림픽에 출전하여 포인트경기에서 4위에 오르며 한국 사이클의 잠재력을 확인하였다.[63] 2004년 아테네 올림픽경기대회에 선수 5명이 참가했으며, 2008년 북경 올림픽경기대회에 선수 4명이 참가했으나 별다른 성과를 거두지 못했다.

아시아경기대회에 한국 사이클이 참가한 것은 1958년 제2회 동경대회부터이다. 이때 한국은 김호순, 이홍복, 임상조, 노도천 등 4명의 도로선수를 파견하여 도로단체 우승, 개인도로에 1위 이홍복, 2위 노도천, 3위 김호순이 입상함으로서 전 종목 2개를 석권하여 아시아 도로 사이클 강국으로 부상하였으며, 국제대회 최초의 금메달 획득이라는 영광을 안게 되었다. 그 후 아시아대회에 계속 선수단을 파견하여 1998년 방콕아시아 대회까지 총 16개의 금메달을 획득하면서 일본과 어깨를 나란히 하고 있다.

1986년 아시아 대회까지는 주로 도로 종목에서 금메달을 획득하였으나, 1990년 북경(北京)대회 이후 트랙종목인 40km 포인트 경기, 4km 단체추발, 4km 개인추발, 1km 독주 등에서 6개의 메달을 획득하였으며, 이는 사이클 전용경기장인 벨로드롬이 1983년(인천), 1984년(의정부, 대구), 1985년(춘천), 1986년(서울), 1987년(나주), 1989년(의정부), 1990년(전주), 1991년(음성), 1993년(대전), 1999년(창원)에 건설되어 선수들이 본격적인 트랙 전문훈련을 할 수 있게 됨에 따라 트랙종목의 경기력이 크게 향상된 결과라고 볼 수 있다.

1994년 제12회 일본 아시아경기대회에 참가하여 금메달 2개, 은메달 1개, 동메달 4개를 획득했으며, 1998년 제13회 방콕 아시아경기대회에 금 메달 2개, 은메달 1개, 동메달 2개의 성과를 얻어냈다. 2002년 제14회 부산 아시아경기대회에서는 금메달 5개, 은메달 2개, 동메달 6개를 획득했으며, 2006년 제15회 도하 아시아경기대회에서는 금메달 5개, 은메달 2개, 동메달 8개를 얻어냈으나 2010년 제16회 광저우 아시아경기대회에서는 금메달 4개, 은메달 1개에 그쳤다.

한국의 사이클은 2010년 광저우 아시아경기대회와 아시아권 경기에서 정상을 차지하면서 점진적으로 세계 수준을 향해 발 돋음 해 나가고 있다. 현재 대한사이클연맹에 등록된 남녀 선수는 약 800명에 달하고 있으며, 점차 선수층이 두터워지리라고 예상하고 있다.

1945년 11월, 조선 자전차 경기연맹 창립 발기인 대회 결성(초대회장 민완식 추임)

1945년 11월, 대한체육회 가맹

1946년 04월, 조선 자전차경기연맹 창립

1947년 06월, 세계 사이클연맹(UCI) 가입

1948년 08월, 제14회 런던 올림픽경기대회. 임원 1, 선수 2명 참가

1952년 07월, 제15회 헬싱키 올림픽경기대회. 선수 3명 참가

1956년 12월, 제16회 멜본 올림픽경기대회. 임원 2, 선수 2명 참가

1958년 07월, 제3회 아시아경기대회(도쿄). 임원 2, 선수 4명 참가(금 2, 은 1, 동 1 획득)

1960년 08월, 제17회 로마 올림픽경기대회. 임원 1, 선수 4명 참가

1962년 08월, 제4회 인도네시아 아시아경기대회. 임원 2, 선수 10명 참가(은 1, 동 1 획득)

1962년 09월, 아시아 사이클연맹(ACC) 창립 가입

1964년 10월, 제18회 도쿄올림픽경기대회. 임원 2, 선수 6명 참가

1966년 12월, 제5회 방콕 아시아경기대회. 임원 3, 선수 10명 참가(금 1, 은 2, 동 1 획득)

1968년 01월, 대한 자전차 경기연맹을 대한 사이클 경기연맹(KACF)으로 개정

1968년 10월, 제19회 멕시코 올림픽경기대회. 임원 1, 선수 2명 참가

1970년 12월, 제6회 태국 아시아경기대회. 임원 3, 선수 10명 참가(금 1, 은 4, 동 4 획득)

1974년 09월, 제7회 이란 아시아경기대회. 임원. 4, 선수 7명 참가(은 2, 동 2 획득)

1978년 12월, 제8회 태국 아시아경기대회. 임원 4, 선수 10명 참가(금 2, 은 2, 동 1 획득)

1982년 07월, 이태리 세계 주니어사이클선수권. 임원 3, 선수 11명 참가(금 2, 은 2, 동 1 획득)

1982년 11월, 제9회 인도 아시아경기대회. 임원 2, 선수 2명 참가

1984년 08월, 미국 올림픽경기대회. 임원 3, 선수 9명 참가

1985년 09월 아시아 사이클연맹 회장 취임(민경중 회장)

1986년 12월, 제10회 한국 아시아경기대회. 임원 8, 선수 20명 참가(금 2, 은 2, 동 5 획득)

1987년 09월, UCI 국제심판강습회(서울) 개최 12개국 22명 참가(한국 4명 합격)

1988년 09월, 제24회 서울 올림픽경기대회. 62개국 468명 참가

1990년 09월, 제11회 북경 아시아경기대회. 임원 6, 선수 23명 참가(금 2, 은 1, 동 4 획득)

1992년 08월, 바로셀로나 올림픽경기대회. 임원 1, 선수 5명 참가

1994년 10월, 제12회 일본 아시아경기대회. 임원 5, 선수 23명 참가(금 2, 은 2, 동 1 획득)

1994년 12월, 대한사이클연맹(KCF)으로 개칭

1996년 09월, 아시아 사이클연맹 부회장 피선(조희욱 회장)

1996년 08월, 애틀란타 올림픽경기대회. 임원 2, 선수 10명 참가

1998년 09월, 임의단체에서 법인단체로 재탄생

1998년 12월, 제13회 방콕 아시아경기대회. 임원 6, 선수 15명 참가(금 2, 은 1, 동 2 획득)

1999년 10월, 세계 사이클선수권대회. 한국 최초 동메달획득(조호성, 포인트경기)

2000년 09월, 호주 올림픽경기대회. 임원 1, 선수 3명 참가(포인트경기 4위)

2000년 04월, 세계 사이클연맹 등록 국제 도로 사이클대회 개최

2001년 10월, 제7회 아시아 MTB 선수권(무주) 개최. 13개국 156명 참가(금 1, 은 1, 동 1 획득)

2002년 09월, 제14회 부산 아시아경기대회 20개국 300명 참가(금 5, 은 2, 동 6 획득)

2003년 09월, 제23회 창원 아시아선수권 개최. 14개국 350명 참가(금 24, 은 18, 동 9 획득)

2004년 08월, 아테네 올림픽경기대회. 임원 2, 선수 5 참가

2005년 02월, 임인배 회장 23대 회장 취임

2005년 03월   아시아 사이클연맹회장 취임(조희욱 회장)

2006년 12월, 제15회 도하 아시아경기대회. 임원 4, 선수 22 참가(금 5, 은 2, 동 8 획득)

2008년 08월, 북경 올림픽경기대회. 임원 2, 선수 4 참가

2009년 02월, 제24대 구자열 회장 취임

2010년 08월, 세계 주니어선수권대회 한국 최초 2관왕 획득 (이혜진 선수)

2010년 11월, 제16회 광저우 아시아게임. 임원 7, 선수 26 참가 (금4, 은1 획득)

☞ 2019. 01. 09.~13, 인도네시아, 2019 트랙 아시아선수권대회.

남자일반부 스프린트, 오제석 8위,

남자일반부 독주경기, 김준철, 3위,

남자일반부 개인추발, 민경호 1위(추월승),

남자일반부 단체추발, 김옥철 · 민경호 · 박상훈 · 임재연 · 신동인 · 1위(추월승),

남자일반부 스크래치, 정지민 8위,

남자일반부 메디슨, 임재연 · 김옥철 1위,

남자일반부 포인트, 박상훈 1위,

남자일반부 경륜, 오제석 8위,

남자일반부 옴니엄, 신동인 3위.

☞ 2019. 01. 25.~27, 2018-19 제6차 홍콩 트랙 월드컵대회.

남자일반부 단체추발, 임재연 · 민경호 · 박상훈 · 신동인, 7위,

남자일반부 경륜, 오제석 3위.

우리나라 사이클의 주역이 될 꿈나무[64]

4,000m 단체 추발경기 준우승을 한 한국선수[65], 사진 출처: 정충교 소장

필리핀 마닐라에서 열린 제4회 아시아 주니어사이클대회, 사진 출처: 박순원 소장

2. 엄복동자전거의 문화·기술사적 해석[66]

가. 스포츠유산인 김복동의 자전거

세월을 품은 '낡은 자전거' 한 대가 우리에게 어떠한 의미를 줄 수 있을까. 고철로 밖에 인식될 수 없었던 '낡은 자전거' 가 역사적 시선을 통해 새로운 의미로 탄생할 수 있다면 그 가치는 매우 크다고 할 수 있을 것이다. 이와 같은 일이 최근 발생하였다. 바로 한국체육사에 있어 상징적 가치를 부여받고 중요한 근대 문화재로 재평가 받으며 탄생한 '낡은 자전거' 가 있었다. 그것이 바로 우리나라 등록문화재[67] 제466호가 된 '엄복동자전거' [68]이다.

엄복동은 일제강점기에 자전거대회에서 일본선수들을 물리치고 당당히 우승한 불세출의 스타였으며 억눌린 조선인들의 가슴을 달래주던 상징적 인물이었다. 누구보다도 힘차게 자전거 페달을 밟았던 엄복동의 모습은 당시 억눌리던 조선인들에게 꿈과 희망을 주었던 자전거史의 대명사였다.

그가 세상을 떠난 지 반세기가 지난 지금, 대한민국 전역에서는 웰빙 바람을 타고 자전거열풍이 불고 있고 이와 더불어 엄복동의 스포츠사적 업적은 새롭게 주목받고 있다. 이러한 분위기 속에서 한 사이클계 원로가 빛바랜 '낡은 자전거' 한대를 세상 속에 꺼내어 보였다. 그 자전거는 오랜 역사를 과시하며 왠지 모를 당당함과 품위를 풍기고 있었다. 그 자전거는 우리나라 자전거 역사의 첫 시작점이라 할 수 있는 일명 '엄복동의 자전거' 였다. 그 오래된 자전거는 원형에 가까운 형태를 지니고 있었고, 소장자는 '자전거 왕' 으로 일컬어지던 엄복동이 실제 사용한 것이라 한다. 빛바랜 자전거 한대가 세상 밖으로 나와 진실유무와 관련된 이슈를 만들었다.

본 연구는 이를 인지하며 크게 두 가지 목적을 가지고 수행되었다. 우선 자전거의 소유권 이동경로의 추적과 엄복동의 실사용 여부를 검토해 보았다. 둘째, 자전거의 제작연도에 따른 역사적 검토를 통해 산업기술사적 증명에 연구의 중심을 두었다. 이를 통하여 '엄복동자전거의 내적역사'를 찾으려 한다.

본 연구에서는 이러한 연구의 목적에 도달하기 위하여 문헌연구와 구술면담(oral history interview)을 수행하였다. 문헌연구는 역사연구에 있어서 통상적으로 수행되는 연구방법으로 엄복동과 자전거, 이와 관련된 1, 2차 문헌자료를 검토하며 체계화하였다. 또한 엄복동자전거와 관련된 문헌이 미비한 상황이므로 주로 신문기사내용을 참조하였고, 엄복동 및 그의 자전거와 관련된 사진들을 수집하였다.

구술면담 방법은 연구 참여자로부터 연구와 관련하여 전체적으로 이야기하게 하는 면담을 뜻한다. 따라서 구술면담은 한 개인이 연구와 관련하여 가능한 완벽하고 솔직하게 말하고자 하는 것이다.

본 연구에서는 주요 면담자로 엄복동자전거와 직·간접적으로 관련 있는 김근우, 정용택, 조화훈, Scotford Lawrence 등의 4명을 선정하고, 면담자들과 총 9회의 비구조화된 면담(unstructured interview) 및 반구조화된 심층면담(semi-structured in-depth interview)을 가졌다. 면담자들과의 면담을 통하여 엄복동의 삶과 그의 자전거와 관련된 자료를 수집할 수 있었다.

또한 면담자들의 생애사(life history)적 구전을 통해 일제강점기부터 광복 직후까지 국내 사이클계의 상황에 대해 이해할 수 있었다. 이 연구는 면담 및 이메일을 통해 얻은 원자료를 구성원 간 검토(member check), 동료간협의(peer de-briefing), 삼각검증법(triangulation)을 통하여 최대한 객관성을 확보하려 했으며, 원자료의 활용에 있어도 연구 윤리성을 고려하였다.

나. 엄복동 자전거의 문화사적 해석

본 장에서는 엄복동자전거를 문화사적으로 검토해보고자 하였다. 이를

위해 현 엄복동자전거의 소유주인 김근우가 주장하는 엄복동자전거 유통경
로를 검토하여 당시 엄복동자전거의 소유권 이동경로를 추적해 보았다. 그
리고 이를 통해 엄복동이 실제 이 자전거를 활용했는지의 여부를 자세히
고찰하여 보았다.

가) 엄복동 자전거의 유통경로

자전거 소장자 김근우의 주장에 의하면 "이 자전거는 확실한 제작년도
는 모르지만 1920년 전후 영국 자전거회사인 러쥐(Rudge)사가 동양지역 판
촉을 위해 중국의 상해와 일본에 보낸 2대중 하나이다" 라고 하였다.[69]

동아시아 자전거 판매를 촉진하기 위해 특별 제작된 이 자전거가 어떤
경로로 엄복동이 소유하게 되었는지 확실치 않지만, 엄복동은 1920년대에
이 자전거를 사용하다가 후계자인 조수만(趙壽萬)에게 양도하였다. 이 자전
거를 대한사이클연맹 자문위원인 박성렬(朴成烈)의 형인 박승렬(朴承烈)이
1927년 조수만로부터 당시 5백원[70]에 구입하였다고 한다.[71] 박성렬은 이 자
전거로 1937년 9월 일본 갑자원에서 열린 자전거 대회에도 참가하였다.[72]
황해도 사리원이 고향인 박성렬는 1951년 1.4 후퇴 때, 이 자전거를 분해하
여 월남하였다고 하였다.

엄복동자전거의 두 번째 소유자였던 조수만의 처인 김점례에 의하면 그
자전거는 "조수만씨가 박승렬씨에게 돈을 받고 팔은 것이 아니라 잠시 보
관시켰던 것" [73]이라고 한다.

1946년에도 조수만은 서울에서 박성렬을 만나 자전거를 가저다 달라고
여러 번 부탁 하였다고 그의 처는 주장하였다.

이렇듯 자전거 소유권에 대한 미심쩍은 부분이 없진 않았으나 박성렬은
2002년 사망할 때까지 엄복동자전거를 소장하였다. 그리고 2003년, 박성렬
의 미망인 김경순이 김근우에게 소유권을 이양하게 되었다.[74] 2003년 이후
그 자전거는 한 동안 김근우의 근무지였던 한국체육대학교 체육박물관에

소장되었다가 지금은 김근우의 자택에 소장되어 있다.

현 자전거소유권은 확실히 김근우에게 있으나 경로과정에서 확연치 않은 몇 가지의 문제점이 있다.

첫째, 조수만이 박승렬에게 소유권을 이전하였다고는 하나 확실한 근거가 없고, 당시로 볼 때 상당한 금액을 지불하였다는데 조수만의 처는 이를 부인하였다는 것이다.

둘째, 박승렬은 자전거 선수였던 동생 박성렬에게 자전거를 주었고 박성렬은 자신이 소유하다가 사망하였다. 그리고 박성렬의 처인 김경순은 김근우에게 소유권을 넘겼으나 얼마를 지불했는지는 아무도 알 수가 없다. 이대해서 현 소장자인 김근우는 언급을 회피하고 있다.

셋째, 김근우가 한국체육대학교 체육박물관에 자전거를 보관하였는데 이것이 당시 학교에 기탁을 했던 것인지 아니면 단순한 전시였는지 알 수 있는 문서는 없었다.

마지막으로 조수만이 엄복동에게서 자전거를 받았다고 했으나 이를 입증할 아무런 근거는 없는 실정이었다. 즉 신문과 관련자 인터뷰를 통해서 확실히 알 수 있는 소유자는 조수만, 박성렬 그리고 김근우뿐이다. 엄복동이 당시 상당히 고가였을 자전거를 어떠한 경로로 소유하게 되었는지, 그리고 보유기간은 어느 정도였는지, 그 자전거를 실제 사용하였는지는 알 수 없었다. 가장 큰 궁금증은 "엄복동이 실제로 이 자전거를 탔을까" 하는 의문이었다.

나) 엄복동자전거의 실제 사용여부

김근우가 주장하는 이 자전거를 엄복동이 실제로 사용하였는지는 상당히 복잡한 문제이다. 또한 이에 대한 확실한 증거는 없다. 왜냐하면 당시 엄복동선수가 엄복동자전거라고 불리는 이 자전거를 타고 대회에 참가한 것을 증명할 관련 사진이나 사람은 생존하지 않기 때문이다. 또한 엄복동이 이

자전거를 사용한 1920년대에 촬영된 유일한 사진은 그가 1923년 마산체육
회주최 전조선자전차대회에서 우승한 후 찍은 것이다.

그러나 사진에서 보는 것과 같이 두 자전거가 핸들아래의 몸통부분이 서
로 다른 자전거임을 알 수 있다. 엄복동자전거는 핸들과 바퀴의 몸통연결부
분이 2개로 되어 있는데, 1923년 우승 당시 엄복동이 탔던 자전거는 연결부
분이 3개로 되어 있다. 또한 엄복동자전거의 동판 러쥐 엠블럼도 1923년 사
진에서는 보이지 않는다.

[엄복동자전거를 탄 박성렬, 엄복동자전거, 1923년 우승당시의 자전거]

엄복동자전거를 탄 박성렬, 자료출처: 경향일보(1986. 04. 12)
엄복동자전거와 1923년 우승당시의 자전거 비교, 자료출처: 김근우 개인소장

정용택은 "당시 경주용 자전거는 몹시 귀하던 시기이긴 하나 엄복동은
조선을 대표하는 신수였기에 여러 대의 자전기를 소유할 수 있었을 것이
다" [75]라고 주장한다. 경우에 따라서는 상당히 고가인 당시 자전거를 엄복
동 자신만 사용한 것이 아니라 당시의 여러 선수들이 함께 사용하였을 지
도 모른다. 이와 같은 상황에서 엄복동자전거의 사용진위를 알 수 있는 유
일한 방법은 한국 사이클계 후대의 구전에 의지할 수밖에 없다.

면담내용들을 종합하여 정리하면 다음과 같은 결론을 내릴 수 있다. 세

계적인 자전거 제작회사인 러쥐는 판매홍보용으로 제작한 자전거를 최고의
선수들에게 제공하였다는 것이다. 당시 엄복동은 1920년대 조선은 물론 일
본에서도 최고의 자전거 선수로 활동하였으며 러쥐회사도 이를 인식하고
최고의 선수에게 최고의 자전거를 다양한 경로를 통해서 제공하였다는 것
이다. 즉 엄복동이 당시 최고의 자전거 회사인 러쥐사의 경주용자전거를 탈
수 있었던 것은 홍보용이었기 때문에 가능할 수 있었을 것이다.[76]

자전거의 소유권이 명확하지 않았던 엄복동은 자신의 경기력이 저하되자
당시 자신의 후계자인 조수만에게 자신의 자전거를 주었고 조수만이 한 동
안 러쥐회사의 자전거를 사용하였다.

이후 이 자전거를 박승렬이 구입하여 동생인 박성렬에게 주었고 박성렬
은 이 자전거로 1937년 9월 甲子園에서 열린 자전거 시합에도 참가하였다.[77]
즉 당시 최고의 기술로 만들어진 러쥐회사의 자전거는 정황상으로 볼 때,
적어도 엄복동, 조수만, 박성렬 등 3인이 사용한 것으로 보여진다.

나. 엄복동 자전거의 기술사적 해석

본 장에서는 엄복동자전거를 기술사적으로 검토해보고자 하였다. 이를
위해 현 엄복동자전거의 형태와 재질, 제원을 조사하여 당시 러쥐사(社)의
자전거 제작연도에 따른 산업기술사적 비교를 하였다. 이를 통해 기술사적
으로 엄복동자전거의 역사를 증명해 보고자 하였다. 이는 엄복동자전거의
내적 역사를 증명하는 유일한 길이었다.

1) 엄복동자전거의 제원조사

현재의 경기용 사이클과 1920년대 엄복동자전거와는 재질이나 기술적으
로 서로 비교할 순 없다.[78] 그러나 당시 엄복동자전거는 당시로선 최고 기
술력으로 제작된 것이었다. 엄복동자전거는 당시 세계적인 자전거 제작회사

였던 영국 러쥐회사의 것으로 주재료가 일반 철 재질보다는 훨씬 가벼운 것으로 만들어 졌다. 이 자전거는 동양 판촉용 견본으로 러쥐사가 2대를 특수 제작하여 중국 상해에 1대, 일본에 1대 보냈다.

김근우에 의하면 "엄복동 선수가 근무하던 자전거수입상인 일본대리점 일미상회 서울지사로부터 이 자전거를 구입하였다" [79]고 한다. 당시 일본 경주용 자전거 가격이 40엔, 영국 수입 자전거가 100엔 정도임을 감안할 때, 특수 제작된 엄복동자전거의 가치는 상당히 고가이었음을 짐작할 수 있다.

엄복동자전거는 경주용자전거로 브레이크가 없고 고정식 뒷 기어로 제작되어 있다. 무게를 줄이고 속력을 가속시키기 위해 바퀴소재를 목재로 만든 것이다. 목재소재의 바퀴 틀은 광복직후까지 경주용자전거에서 흔히 볼 수 있었던 것인데, 현재 국내 소장 자전거에는 목재 소재의 바퀴 틀은 남아 있지 않다[80]고 한다.

목재 소재의 바퀴 틀 1. 자료출처: 김근우 개인소장

사진에서 보면 엄복동자전거는 목재소재의 바퀴 틀이 있고 그 외부 면에는 천과 고무로 만들어진 타이어가 보인다. 이 타이어안쪽에는 고무튜브가 있다. 그렇다면 목재소재의 바퀴 틀은 정말 튼튼했는지, 왜 목재를 사용했는지의 이유를 정용택과의 인터뷰를 통해 해답을 찾을 수 있었다.

　당시에도 알루미늄 자전거 바퀴 휠이 있었으나, 지금과는 달리 알루미늄의 재질 강도가 현저하게 떨어져 선수들의 체중을 알루미늄 바퀴틀이 이겨낼 수 없었다. 그래서 당시엔 목재를 주로 사용하였다.[81]

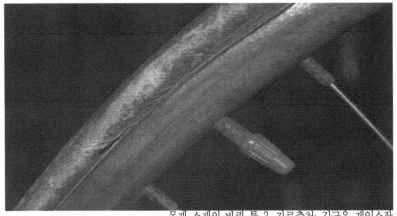

목재 소재의 바퀴 틀 2. 자료출처: 김근우 개인소장

　그러나 정용택과 조화훈의 면담 결과 목재소재의 바퀴 틀은 엄복동자전거의 원래의 것이 아닐 수도 있다는 것이 지배적이었다. 그 이유는 "당시 경주용 자전거의 바퀴는 쉽게 손상되어 교체 사용하는 것이 일반적이었기에 현재 엄복동자전거의 바퀴 틀은 본래의 것이 아닐 것이다"[82]는 것이다. 파랑색으로 도색되어 있는 본체 역시 다시 칠해진 것으로 원래 어떤 색이었는지는 보다 과학적인 방법으로 새롭게 접근해야 할 것이다. 안장 역시도 당시의 것으로 볼 수 없다.[83] 결론적으로 엄복동자전거에서 제작당시의 원형을 유지하고 있는 부분은 본체와 기어뿐이었다.

　2) 엄복동자전거의 제작년도

　엄복동자전거의 제작연도를 밝히기 위해 영국소재 자전거 관련 박물관 6곳에 이메일과 팩스를 보냈다. 한동안 어느 곳에서도 회답이 없었으나 2009

년 11월 29일 National Cycle Museum에서 운영이사(Trustee)이며 이메일관련 담당자인 Mr. Scotford Lawrence로부터 최초의 이메일을 받았다. 그 후 엄복동자전거의 제작과 관련하여 수차례 이메일을 주고받았다. Lawrence의 11월 29일자 이메일은 엄복동자전거에 대해 많은 관심을 보이며, 자세한 사진과 자료가 있으면 제작연도를 알 수 있다는 내용이었다. 이후 전화통화와 이메일을 통해서 엄복동자전거와 관련된 많은 사실을 확인할 수 있었다.

(가) 엄복동자전거의 앞 기어(chain-wheel)

Lawrence로부터 2009년 11월 29일 첫 이메일을 받은 후 연구자는 엄복동자전거와 관련된 사진과 자료를 바로 이메일로 보냈고, 2009년 11월 30일 회답을 받았다. 11월 30일자 이메일을 통해서 알 수 있었던 내용은 "현재 제작되는 자전거는 모두 앞 기어 톱니와 톱니사이가 12.7mm이나 러쥐회사는 1920년 전에는 15.9 mm 간격을 가진 기어를 사용하였다는 것" 이다. 확인한 결과 엄복동자전거는 15.9mm이었다. 관련 사진에 다음과 같이 제시되어 있다.

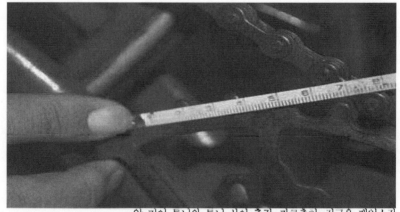

앞 기어 톱니와 톱니 사이 측정, 자료출처: 김근우 개인소장

그리고 Lawrence는 12월 3일자 이메일에서 러쥐자전거 전문가인 Mr.

Mike Christy를 통해 알게 된 사실을 본 연구자에게 통보해 주었다. 앞 기어 부분이 러쥐회사의 엠블럼인 손바닥무늬로 되어있는 것은 1910년 이후에 제작된 자전거이며, 기어톱니의 사이가 15.9mm이면 1919년 이전에 제작된 자전거라는 것이었다. 이로써 엄복동자전거는 1910년부터 1919년 사이에 러쥐에서 제작된 자전거임이 확인되었다.[84]

앞 기어 손모양의 디자인, 자료출처: 김근우 개인소장

Lawrence의 12월 9일자 이메일에서 또 하나의 중요한 사실을 얻을 수 있었다. 그 내용은 당시 러쥐회사를 포함한 모든 영국의 자전거 제작회사는 1914년까지 자전거를 활발히 제작하다가 제1차 세계대전에 영국이 참전하며 자전거 제작에 미진했다는 것이었다. 결국 1914년 8월 이후부터 1919년까지 영국내의 모든 회사는 군대용품을 생산하는데 집중했다는 것이다.[85] 이로써 정확한 거는 없으나 당시 영국의 국내사정으로 미루어 볼 때, 엄복동자전거는 1910년부터 1914년 사이에 제작된 자전거일 확률이 가장 높았다.

(나) 양각된 동판 엠블럼(emblem)
엄복동자전거에서 가장 특이한 것은 동판에 양각된 상품 엠블럼이다.

이 상품 엠블럼의 기본형은 사진에서 확인할 수 있듯이 'RUDGE WHITWORTH' 라는 회사명과 회사소재지인 영국 중부도시인 COVENTRY 만이 선명하게 적혀있다는 것이다. 이는 1920년부터 1930년 사이에 생산된 러쥐회사의 대표적인 상품 엠블럼으로 당시 생산된 자전거에 서도 흔히 볼 수 있는 제조마크와도 같았다.

1920-30년대 러쥐회사의 상표
엄복동자전거의 상표로고와 시리얼 번호, 자료출처: 김근우 개인소장

그러나 다음 사진에서 볼 수 있듯이 김근우가 소장하고 있는 엄복동자전거의 엠블럼에는 기존에 러쥐회사에서 생산한 여타의 자전거들과는 다르게 특이한 시리얼번호가 있었다. 당시 러쥐회사에서 대량생산한 자전거에는 특정 시리얼번호가 엠블럼에 적혀있지 않다.

하지만 엄복동자전거에는 시리얼번호(1065274)가 동판에 선명하게 새겨져 있었다. 이 시리얼 번호가 감추고 있는 역사적 진실은 무엇일까. 연구초기에는 이 시리얼번호가 엄복동자전거의 '제작연도를 표시한 시리얼번호' 쯤으로 생각했었으나 구체화된 연구를 통해 이는 착오였음을 알 수 있었다. 한정 제작된 사진에서 보는 바와 같이 엄복동자전거에 새겨진 선명한 상표로고와 시리얼 번호와는 다르게 아래의 1925년 러쥐회사에서 한정 제작된 사진의 모습은 그 모습이 서로 달랐다.

1925년 한정 제작된 리쥐자전거의 6자리 시리얼 번호

자료출처: www.flickr.com/photos(2009. 12. 29)

사진에서 제시된 1925년 생산된 러쥐회사의 자전거에는 시리얼 번호대신에 LIMITED(한정)이라는 표시만 선명하게 남아 있었다.

이에 관하여 Lawrence는 12월 3일자 이메일을 통해서 자신의 의견을 제시하였다. 당시 러쥐회사에서 생산된 자전거의 엠블럼 번호는 제작연도를 표시한 번호가 아니라 특허번호나 라이선스번호일 수도 있으며, 해외 수출용에만 있는 번호일 수도 있다는 의견을 주었다

전문가조차도 엠블럼에 시리얼번호가 있는 러쥐자전거는 처음 보았다는 것이다.[86] Lawrence는 연구자에게 6자리의 숫자를 본체에서 찾아보라고 했고, 12월 8일 김근우 자택에 재차 방문하여 유심히 관찰하였으나, 6자리 번호를 찾을 수 없었다. 엄복동자전거에서 찾을 수 있었던 유일한 번호는 6 3/4 으로 앞 기어와 페달과 사이에 새겨져 있던 숫자였다. 이에 관하여 Lawrence에게 확인한 결과 이는 굴대의 둘레 길이 였다. 그 사진은 다음과 같았다.

아래 사진은 1925년에 한정 제작된 러쥐자전거로 페달과 앞 기어사이에서 제작연도를 알 수 있는 6자리 시리얼번호인 677198을 볼 수 있다.

제작연도를 알 수 있는 시리얼번호는 6자리 이지만 엄복동자전거의 번호는 1065274로 7자리이다.

1925년 한정 제작된 리쥐자전거, 자료출처: www.flickr.com/photos(2009. 12. 29)

다음 사진은 Lawrence가 12월 16일자 이메일에 같이 보내온 사진으로 1911년 영국 한 지방의 사이클 우승자에게 부상으로 주어진 러쥐자전거의 모습이다.

사진의 오른쪽 사진을 보면 자전거 안장과 본체사이에 6자리의 시리얼번호가 있는 것을 확인할 수 있었다.

엄복동자전거에는 엠블럼에 있는 시리얼번호(1065274) 이외의 시리얼번호를 찾을 수 없었다.

엄복동자전거의 엠블럼 시리얼번호가 무엇을 의미하는지 알 수 없는 상황이라 이에 관하여 단정할 수는 없지만 Lawrence는 12월 16일자 이메일에서 다음과 같이 지적하였다.

an un-numbered frame - truly a 'special'! This supports your information that the bicycle was made for promoting sales in Japan

이 내용을 살펴보면 Lawrence는 이 동판 엠블럼번호(1065274)는 러쥐사(社)가 동아시아에 판촉을 위하여 특수 제작된 경기용 자전거에만 주어진 번호일 수 있다. 또한 2010년 1월 Lawrence와 두 차례의 전화인터뷰로 알 수 있었던 것은 그가 알고 있는 영국의 자전거전문가들에게 문의를 해 보아도 엠블럼에 번호가 있는 러쥐자전거는 지금까지 목격된 바가 없었다(Lawrence telephone interview, 2010.1.4; 1월 6일)고 한다. 지금까지 밝혀진 사실을 정리하면 엄복동자전거는 제작국가인 영국에서도 찾아보기 힘든 세계적으로 매우희귀한 것으로 평가될 수 있다.

다. 마무리 하며

일제강점기에 엄복동은 국내 각종자전거대회에서 일본선수들을 물리치고 당당히 우승한 불세출의 스타였다. 또한 그는 우리나라 자전거史의 대명사이며, 한국자전거 100년史에 있어 가장 빛나는 스타이다. 엄복동이 힘차게 자전거 페달을 밟는 모습은 당시 억눌려 있던 조선인들에게 꿈과 희망을 주었다. 이러한 엄복동의 당시 인기를 증명하듯이 유행했던 노랫말에 "떴다 보아라 떴다 보아라 안창남의 비행기, 내려다보니 엄복동 자전거, 간다 못간다 얼마나 울었나" 하는 내용이 있다.

이렇듯 엄복동은 우리 민족의 우수성과 긍지를 크게 일깨워준 신화적 인물이었으며 최초의 근대스포츠 영웅이었지만 세월의 흐름 속에 그의 존재는 잊혀져갔다. 국내 체육계의 한 원로는 최초의 근내스포츠 영웅인 엄복동의 자전거를 소장하고 있다. 지금까지 이 자전거를 '엄복동자전거'로 증명할 자료가 전무하였으나, 본 연구에서는 여러 경로를 통해 엄복동자전거임을 증명할 수 있었다.

국내 사이클 관련 인사를 통해 얻은 구술면담의 결과 엄복동이 이 자전거를 실제 탔고, 후에 그의 후계자인 조수만과 박성렬도 사용하였음을 알

수 있었다. 더욱이 구전으로만 전해진 엄복동자전거의 제작시기가 영국자전
거박물관의 전문가를 통해 1920년대가 아닌 1910년에서 1919년 사이 영국
자전거회사인 러쥐에서 제작된 것임을 알 수 있었다.

또한 당시 상황으로 미루어 볼 때 제작연도는 1910년에서 1914년으로 좁
혀질 수 있다. 제작연도로 보아 이러한 엄복동자전거는 지금까지 밝혀진 국
내 소장 자전거중 가장 오래된 역사의 자전거이다.

엄복동자전거는 다른 러쥐자전거에서 볼 수 없는 특유의 엠블럼 시리얼
번호가 있으며, 이로 미루어 보아 동아시아 판촉 수출용으로 특별 제작된
경기용 자전거로 제작국가인 영국에서도 찾아보기 힘든 세계적으로 희귀한
스포츠유산이다. 이상의 연구 결과로 볼 때, 엄복동자전거는 1910년부터
1914년 사이에 영국 러쥐회사에서 특수 제작된 자전거로서 비교적 원형에
가깝게(안장, 페달, 핸들, 자전거 바퀴 등은 1940년 전후에 교체된 부품으로
보인다) 보존되어 있는 최고(最古)의 자전거이다. 더욱이 1920년대 일제강점
기에 있어 조선 최고의 스포츠스타였던 엄복동이 실사용 했던 자전거로써
엄복동자전거는 귀중한 대한민국의 중요한 근대 체육문화유산이다.

엄복동은 일제강점기에 최초이자 최고의 스포츠 스타 중 한 사람으로 뛰
어난 실력을 가지고 각종자전거대회에서 우승하며 국가의 자긍심을 끌어올
리는 등의 활약을 하였으나 그에 대한 연구는 미비하였다. 최근 국내체육계
의 한 원로가 이 영웅이 사용하던 자전거를 소장하고 있다는 것이 세간의
화제가 되었다. 우리나라 최초의 스포츠스타인 엄복동이 타던 자전거가 진
짜일까라는 의구심이 이 연구의 동기가 되었다. 연구를 수행한 결과 엄복동
자전거에 대한 다음과 같은 결론을 내릴 수 있었다.

첫째, 그 자전거는 엄복동이 사용했으며 그의 후계자인 조수만과 박승렬
도 사용했음을 연구를 통해 확인할 수 있었다. 둘째, 그 자전거는 영국의
러쥐사에 의해 1910년부터 1914년 사이에 제조되었으며 이는 한국에서 가
장 오래된 자전거였다. 셋째, 엄복동자전거에는 매우 특별하고 독특한 시리

얼번호가 엠블럼에 새겨져 있으며, 이는 영국의 사이클 전문가도 본적이 없는, 심지어 제작국가인 영국에서도 찾아보기 힘든 것이었다. 결국 엄복동의 자전거는 세계적으로도 매우 희귀한 대한민국의 스포츠유산이었다.[87]

3. 우리나라 사이클(Cycling)의 도약

우리나라 사이클(Cycling)은 1945년 11월 조선자전거경기연맹 발기인대회를 결성하고, 1946년 3월 대한자전거연맹을 조직함으로써 그 역사가 시작되었다. 1946년 7월 자전거의 생산·판매와 경기로 업무를 구분하였다가 10월에 다시 통합하고 대한자전거경기연맹으로 조직을 개편하였다.

1948년 5월 국제사이클연맹에 가입하였으며, 1948년 제14회 런던올림픽경기대회 이후 올림픽경기대회에 대표를 파견하여 경기력을 향상하고, 1958년 제3회 아시아경기대회에서 도로경주 1·2·3위를 석권하는 등 아시아정상에 올랐다.

1962년 8월 아시아자전거연맹 결성의 중추적 구실을 담당하고 상임이사국으로 피선되었다. 1967년 1월 대한사이클경기연맹으로 개칭하였다.

1982년 제9회 아시아경기대회에서 금메달 2개, 은메달 2개를 획득하였으며, 1984년 대구와 의정부에 벨로드롬경기장을 건설하는 등 우리나라 사이클경기 발전을 위하여 진력하고 있다.

현재 연맹이 주최하고 있는 정기적인 경기대회로는 1954년부터 실시하고 있는 3·1절 경축전국도로대회를 비롯하여 1962년부터 실시되고 있는 4·19 의거 기념전국사이클선수권대회, 전국도로선수권대회, 회장배종합경기대회, 전국학생종별선수권대회, 8·15경축전국도로대회 등이 있다.

1994년 1월에는 연맹명칭을 대한사이클연맹(K.C.F.)으로 개칭하였다. 1998년 태국의 방콕에서 개최된 제13회아시아경기대회에서는 금메달 2개, 은메달 1개, 동메달 2개를 획득하였다.[88][89][90]

가. 이혜진, 韓사이클 역사상 최초로 Jr선수권 우승

이혜진(연진군청)이 한국사이클 역사상 처음으로 세계주니어대회에서 금메달을 획득했다. 11일, 500m 트랙 독주 경기에 출전한 이혜진은 자신의 스타트 약점을 극복하고 35초47의 기록으로 우승을 차지했다. 또한, 이혜진은 이번 500m 기록에서 한국 여자 엘리트(일반부) 신기록인 35.589(김원경, 2009년 수립)를 0.1초 단축하며 한국 신기록도 갈아치웠다.

이혜진은 시상식이 끝나고 난뒤, "이번 대회에서 우승하고 신기록까지 세운 사실이 믿기지 않는다. 그동안 지원해 주신 대한사이클연맹과 세계사이클센터 전 스텝들에게 감사를 전하고 싶다"고 우승 소감을 밝혔다.

이혜진은 지난 4월, 두바이에서 열린 2010 아시아주니어선수권대회 단거리 종목에서 우수한 성적을 거두었다. 또한, 현재 대한사이클연맹에서 추진하는 정책 사업인 사이클 우수 꿈나무 육성 프로그램을 통해 지난 7월 4일부터 약 1달간의 세계사이클센터에서 훈련을 받고 이번 대회에 참가하게 되었다. 한편, 남자 3km 개인추발에 참가한 박상훈(목천고)도 3분 28초 143(21위) 기록하며 기존 한국 주니어 신기록을 약 1초 가량 단축 했다. 이어 출전한 스크래치 경기에서는 예선 1위로 결승에 진출하여 기대를 하였으나, 아쉽게도 최종 결승에서 17위에 그쳤다.

세계사이클센터에서 이혜진과 함께 훈련하고 있는 김현지(목천고)는 여자 포인트 경기 결승에 출전했지만 체력 소진 및 낙차 사고로 결국 중도 기권했다.[91]

나. 사이클, 런던서 '올림픽 노메달의 한' 푼다

"한국 사이클 역사상 첫 메달의 꿈을 향해 이를 악물고 페달을 밟는다". 1948 런던올림픽 처녀출전 이래 한국은 매 대회마다 발전과 성장을 거듭해왔다. 4년에 한 번 열리는 국제적인 스포츠의 대제전에서 괄목할 만한 성과를 보이며 매번 세계를 감탄하게 했던 한국은 하계올림픽의 대표적인 효자종목 양궁을 비롯, 박태환 장미란 진종오라는 걸출한 인재가 버티고 있는 수영 역도 사격 등의 종목에서 다시 한 번 금빛 전설을 써내려갈 각오를 불태우고 있다.

그러나 이들 외에도 런던올림픽을 향해 굵은 땀방울을 흘리며 소리없이 페달을 밟는 이들이 있다. 역대 세 번째 올림픽이 열리는 런던 땅에서 그동안 노메달에 그쳤던 비인기종목 사이클의 한을 풀겠다고 다짐하는 사이클 국가대표팀 이야기다.

☞ 올림픽 노메달의 역사

사람의 힘으로 자전거를 움직여 속도 경쟁에 임하는 경기인 사이클은 인류 문명과 맞닿아있는 특별한 종목이다. 인류 역사상 가장 위대한 발명품 중 하나로 손꼽히는 바퀴를 이용하는 사이클은 인간의 힘과 기계의 스피드가 결합한 매력적인 종목으로, 제1회 아테네 올림픽을 제외하고 단 한 번도 올림픽에서 자리를 빼앗긴 적이 없는 유구한 종목이기도 하다.

유럽에서 특히 발달한 사이클은 그동안 아시아, 특히 한국에서 큰 관심을 받지 못한 종목이었다. 그러나 올림픽에서 사이클이 차지하는 비중은 결코 만만치 않다. 1980 모스크바올림픽까지 6~7개 세부 종목에 불과했던 사이클은 2000 시드니올림픽에서는 총 18개(남자 9개, 여자 9개) 세부 종목으로 크게 늘어나 금메달밭으로 급부상했다.

한국은 아시아권에서 정상급의 사이클 실력을 갖춘 국가로 손꼽힌다. 그러나 세계무대에서 아직 이렇다 할 성적을 내지 못하고 있다. 특히 올림픽에서는 사이클에 대한 기대가 전무하다고 해도 과언이 아니었다.

한국이 사이클에 첫 선수단을 파견한 것은 처녀 출전이었던 1948 런던올림픽 때부터다. 하지만 역대 최고 성적은 2000 시드니올림픽 남자 40km 포인트레이스에서 조호성이 기록한 4위로 아직까지 노메달에 그치고 있다.

특히 지난 2008 베이징올림픽에는 사이클에 3개 세부 종목 4명의 선수만을 파견했을 뿐이었고 이들은 모두 메달권과 한참 먼 성적만을 남긴 채 조기 귀국해야 했다.

하지만 2012 런던올림픽을 맞는 사이클 국가대표팀은 지난 대회와는 달라진 모습을 자랑한다. 발전과 성장을 통해 사이클에서 사상 첫 메달을 따내겠다는 자신감을 드러내고 있는 것. 이번 올림픽에는 트랙과 도로를 합해 남자 6명, 여자 4명 총 10명의 선수들이 출전할 뿐만 아니라 기량도 크게 상승했다는 것이 대한사이클연맹의 설명이다.

사이클 전용 경기장인 벨로드롬에서 진행되는 트랙 종목과 포장된 도로에서 실시하는 도로 종목, 지형의 기복이 심한 오르막길과 내리막길 등의 산악코스에서 실시하는 마운틴바이크 종목, BMX 전용 경기장에서 작은 자전거로 장애물 통과 경주를 벌이는 BMX 종목 등이 있다. 이 중 한국은 트랙에 남녀 옴니엄, 남자 단체추발, 여자 단체스프린트(경륜, 개인스프린트)에 나서고 남녀 개인도로에 박성백과 나아름이 각각 출전한다.[92]

☞ 조호성, 시드니의 아쉬움 런던서 달랜다

그 선두에는 한국 사이클의 '베테랑' 조호성(서울시청)이 선다. 한국 사이클 첫 메달을 꿈꾸는 조호성은 아시아 최고의 선수로 손꼽히면서도 올림픽에서 번번이 고배를 마셔야 했다. 2004년 경륜으로 종목을 전환했다가 올림픽에 참가하기 위해 2009년 다시 사이클에 복귀, 옴니엄 선수로 새롭게 도전을 시작했다.

조호성은 런던올림픽을 앞두고 지난 2월 런던에서 열린 국제사이클연맹(UCI) 트랙월드컵 파이널라운드 옴니엄 경기에서 은메달을 목에 걸었다. 런던올림픽 사이클 경기가 치러지는 벨로드롬에서 열린 이 대회는 전세계 남자 옴니엄 종목 최강의 선수들이 모두 출전한 프리올림픽 성격이었기에 조호성의 2위 입상은 각별한 의미를 갖는다. 한 선수가 2일간 6종목(250m 플라잉랩 기록경기, 포인트경기, 제외경기, 4km 개인추발, 스크래치, 1km 독주)에 모두 참가한 후 각 종목 순위를 합산해 최종 순위를 가리는 옴니엄은 이번 런던올림픽에서 처음으로 채택된 종목이다.

조호성은 오는 8월 4일(한국시간) 오후 6시 플라잉랩 경기를 시작으로 30km 포인트레이스와 제외경기를 시작으로 옴니엄 메달 획득을 위한 페달을 밟는다. 5일 오후 6시부터 시작하는 4km 개인추발과 15km 스크래치 레이스, 1km 독주까지 모두 치러내야 하는 조호성은 시드니에서 이루지 못한 메달의 꿈을 런던에서 반드시 이뤄내겠다는 각오를 불태우고 있다.

힘과 스피드가 빚어내는 가슴 벅찬 조화를 만끽할 수 있는 사이클 경기가 열리는 런던 벨로드롬에 태극기가 펄럭이는 순간을 기다려보자.[93]

다. 올림픽, 사이클 강국 영국과 한국의 차이는 '장기 계획'

한국 사이클이 2016 리우데자네이루 올림픽에서도 메달을 거두지 못했다. 한국 사이클 역사상 첫 올림픽 메달 획득을 다음 기회로 미뤘다.

사이클 트랙 대표팀은 리우올림픽에 대비해 최근 약 2년간 국제대회 투어, 스위스 전지훈련, 외국인 코치 영입 등 다양한 준비를 했다.

선수들이 국제대회에서 좋은 성적을 내면서 기대감도 커졌다. 그러나 막상 올림픽 무대는 아쉬움으로 가득 찼다. 강동진, 임채빈, 손제용이 출전한 남자 단체스프린트와 남자 경륜은 예선의 벽을 넘지 못했다. 여자 경륜은 예선을 통과했으나, 결선으로 가는 관문인 2라운드에서 이혜진이 다른 선수의 낙차 사고에 영향을 받아 아쉽게 결선 진출에 실패했다.

박상훈은 남자 옴니엄 경주 중 영국의 유명 사이클리스트 마크 캐빈디시의 자전거와 부딪혀 낙차, 경기를 끝마치지도 못했다. 크게 다치지는 않았지만, 부상도 당했다. 노력과 비교하면 결과가 아쉬운 올림픽이었다. 불운이

겹쳐 더욱 안타까웠다. 17일, 남자경륜을 마지막으로 출전 경기를 마친 엄
인영 트랙 사이클 대표팀 감독은 "상당히 오랜 시간 준비를 했고, 종착지에
왔는데 더 필요한 게 있다는 것을 느꼈다" 고 말했다.

경기력뿐 아니라 정신력과 큰 무대 분위기에 휩쓸리지 않는 집중력을 보
완해야 한다고 엄 감독은 분석했다. 물론 경기력 자체도 더 다듬어야 한다.

엄 감독은 사이클 강국 영국이 리우올림픽에서도 트랙 종목을 휩쓰는 것
을 보고 '장기 계획' 의 중요성을 깨달았다.

영국은 16일까지 이번 대회 트랙 사이클에서만 금메달 4개, 은메달 3개
를 땄다. 17일 열리는 여자 스프린트, 여자 옴니엄, 남자 경륜에서 추가 메
달도 기대한다. 엄 감독은 "영국 사이클 이면에는 엄청난 투자가 있더라.
장비, 선수 자원, 스태프 층도 두텁고, 다양한 과학과 역학, 심리 연구가 사
이클에 포커스를 맞추고 있더라"라고 감탄했다.

지난 8월부터 대표팀의 리우올림픽 준비를 도운 영국인 로스 에드가 코
치도 "준비 기간이 너무 짧다" 고 안타까워했다. 엄 감독은 "사이클 메달을
따는 국가는 장기 계획을 하고 있다. 최소 4년, 8년 이상은 본다. 우리도 그
런 시스템을 갖춰야 한다" 고 말했다. 그 기간에 청소년을 집중적으로 발
굴·육성하고, 대형 국제대회 분위기를 익숙하게 느끼는 경험을 쌓도록 해
야 한다는 판단이다. 노력과 시간으로 경기력과 정신력을 끌어올린다고 해
도, 기술과 장비의 격차를 따라잡기는 쉽지가 않다.

엄 감독은 "영국은 새로운 휠, 프레임, 수트, 헬멧, 슈즈 등을 엄청나게
많이 개발한다. 이는 경기력에 큰 영향을 미친다. 올림픽을 기점으로 강국
의 기술은 또 향상된다는 것을 절실히 느꼈다" 고 말했다.[94]

라. [AG] 페달 밟을 때마다 새 역사…사이클 나아름, 한국 첫 4관왕

사이클의 여왕 나아름(상주시청)이 도로와 트랙 종목을 넘나들며 4관왕에

올랐다. 우리나라 사이클 역대 최초의 아시안게임(AG) 4관왕이다.

나아름(왼쪽)이 31일 인도네시아 자카르타 인터내셔널 벨로드롬에서 열린 2018 자카르타-팔렘방아시안게임 트랙 사이클 여자 매디슨 결승에서 금메달을 확정한 뒤 함께 달린 김유리와 태극기를 든 채 손을 잡고 있다. 연합뉴스

나아름과 김유리(삼양사)는 31일 인도네시아 자카르타의 인터내셔널 벨로드롬에서 열린 자카르타-팔렘방AG 트랙 여자 매디슨 결승에서 총 76점을 얻어 정상에 올랐다. 2위 홍콩(61점)보다 16점이나 높은 압도적인 1위였다.

나아름은 도로 종목인 여자 개인도로·도로독주와 트랙 종목인 단체추발에 이어 매디슨도 제패해 금메달 4개를 목에 걸었다. 출전한 모든 종목에서 정상에 오르는 기염을 토했다. 이전까지 AG 최다 메달은 장선재 국가대표 코치가 보유한 3관왕(2006 도하AG)이다. 제자가 스승을 넘어섰으니 말 그대로 '청출어람'이다. 나아름과 함께 뛴 김유리도 여자 옴니엄 동메달과 단체추발·매디슨 2관왕에 등극했다.

트랙 중장거리 종목인 매디슨은 두 선수가 교대로 달리는 포인트 레이스

다. 주행 거리는 25㎞(250m 트랙 100바퀴)다. 미국 뉴욕의 매디슨스퀘어가
든에서 처음 시작돼 이름이 '매디슨'이다. 한 선수가 경주를 하는 동안
다른 선수는 트랙 외곽에서 서서히 돌며 체력을 비축한다. 경기 중인 선수
가 지치면 동료 선수가 손 등을 터치해 교대한다.

점수는 10번째 바퀴마다 결승선에 도착하는 순서에 따라 부여한다. 5점(1
위)부터 1점(4위)까지 부여된다. 다른 선수들을 1바퀴 따돌리면 20점을 획득
한다. 마지막 바퀴까지 합산한 점수가 가장 많은 팀이 우승한다.

김유리가 먼저 출발한 한국은 1차에서 4위(1점)로 달리다가 2·3·4차에
서 5점을 싹쓸이하며 선두로 치고 나갔다. 5차에서 3점과 6차에서 5점을 추
가한 두 선수는 이미 공동 2위인 중국·홍콩을 10점 차로 따돌렸다. 7차 포
인트를 향해 달릴 때는 다른 선수들 전체를 1바퀴 따돌리며 20점 보너스를
땄다. 8차와 9차에서도 5점씩을 적립한 우리나라는 마지막 5바퀴를 남기고
서는 또 한 번 20점의 보너스를 획득해 쐐기를 박았다.

나아름은 국제종합대회 데뷔전이었던 2010 광저우AG에선 악몽을 겪었다.
포인트레이스 메달권을 달리다가 앞에서 넘어진 선수에게 휩쓸려 같이 낙
차해 메달의 꿈을 날리고 다치기까지 했다.

박상훈과 김옥철은 남자 매디슨(주행 거리 40㎞) 결승에서 총 53점을 획
득해 2위를 차지했다. 운이 따르지 않았다. 마지막 25바퀴를 남기고 박상훈
의 자전거 타이어에 이상이 생기면서 레이스에 차질이 빚어졌다. 박상훈이
자전거를 정비하는 동안 김옥철이 홀로 달려야 했다. 그 사이 홍콩이 한국
을 따라잡고 금메달을 가져갔다.

이혜진(연천군청)과 조선영(인천시청)은 트랙 여자 스프린트 은·동메달
을 나눠 가졌다. 임채빈(금산군청)은 남자 경륜 결승전에서 4위를 기록했다.
경륜은 250m 트랙 6바퀴를 도는 경기다.

선수들은 오토바이 유도요원을 따라 속도를 끌어 올리다가 결승선 약
750m 지점에서 순위 경쟁을 벌인다.[95][96]

IV. 강원도(江原道) 사이클의 발전 과정

강원도(江原道)는 1958년 서울에서 개최된 제39회 전국체육대회에 참가하여 분투, 노력하였으나 성과를 이루지 못했다. 그러나 전국일주 자전거 경기 대회 등의 참가를 비롯하여 점차 적극적인 경기활동의 모습을 보이기 시작하였다.[97]

1945년 11월 조선자전차[98] 경기 연맹이 창립되고 강원 사이클연맹은 1959년 10월에 발족하여 사단법인 대한체육회에 가맹하였다. 초대 라천민(1959. 10~1962. 02) 회장을 중심으로 연맹이 운영되면서 발돋움하기 시작했다.[99] 1961년 11월 19일 국민단합 전국 시도 대항 자전거경기대회에서 충남, 서울에 이어 3위로 입상하였으며, 1962년 11월 전국 시·도대항 자전거 대회에서 우승을 차지하는 등 전국 최고의 기량을 과시했다.

1962년은 인도네시아 자카르타 아시아경기대회 은메달 리스트인 신기철·송응일·조성환·박광현이 1964년 제18회 동경올림픽 대표로 선발돼 서울에서 합숙훈련이 들어간 뒤 조성환이 동경올림픽 대표로 선발되었다.[100] 1960년대에는 이인종[101] 등이 앞장서 강원도 사이클 연맹을 발족하여 강원도 선수단의 전국 정상권 진입을 위해 체계적인 단체로서의 기틀을 다졌다.

강원도 사이클의 태동은 1956년 경 원주와 춘천을 중심으로 지도자 없이 선수들이 개별적으로 자전거 대회에 출전하기 시작했다.

> 원주, 춘천에서 주로 했는데,… 강원도는 1956~1957년 쯤 연맹이 결성된 것 같아요. 원주는 원주고등학교 송응일, 신기철, 박광현… 춘천은 춘천대학에 조성환, 이갑승, 이용한… 속초에는 주기현 등이 그 당시 전국대회에 출전했어요. 그 분들이 5~6년 동안 강원도 대표 선수였지요. 그 후 1962년

부터 양양고등학교가 창단되면서 서서히 없어졌어요.[102]

강원도 사이클 태동을 원주(原州), 춘천(春川), 속초(束草)를 중심으로 살펴보면 다음과 같다.

원주(原州)는 1948년 9월 3일 원주 읍 회의실에서 도민배(道民背) 지방체육인 원수체육회(原州體育會)가 결성[103]됨으로써 스포츠에 대한 조직이 강화되었고, 빠른 발전을 도모하였다. 원주는 원정호, 신원철, 신기철 등이 1958년 전국일주 자전거대회 참가를 시작으로 경기 활동의 모습을 보이기 시작했다.

1960년 4월 5일 강원도 자전거 경기연맹 주최 춘천~화천 간 자전거 대회가 열리고, 1960년 7월 16일 경향신문 춘천지사 주최 제4회 전국 사이클대회 강원도 예선 도청~화천 간 85km 대회가 열리면서 원주의 원정호, 신원철, 신기철, 송공일, 박광진 춘천에서 조성환, 이갑승, 이용찬, 속초에는 주기현 등의 선수들이 두각을 나타내기 시작했다.

1961년 4월 19일 4. 19혁명 춘천~화천 간 제1회 자전거 도로 경기가 열렸다. 같은 해 10월 11일부터 15일까지 서울에서 개최된 제 42회 전국체육대회 자전거 경기에서 원정호(元正鎬), 신원철(申元哲) 등이 좋은 성적을 냈으며,[104] 1961년 11월 19일 국민 단합 전국 시.도 대항 춘천~원주 간 자전거대회에서 충남, 서울에 이어 강원도가 3위를 차지하였다.

1962년 8월 2일 인도네시아 자카르타에서 열린 제4회 아시아경기대회, 사이클에서 원주 출신의 신기철[105]이 국가대표로 출전하여 은메달을 획득하여 강원사이클을 빛냈다.[106] 신기철에 대한 내용이 강원체육사에 보인다.

신기철은 서울 숭실중학교에서 사이클을 접하고 중거리 선수로 각고의 훈련을 거듭하여 1961년 전국체육대회에 강원도 대표로 출전하여 영광의 금메달을 땄다. 그리고 1962년에는 그 여세를 몰아 국가대포로서 동경에서

열린 아시아 올림픽에 출전하여 당당히 은메달의 영광을 안았다.[107]

1962년 11월 3일 춘천~원주 간 왕복 제2회 시·도 대항 자전거대회가 열렸다. 1962년 43회 경북 대구 전국체육대회(10. 24~29) 일반부 단체 3위 실적이 보인다. 1963년은 1962년 강원체육 발전의 전기의 해에 이어 강원체육 종목별 현대화를 힘차게 추진하던 해였다.

1963년 8월 10일 동경 올림픽대회 파견 사이클 선수단이 강원 춘천에서 전지훈련을 하였는데, 그들 중 춘천의 조성환이 선발되어 훈련에 참가하였다. 같은 해 전북 전주에서 열린 제44회 전국체육대회(10. 4~10. 9)에서 강원도 대표 팀 신기철, 심기연,[108] 조근차 등은 4,000m 선두 경기[109] 2위, 10,000m 속도 경기 3위, 40,000m 단체경기 3위로 입상하였다.[110]

1964년 7월 5일부터 8월 30일까지 제18회 동경올림픽 대회 출전 준비를 하기 위해 국가 대표 사이클 선수단이 춘천에서 25일간 강화 훈련에 들어갔다. 국가대표 선발에서 양양고등학교 출신 사이클 창단 선수인 심기연이 합류하게 되었다. 그러나 심기연은 최종 선발에서 고배를 마시게 된다.

1964년 제45회 인천 전국체육대회에 강원도 대표로 출전한 이갑성, 전성국·심기연·고재원 등은 4,000m 단체 경기에 출전하여 3위에 입상했으며, 전성국(全城國)은 112km 개인도로 경기에서 1위(3° 06 ' 20 " 1)로 질주하여 우승을 차지하였다.[111]

1965년 제46회 전남 광주에서 열린 전국체육대회(1965. 10.5~10. 10)에서 일반부 조성환(趙成桓) 5,000m 1위, 4,000m 단체 추발 1위, 심기연 1,000m 3위, 1,000m 선두 2위로 선전하여 향토를 빛냈다.[112]

1966년 서울에서 10. 10~10. 15까지 6일간 열린 제47회 전국체육대회에서 조성환[113]은 일반부 도로 1위로 입상하였으며, 1967년 서울에서 열린 제48회 전국체육대회(1967. 10. 5~10. 10)에서 조성환은 일반부 4,800m 3위, 4,000m 단체 2위, 109km 도로에서 송우현이 2위로 입상하였다.[114]

1968년은 '강원 사이클의 해'라고 기록할 만하다. 1968년 서울에서 9.12~9. 17까지 6일간 열린 제49회 전국체육대회에서 일반부 800m 2위 송우현, 1,600m 1위 송우현, 4,000m 1위 조성환, 4,000m 단체 1위, 112km 도로 1위 송우현, 4,000m 선두 2위로 입상했다. 그해 멕시코 올림픽대회 파견, 도로경기 선수 선발 겸 제22회 전국 사이클 도로경기 선수권대회가 춘천~가평 간 개최되었는데, 춘천 팀이 100km 도로 경기에서 종합 3위에 입상하였다.[115] 특히 남고부에서 한승석이 1,600m 2위, 4,000m 단체 3위로 입상하였다. 1969년 서울에서 10.28~11.2까지 6일간 열린 제50회 전국체육대회에서 고등부 1,600m 김동일 3위, 일반부 송우현 800m 3위, 1,600m 1위, 조성환 10,000m 1위, 전성국 4,000m 단체 2위로 입상하였다.[116]

1970년 10월 6일부터 11일까지 '군센 체력, 알찬 단결, 빛나는 전진'이라는 표어를 내걸고 서울에서 제51회 전국체육대회가 열렸다. 지난 대회에 이어 서울에서 열리게 되었는데, 사이클 트랙 경기는 동대문 육상운동장 400m 트랙에서 진행되었다. 남자 고등학생부 16,00m 속도경기 3위 김동일, 4,800m 속도 경기 2위 김동일, 단체 4,000m 경기는 3로 입상하였다. 일반부 800m 속도 경기 3위 조성환, 1,600m 속도 경기 3위 전성국, 도로 1위 김창림이 입상하였다.

1979년 60회 전국체육대회 출전 기념(I)[117]

1979년 제60회 전국체육대회 출전 기념(Ⅱ)[118], 사진 출처: 심종석 소장

1970년 제6회 방콕 아시아경기대회에서 전성국(全城國)[119]은 100km 도로 경기 동메달, 1972년 제7회 아시아 선수권대회 100km 도로단체 금메달로 입상하였다.

강원도 사이클은 1971년 제52회 서울 전국체육대회(10. 8~13)에서 고등 부는 학생부 600m 전원경 3위, 일반부 전 종목에서 참패하고 말았다. 이어 지는 주위 환경의 후유증으로 인하여 1972년 제53회 서울 전국체육대회에 서 고등부는 전 종목에서 입상하지 못했다. 그러나 양양고등학교 출신 전성 국은 일반부 4,800m 2위, 40,000m 1위, 개인도로 104. 4km 1위로 입상하여 향토의 명예를 빛냈으며, 4,000m 단체 경기에 출전하여 충남과 함께 공동 3 위로 강원 사이클의 체면을 겨우 살렸다.

1973년 제54회 부산 전국체육대회 1,600m 3위 김창림, 10,000m 3위 전성 국, 4,000m 단체 1위, 110. 8km 도로 2위 전성국이 입상하였으며, 1974년 제 55회 서울 전국체육대회에서 800m, 1,600m 3위 석춘봉, 10,000m 1위 전성 국, 4,000m 단체 추발 2위의 성적을 얻었다.

 1975년 제56회 경북 대구 전국체육대회에서 10,000m 1위 신만영, 40,000m 단체 1위로 입상했으며, 1976년 제57회 부산 전국체육대회에서 100,000m 김창주 3위, 도로 3위 방양호, 4,000m 단체 1위로 입상했다.

 1977년 전남 광주 제58회 전국체육대회에서 40,000 단체 2위로 입상했으며, 1978년 제59회 경기 인천 전국체육대회에서 동부 그룹 김종후 800m 3위, 한국체육대학교 김창주 4,800m 3위, 동부 그룹 석대해 도로 1위, 2위 허영, 3위 김남호, 4,000m 단체 2위로 선전했다.

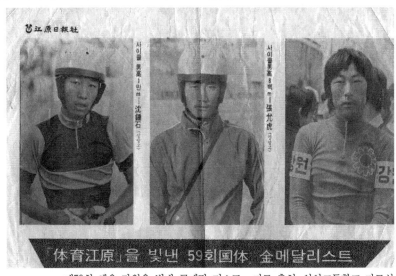

제59회 체육 강원을 빛낸 금메달 리스트, 자료 출처: 양양고등학교 자료실

 이와 같이 1970년대 초반의 위기에서 벗어나 양양고등학교를 졸업한 방양호, 석대해, 김창주 등이 실업팀 혹은 대학으로 진출하여 강원 사이클의 도약기를 마련하게 되었다. 강원 사이클은 1970년대 후반부터 대부분 양양고등학교 출신 선수들로 일반부를 구성하여 각종 전국대회는 물론 전국체육대회에 출전하게 되었다. 이와 같이 전국체육대회 강원도 대표로 출전한 양양고등학교 사이클은 1973년 제54회 부산 전국체육대회부터 강원 사이클

이 7년 연속 전국 제패의 강원 사이클 신화를 이룩하는 데 주축이 되었다.[120]

1979년 충남 대전 제60회 전국체육대회에서 40,000m 단체 2위 강원 OB가 입상했으며, 1980년 전북 전국체육대회에서는 장윤호[121]가 1,600m 2위, 도로 2위, 4,000m 개인 추발 3위로 입상하였다.

『사이클 男高団体 4 천m ─左로부터 姜元男・沈鍾石・張允虎 (양양교)』

사이클 남고 단체 4000m 단체 우승, 자료 출처: 양양고등학교 자료실

1981년 제62회 서울 전국체육대회에서 10,000m 속도 1위 김형국, 도로 3위 장윤호가 입상했으며, 1982년 제63회 경남 전국체육대회에서는 10,000m 1위, 속도 2위 강원남, 1,000m 독주 3위 김형국이 선전하였다.

1985년 제65회 대구 전국체육대회에서 50,000m 포인트 강원남 1위, 1985년 제66회 강원전국체육대회에서 10,000m 일제 1위 김규근, 100km 도로 단체 2위, 게린 경기 3위 박춘웅, 여일반부 도로 개인 2위는 김난희가 차지하였다.

1986년 제67회 서울, 경기, 부산 전국체육대회에서는 제외 경기 3위 박춘웅, 여일반부 스프린트 2위 박선미가 차지했으며, 1987년 광주, 전남 제68회

전국체육대회에서는 제외 경기 1위 박춘응, 박선미가 여일반부 스프린트 3
위로. 입상했다.[122]

1982년 뉴델리 아시안 게임 장윤호 선수 환영식[123], 자료 출처: 장윤호 소장

1988년 제69회 전국체육대회에서는 계린 경기 3위 박춘응, 여일반부
70km 개인도로 1위 김남희가 차지했으며, 1991년 제72회 전북 전국체육대
회는 2,000m 일제 경기 2위 스프린트 3위 엄인영, 30km 포인트 레이스 2위
박계준, 여일반부 3km 개인추발 3위 장경아가 선전하였다.

1992년 제73회 대구 전국체육대회에서는 4km 개인추발 3위 박계준,
40,000 단체 추발 3위 강원선발, 여일반부 3km 개인 추발 3위 장경아, 강원
선발이 3,000m 단체추발에서 2위로 입상했으며, 1993년 제74회 광주 전국체
육대회에서 엄인영이 스프린트 1위를 차지하였다.

1994년 제75회 대전 전국체육대회에서 10,000m 일제 1위, 스포린트 3위
엄인영, 제외 경기 3위 조광우, 30km 포인트 레이스 3위는 황남식이 차지하
였으며 1995년 제76회 포항 전국체육대회에서는 45km 개인독주 1위 최희
동, 1km 개인독주 3위 윤양석, 1,000m 속도경기 3위, 스프린트 3위 엄인영

이 선전하였다.[124]

1996년 제77회 강원도 전국체육대회에서 스프린트 1위 개인독주 1위 최희동, 30km 포인트 레이스 3위, 제외경기 3위 박수환이 입상했으며, 1997년 제78회 경남 전국체육대회에서는 1,000m 속도경기 1위 스프린트 3위 현병철이 차지하였다.

1998년 제79회 제주도 전국체육대회에서는 1km 개인 독주 1위 지성환, 스프린트 1위 엄인영, 1,000m 속도경기 3위 현병철이 입상했으며, 1999년 제80회 인천광역시 전국체육대회에서는 1km 개인독주 1위 지성환, 스프린트 1위 현경철, 40km 포인트 레이스 2위 지성환, 10,000m 속도경기 2위로 엄인영이 선전하였다.

2000년 제81회 부산광역시 전국체육대회에서 스프린트 1위 현병철, 경륜 1위 엄인영, 40km 포인트 3위 박수환이 차지했으며, 2001년 제82회 충남, 충북, 대전 전국체육대회에서 양양군청 엄인영이 경륜에서 3위로 입상하였다.[125]

1960년 4월 5일. 강원도자전거경기연맹 주최 자전거대회(춘천~화천)
1960년 7월 16일. 경향신문춘천지사주최 제4회 전국사이클대회 강원도예선
    (도청~화천.85km)
1961년 4월 19일. 4.19혁명기념 제1회 자전거도로경기대회(도연맹주최, 춘
    천~화천 황복)
1961년 11월 19일. 국민단합 전국 도대항 자전거경기대회(춘천~원주) 충남
    서울 강원 1,2,3위
1962년 9월 4일. 제4회 자카르타 아시아경기대회 신기철(원주출신) 은메달
1962년 11월 3일. 춘천~원주간 왕복 제2회 도대항 자전거대회
1963년 4월 19일. 4.19기념 제3회 실용 자전거 도로경기(춘천~홍천) 전성
    국(양양중)우승
1963년 8월 10일. 동경올림픽선수단 춘천서 전지훈련(조성환 등)

1964년 5월 3일. 도연맹주최 제4회 도내실용자전거 도로경기(춘천로터리)

1964년 7월 5일. 동경올림픽 사이클선수단 춘천 합숙훈련(8월30일까지)

1964년 7월 19일. 동경올림픽 파견 한국대표 사이클선수 최종 선발전(춘천
~횡성~원주~춘천 195km)

1964년 10월 24일. 전국 시·도대항 자전거 도로경기대회(8개팀)

1967년 11월 5일. 제22회 전국 사이클 도로경기 선수권대회(춘천~가평)

1971년 4월 21-23일. 제1회 교육감기 쟁탈 도내 남녀 실용자전거 대회(춘
천)

1972년 9월 10일. 제1회 교육감기 쟁탈 도내 고교대항 춘천~원주간 사이
클 도로경기

1973년 5월 16-17일. 문교부장관기 제2회 전국학생실용자전거 대회(춘천)

1973년 10월 30일. 제1회 도내 중고 실용자전거대회(춘천)

1974년 6월 24일. 대한 사이클연맹 회장기쟁탈 전국 사이클대회 양양고등
학교 우승(전주)

1974년 9월 6일. 제3회 교육감기 쟁탈 춘천~원주왕복 고교대항 역전경주
대회

1975년 3월 21-22일. 제4회 교육감기쟁탈 실용자전거대회(춘천농고운동장)

1975몀 7월 29일. 제4회 교육감기쟁탈 춘천~원주왕복 고교대항 역전경주
대회

1976년 4월 23~24일. 제5회 교육감기쟁탈 실용자전거대회(속초 공설운동
장) 1981년 11월 7일 제15회 전국 사이클선수권대회 양양고등
학교 종합우승(서울)

1983년 3월 15일. 양양여고 사이클부 창단

1983년 4월 11일. 인제 신남중·고 사이클부 창단

1983년 5월 12일. 광희고 여자 사이클부 창단(코치: 주성학)

1983년 8월 30일. 제6회 엄복동배 전국도로단체 사이클대회 양양고등학교
우승

1983년 12월 4~11일. 제11회 아시아사이클 선수권대회 강원도 김형국 은

메달(마닐라)

1985년 8월 3~5일. 제14회 회장배쟁탈 전국 사이클대회 정래진[126](임계고) 개인추발 3,000m 우승(춘천 사이클경기장)

1986년 4월 27~29일. 제41회 전국 사이클선수권대회(춘천 사이클경기장)

1989년 9월 9~12일. 제18회 체육부장관기 전국사이클대회(춘천 벨로드롬 경기장)-양양여고 창단 7년만에 첫 종합우승

1990년 9월 15일. 제19회 체육부장관기 전국사이클대회 양양고등학교 종합 우승(서울)

1991년 1월 17일. 속초시청 남자 사이클팀(코치: 노승준) 여자사이클(코치: 방양호)창단 1995년 5월 9일 제4회 학산배 전국사이클대회 양 양고등학교 종합우승(서울)

1995년 제4회 아시아 주니어사이클 선수권대회 박수환(양양고등학교) 도로 경기 금메달

1997년 3월 20일. 제44회 3.1절 기념 가평 전국 도로사이클경기대회 양양고 등학교 우승

1999년 8월 25일. 제1회 엄복동배겸 양구일주 전국고교 도로사이클대회 양 양고등학교 우승(양구)

1998년 11월 5일. 홍천 양덕상고 사이클부 창단

2000년 5월 22일. 제2회 국민체육진흥공단이사장배 전국 사이클선수권 도 로경기 양양고등학교 우승(속초~고성)

2000년 10월 27일. 한강 700리 도로 사이클대회. 양양고등학교 우승

2002년 3월 18일. 제49회 3.1절 기념 가평 전국 도로사이클경기대회 양양고 등학교 우승. 2002년 4월 23일 청주 MBC배 직지찾기 국제 도 로사이클대회 양양고등학교 도로경기 종합우승

2002년 5월 5일. 2002년 아시아 J선수권대회 도로독주 양양고등학교 김동 영 은메달(방콕)

2018년 10월 12일. 제99회 전국체육대회, 남자고등부 개인도로 단체 2위

2018년 10월 18일. 제99회 전국체육대회, 남자고등부 개인도로, 2위

2019. 2. 16.~17일. 제5회 창녕군수배 부곡온천 전국도로사이클대회 남자
고등부 개인도로, 최상진 2위, 최종혁 3위, 최일헌 6위, 남자고
등부 개인도로단체, 최일헌 · 이은구 · 신재경 · 박민수 · 문종
현 · 최상진 · 성창준 · 이동혁 · 박한성 · 최종혁 · 김종우 · 오제
영 1위

1. 양양군(襄陽郡) 사이클

전국적으로 양양군은 사이클 고장으로 널리 알려져 있다. 이러한 명성이 높아진 데는 1960년대 초 양양중·고등학교 사이클 팀 창단을 시작으로 1983년 양양여자고등학교의 사이클 팀 창단과 1991년 양양군청 여자 사이클 팀 창단, 그리고 1996년 양양군청 남자 일반부 사이클 팀을 창단하는 등 사이클 고장으로 면모를 갖추었고 지속적으로 우수선수 발굴과 육성에 노력한 결과 국내·외 각종 사이클 경기대회에서 크게 두각을 나타내게 되었다.[127]

양양군 사이클은 사이클 50여년을 겪어 오면서 많은 우수 선수들이 국가 대표로 선발되어 향토의 명예는 물론 국위 선양에 크게 기여 해왔는데, 그 출발점에는 1960년대 초 양양중·고등학교 자전거 선수와 함께 하고 있다. 여기에서 심기연[128]을 주목할 필요가 있다.

1962년 9월경 시·군 대항 및 전국 사이클대회 강원도 예선 대회가 춘천에서 열렸다. 이 대회에 처음 심기연을 중심으로 한 양양군 사이클 대표 선수가 출전하게 되었고, 이를 통하여 심기연은 국가 대표로 탄생하는 단초가 되었다.

> 그래요 … 강원도 예선에서… 그렇게 해서… 강원도 대표 선발 예선에서 양양대표로 나가게 되었지요. 속초는 선수들이 있었고…체육회에서 양양군도 내보내라 …그래서 전국대회 강원도 대표 선발대회에 나갔지요. 그 당시 기록 있는 선수들은 대회에 안 나오고… 각 시·군에서 출전했는데, 고등학생인 내가 1등 했어요. …특이한 선수가 나타났다. 그랬지요. 고등학생이지만 전국대회에 출전하게 되었지요. 자카르타 아시아경기대회… 도로에서 메달 딴 송공일, 신기철, 주기현과 같이 합숙 훈련을 했어요…그 당시 황소 한 마리 팔아서 사이클 샀어요. 엄청 비싼 거지요. 국산에서 외제

자전거로 연습하고… 그러니… 세계대회 나갔던 선수를 다 추월해 버렸어
요.[129)]

이렇게 심기연은 강원도 사이클 대표로 선발되기 되어 외제 경기용 사이
클을 거금으로 구입하고 대표선수로 훈련한 후 그해 10월 대구에서 열린
제43회 대구 전국체육대회에 출전하게 되었다.

> 1962년 대구에서 열린 제43회 전국체육대회에서… 100바퀴 4만미터 1등
> 이… 최고의 선수로 치는데… 머리 빡빡 깎은 놈이 1등으로 가니… 고의적
> 으로 넘어뜨린 거라고요. 고의적으로…… 그래도 다시 일어나 2등을 했어
> 요. 대한사이클연맹 임원들이 볼 때 신기한 놈이지요. 그래서 바로 대표 선
> 수가 되었지요.[130)]

이와 같이 양양고등학교 사이클은 1962년 교내체육대회 입상 선수들을
중심으로 제1회 강원 중·고 학생종합체육대회에 출전하여 사이클 고등부
종합 우승을 하게 된다.

또한 전국대회 출전 대표 선수 선발 대회에 참가한 3학년 심기연은 강원
도 대표로 제43회 대구 전국체육대회 출전을 계기로 국가대표로 선발되어
동계훈련에 참가함과 동시에 중앙대학으로 진학하는 기회를 얻게 되었다.

심기연은 대표단 훈련에 합류하였으나 최종 선발에서 고배를 마시게 되
었고, 학점 이수의 난관에 부딪쳐 춘천대학으로 편입하는 인생의 전환점을
맞이하게 되었다.

> 1963년 태릉으로 들어갔지요… 1964년 동경 대회 선발에서 떨어졌어
> 요… 그것도 넘어져서… 실력 없는 사람 다가고… 다 운이지요. 대학은 중
> 앙대학에 진학했어요. 선수 생활하다 학점 못 따고… 단지 춘천대학 4년까
> 지 다니다… 졸업장 있으면 뭣하나… 그래서… 인생이 달라졌지요.…그것

만 땄으면… 참 뭐… 체육교수는 1순위였는데… 내가 대표선수 했고….[131]

심기연은 1963년 제43회 전북 전주 전국체육대회에 강원도 일반부 사이클 대표 신기철, 조근차 등과 함께 출전하여 40,000m 선두경기 2위, 10,000m 속도경기 3위, 40,000m 단체 경기 3위으로 입상했다. 이는 양양 사이클 창단 이후 처음 얻은 수확이었다.

1964년 제45회 인천 전국체육대회에 강원도 대표로 출전한 심기연, 전성국은 4,000m 단체 경기에 출전하여 3위에 입상하는 데 기여했으며, 전성국은 112km 개인도로 경기에서 1위(3° 06 ' 20 " 1)로 입상하였다.[132] 특히 인천 전국체육대회 강원도 대표 선수로 112km 개인도로 경기에 출전한 전성국(全城國) 선수가 펑크 난 사이클을 타고 50km를 사력을 다해 1위로 골인한 이야기는 사이클 인들에게 일화(逸話)로 남아있으며,[133] 이 소식을 전해들은 양양군민은 격려와 성원을 아끼지 않았다.

당시 양양군 체육회 부회장으로 봉직(奉職)하던 양양면장 이홍경은 양양읍 내 몇몇 유지들과 뜻을 모아 전성국(全城國) 선수에게 경기용 사이클을 지원하기도 하고 관내에 개인 업체와 기관 단체를 통하여 모금 운동을 하게 되었다.

이와 같이 양양군 체육회가 중심이 된 적극적인 군민의 후원으로 프랑스에서 제작한 보라색 챔피언 경기용 사이클을 구입하여 연습할 수 있도록 하여줌으로써 사이클 선수들뿐만 아니라 온 군민의 선망이 되었다.[134][135] 그 당시 같이 출전했던 심기연의 구술 내용을 들어보기로 한다.

처음에는 나와 전성국이가 1, 2위였지요. 10km 남겨두고 내가 다리에 쥐가 났어요. 그래서… 전성국이를 위해서 도로변 숲 속으로 숨어 버렸어요. 작전을 써서… 뒤쪽에서 주행해 오는 다른 선수들을 속인 거지요. 앞의 사정을 모르게 하기 위해서… 그 때 다른 선수들은 1, 2위는 포기하고 뒤

에서 3, 4위 싸움을 했어요. 그런데, 전성국이 자전거가… 타이어가 펑크가
났어요. 만약 내가 숨어 버린거나 전성국이 타이어 펑크 난 자전거를 타
고 도망(질주)하는 걸 뒤따라오는 선수들이 알았다면 1등이 쉽지 않았을
거예요…알았으면 서로 견제하지 않고… 속력을 냈겠지요. 그래서 군민
환영대회 때 부회장 이홍종씨가 칭찬해 주더라고요.136)

1965년 제46회 광주에서 열린 전국체육대회에서 강원도 대표 심기연은
1,000m 3위, 10,000m 2위로 선전하여 향토의 명예를 빛냈다.
1971년 5월 2일~3일까지 양일간 전국 사이클 대회가 속초시 공설운동장
과 주변 도로에서 트랙경기와 80km 개인도로 경기가 열렸다. 이 대회는 전
국 각 팀 소속으로 고등부와 일반부를 나뉘어 경기를 하였다. 전년도 전국
체육대회 사이클 종합 우승을 배경으로 강원도 사이클 연맹 이인종,137) 이춘
봉,138) 박광평139) 등 임원 등의 적극적인 유치 노력과 사이클 창단 초기부터
많은 관심과 자원을 아끼지 않았던 속초, 양양 사이클 대부 이석봉의 각별
한 유치 활동의 결실이있다.140)141) 그 대회의 경기실적은 다음과 같다.
일반부 삼양 소속 전성국은 1,600m 속도경기 3위, 4,800m 속도경기 2위,
10,000m 속도경기 2위, 80km 도로 경기 1위로 입상했으며, 고등부는 800m
속도경기 김동일 1위, 유우영 3위, 10,00m 속도경기 김동일 1위, 정형교 3
위, 4,800m 속도경기 유우영 1위, 정형교 3위, 600m속도 경기 김동일 1위,
유우영 3위로 입상하였다.
1996년 양양군청 여자 일반 사이클 팀은 창단 6년 만에 해체하고 이어서
남자 일반부를 1996년 12월 31일에 창단하여 팀을 새롭게 강화하였다.

여자 일반부 팀을 해체하고 남자팀을 창단한 이유는… 여고 졸업 선수
가 부족하고… 졸업하는 선수가 한명 있었어요. 그 밑으로 1학년이 한 명
이고, 남자는 우수 선수들이 양양고등학교 졸업 반에 많았어요. 지성환, 엄
인영, 김정영, 고병수 등… 고등학교 때 그 선수들은 그 기량이 상당히 높

왔고… 어느 해보다 경기 실적은 자랑할 만 했지요. 그래서 어쩔 수 없이
양양군청 일반부 여자 팀을 남자 팀으로 바꾼 거지요. 재정상의 문제나 다
른 어떤 내·외적인 문제는 아니고요, 그냥 선수 수급 문제로 어쩔 수 없
이 바꾼 거지요. 그 후에 고성군청에서 일반부 여자 팀을 창단했는데 이러
저러한 이유로 해체되어 버렸어요. 안타까운 일이지요 … …문제는 여자
선수 문제인데, 그게 해결되어야 해요. 옛날 같지 않아요. 미용에 신경을
얼마나 많이 쓰는지, 썬크림은 기본이고, 다리에 상처 같은 것도 무척 신경
써요. 그리고 그 힘든 운동을 요사이 아이들이 하려고 하겠어요. 그래서 요
사이엔 남자 선수보다 연봉이 더 높아요. 선수가 부족하니까.… 아시안 게
임에는 출전해야 되고 하니… 여러모로 어려움이 있어요.142)

양양군청 팀 구성은 코치에 박상택,143) 그리고 선수에 1km 독주 전국 최
우수 선수 지성환을 비롯하여 양양고등학교 출신 우수 선수인 엄인영, 김정
영, 고병수, 이길섭 등 5명으로 구성하여 새로운 일반부팀으로 출발하였
다.144)145)

창단 그 다음 해인 1997년 제44회 3.1절 기념 전국 사이클대회에서 남자
일반 도로경기에서 지성환 선수가 개인 도로경기와 크리테리움 경기에서
각각 1위로 입상했으며, 지성환 선수 등과 함께 출전한 양양군청 선수들은
개인 도로경기와 크리테리움 경기에서 단체 1위에 입상으로 전 종목 1위
입상하여 창단초기부터 큰 성과를 이루게 되었다. 같은 해 10월 제78회 경
남 전국체육대회에서 남일반 속도 경기 1위, 스프린트 3위로 현병철이 입상
하였다.146)

1998년 5월 11일 제7회 음성에서 열린 청주 MBC배 전국 사이클대회에서
지성환선수가 남자일반 1km독주에서 한국 신기록을 수립하면서 1위(4' 05"
06)에 입상하였다.

같은 해 7월 6일 제15회 대통령기 시·도 대항 전국 사이클경기대회에서
남자일반 4,000m 단체추발경기에서 지성환·엄인영·김정영·고병수가 1위

입상, 올림픽 스프린트경기에서 고병수가 1위에 입상하였다.

또한 9월 21일 제79회 제주도 전국체육대회에서 지성환이 1km 독주에서 1위, 1000m 속도경기 현병철 3위로 입상하였으며, 12월 6일 제13회 태국 아시아 경기대회에 출전한 지성환은 1km 독주에서 1위로 선전하는 등 양양군청 팀은 1998년 황금의 해로 마무리하였다.

1999년 5월 10일 제16회 대통령기 전국 사이클대회에서 개인 도로단체 박수환, 엄인영, 지성환, 고병수가 1위, 메드슨 경기에서 고병수가 1위로 입상하였다. 같은 해 6월 6일 제19회 아시아선수권대회 1km 독주 1위(1' 03" 895)로 입상했다.[147]

또한 10월 제80회 인천광역시 전국체육대회에서 1km 개인독주 1위 지성환, 스프린트 1위 현경철, 40km 포인트 레이스 2위 지성환, 1,000m 속도경기 2위 엄인영이 선전하였다.

2000년 10월 제81회 부산 전국체육대회에서 남일반 스프린트 1위 현병철, 경륜 1위 엄인영, 40km 포인트 3위 박수환이 입상하였으며, 2001년 충남, 충북, 대전, 경기 제82회 전국체육대회에서 양양군청 엄인영이 경륜에서 3위로 입상하였다.[148]

제13회 아사안 게임 2관왕 지성환과 함께(Ⅰ)[149]

15회 아사안 게임 2관왕 지성환과 함께(Ⅱ),150) 사진 출처: 박순원 소장

직지찾기 국제도로 사이클대회,151) 사진 출처: 박순원 소장

2. 양양군(襄陽郡) 여자 사이클

한편, 양양군 사이클은 1980년대에 접어들면서 국제사이클연맹(UCI)이 1984년 제23회 LA 올림픽대회부터 여자 사이클 종목이 채택되었다. 이에 국내에서도 여자 사이클 종목을 신설하여 1983년 제64회 인천 전국체육대회에서 여고부 사이클 종목이 처음으로 실시하게 되었다.

양양군 양양여자고등학교[152]는 1983년 2월에 강원도교육위원회(現 강원도교육청)로부터 사이클 육성학교로 지정받아 1983년 3월 15일에 도내에서는 처음으로 10명의 선수로 여자고등학교 사이클 팀을 창단하게 되었다.[153]

양양여자고등학교 사이클팀 창단, 자료 출처: 양양문화원

양양여자고등학교 사이클 팀은 단장에 교장 권덕명, 감독 김철홍교감, 지도 체육교사 전윤섭, 지도자 노승준 코치,[154] 선수 2학년 김정임, 박선미, 박미경, 박춘심, 김난희, 김미자, 1학년 정순옥, 이춘희, 김미옥, 김경숙 등 10명으로 구성하였다.

[襄陽女高사이클팀創團 선수10명, 기초체력·주행중점훈련]

　　올 국체부터 여고부 사이클종목이 신설됨에 따라 도내에서는 처음으로 「사이클 고장 襄陽」의 양양여고에 사이클부가 15일 창단했다. 이날 오전 10시 양양여고에 있는 창단식에는 李範俊의원(民正)을 비롯한 각급 기관장들이 참석해 신생 양양여고 사이클부의 앞날을 축복했다. 지난 2월 도교육위로부터 사이클을 육성종목으로 지정받아 金貞任양(17)등 선수 6명을 선발, 기초체력 훈련을 실시해온 양양여고 사이클부는 3월 5일 신입생 중에서 4명을 추가 선발해 현재 10명으로 팀이 짜여 져 있다.[155]

　　양양여자고등학교 사이클 팀은 1983년 3월 15일에 창단[156]하여 출전 경험도 부족한 팀이면서도 불구하고 같은 해 9월 3일 통일로에서 개최된 아시아주니어 선발 평가전에 출전하여 48km 개인 도로경기에서 김정임 1위(1. 20' 55" 62), 박선미가 5위(1. 20' 55" 87) 등으로 입상하였다.

　　이어서 10월 29일~31일까지 열린 제12회 회장배 겸 국제 파견 선수 선발전에 출전하여 3,000m 단체 추발경기에 박선미, 김난희, 정순옥, 김정임 등 여자부 한국 신기록을 수립하면서 24분 35초 09의 기록으로 입상하는 쾌거를 올렸다.

　　또한 1983년 11월 1일 통일로에서 국제대회 파견 여자선수 선발전 50km 개인 도로경기에서 김정임 3위(1 °28' 02" 89), 박선미 5위(1.28'03"24) 등으로 창단 첫 수확으로 뜻있는 한 해를 마무리 했다.

　　연중 각종대회 중 비중도가 가장 높은 전국체육대회 실적을 살펴보면, 양양여자고등학교 팀은 제65회 대구 전국체육대회(1984년 10월 11일~16일)에 강원도 대표선수로 선발되어 대구대회에 출전하여 1,000m 개인 독주경기 3위 (1' 23" 82)로 입상한 박선미는 대회 신기록을 수립하였고,[157] 70km 개인 도로경기에서 김난희 1위(2 ° 14' 01"), 김정임 3위(2 ° 14' 02") 등으로 입상하였다.

1985년 1월 10일 '1985 아시아주니어선수권대회 파견 2차 선발대회에 출전하여 1,000m 독주 경기 3위(1' 31" 25) 박선미, 개인 도로경기에 5위 김정임, 6위 김난희가 입상하였다. 같은 해 2월에 창단멤버인 김정임, 박선미, 김난희 등이 졸업과 동시에 김정임은 한국체대에 진학하였고, 박선미, 김난희는 한국통신공사 실업 팀에 입단하였다.

양양여자고등학교 사이클 팀은 정순옥 · 최미화 · 김옥선 · 고진숙 · 장경아 등이 팀을 이어오면서 1985년 의정부에서 열린 제2회 대통령기 전국 시 · 도 대항경기에서 정순옥이 제외경기 1위를 했으며, 1987년 3월 서울에서 열린 제15회 회장기 전국 사이클대회 3km 개인 추발경기에서 최미화가 1위(4' 22" 12)로 대회 신기록을 수립하였다.

1988년 5월 서울에서 개최된 제5회 대통령기 및 제69회 전국체육대회출전한 정미경 · 고진숙 · 김옥선 · 장경아는 3,000m 단체 추발경기에서 3위(3' 59" 36)로 입상하였다.

1989년 5월 서울에서 개최된 제6회 대통령기 제외경기에서 김옥선이 1위(3 ' 40" 37)로 선전하였다. 1989년 9월 9일~11일까지 춘천벨로드롬경기장에서 제18회 체육부장관기 전국사이클경기대회 겸 제15회 전국학생종별 사이클 선수권대회에 출전한 양양여고 사이클 팀은 1km 독주경기와 3km 개인 추발경기에서 각각 1위에 입상, 3,000m 단체 추발경기에 출전한 김옥선 · 장경아 · 이미숙 · 노선실 등은 1위(4' 05" 09)로 입상했다. 54.3km 개인 도로 종합단체 김옥선 · 이미숙, 노선실 · 김금미가 종합단체 3로 입상했는데, 특히 종합성적 32점으로 2위 울산여상 15점, 3위 인천체고 14점보다 많은 점수 차이로 창단 7년 만에 종합우승의 영광을 얻게 되었다.

같은 해 9월 26일에서 10월 1일까지 경기도 의정부에서 열린 제70회 전국체육대회에서 스프린트 김옥선 3위, 3km 개인추발 장경아 2위, 3km 단체 추발 김옥선 · 이미숙 · 노선실 · 장경아 등이 3위로 입상했다.[158]

1990년 5월 제20회 체육청소년부장관기 사이클경기대회에서 스프린트 2위 노선실, 3km 개인추발 3위 이미숙, 3,000m 단체추발 노선실·이미숙·김명자·조한희가 2위를 입상했으며, 같은 해 10월 서울에서 열린 제19회 체육장관기 전국 사이클경기대회에서 스프린트 노선실 1위, 1km 개인독주 노선실 2위, 3km 개인추발 김금미 1위, 이미숙 2위, 3,000m 단체추발 김금미·노선실·이미숙 1위(4' 04" 56)로 대회 신기록을 세웠으며, 제외경기에서 이미숙이 1위로 입상했다.

1991년 7월 서울에서 열린 제8회 대통령기 전국 시·도대항 대회에서 스프린트 2위 노선실, 1km 개인독주 3위 노선실, 제외 경기 이미숙 3위로 입상했으며, 같은 해 10월 10일 제72회 전주 전국체육대회(10. 7~10. 13)에서 스프린트 노선실 1위, 1km 개인독주 노선실 3위, 3km 개인도로 이미숙 3위, 3,000m 단체추발 김명자·노선실·이미숙·조한희 등이 3위로 선전했다.[159)

1992년 6월 제9회 대통령기 1km 독주 3위 김명자, 3km 개인추발 3위 박영미가 입상했으며, 1992년 10월 제73회 대구 전국체육대회(10. 10~10. 16)에서 3km 개인추발 박영미 3위, 3,000m 단체추발 김명자·박영미·조한희 2위, 57.2km 개인도로 김명자 2위로 입상하였다.

1994년 제23회 문교부장관기대회에서 스프린트 2위 김미견, 1,000m 일제경기 3위 신승희, 3,000m 단체추발 김미견·신승희·김명희·최명순 3위로 입상하였다. 1995년 제76회 포항 일원 전국체육대회에서 3,000m 단체추발 김미견·신승희·김명희·최명순 등이 입상하였다.

1996년 제77회 강원도 전국체육대회(10. 7~10. 13)에서 여고부 개인 도로 김은혜 1위로, 1997년 10월 제78회 경남 창원 전국체육대회(10. 8~10. 14)에서 20km 포인트 경기에서 2위로 입상했으며, 1998년 9월 제79회 제주도 전국체육대회(9. 25~10. 1)에서 양은주가 15km 개인독주 2위, 60km~80km 개인독주 3위로 선전했다.

2001년 제82회 충남, 충북, 대전, 경기도 개최 제82회 전국체육대회에서 개인추발 24km, 15km 도로 개인 독주에서 양덕상업고등학교 반소라가 3위로 입상한 내용이 보인다.

한편, 사이클 고장 양양은 강원도체육회의 실업 팀 육성 방침에 따라 '강원 사이클 메카인 양양군'에 강원도 내 최초로 양양군청 사이클 여자 실업 팀을 1991년 1월17일 창단하였다.[160]

양양군청 여자 사이클 창단, 자료 출처: 양양문화원

양양군청 여자 사이클 팀은 단장에 이영훈부군수, 감독 겸 코치에 방양호,[161] 선수에 양양여자고등학교 출신 장경아, 고진숙, 김복림 등 3명으로 구성하였다.

양양군청 여자 사이클 팀을 창단하던 당해 연도인 1991년 9월16일 제15회 중국에서 개최된 아시아 사이클경기대회에 출전한 장경아는 3,000m 단체 추발경기 2위, 3,000m 개인 추발경기 3위에 입상하여 국제시합의 쾌거를 올렸다. 같은 해 10월 8일 제72회 전주 전국체육대회에 출전한 장경아는 3,000m 개인 추발경기에서 3위에 입상하였다.

1992년 제73회 대구 전국체육대회에서 장경아 3위, 3,000m 단체추발 강원 선발이 2위로 입상했다. 1994년 7월 11일, 제11회 대통령기 전국 시·도 대항 사이클 대회에서 35.7km 김옥선, 김경자, 이행연 3위, 15km 김옥선, 김경자, 이행연 3위로 입상하였다.[162]

V. 양양고등학교 사이클 50년 사(史)

양양고등학교(襄陽高等學校)는 1945년 8월 15일 광복이후 양양지역은 공산치하에서 교육이 실시되어 오다가 수복된 후 "誠實, 創意, 自立"의 교훈을 바탕으로 1953년 4월 5일 남녀공학으로 1·2학년이 동시에 입학하면서 현 양양읍 군행리에 개교하였다.

1954년 12월 31일 문교부로부터 6학급 설립인가를 받고 그 다음해인 1955년 1월 20일 강진천교장이 초대 교장으로 부임하였으며 동년 3월 10일 제1회 졸업생 42명을 배출하였다. 1959년 현소재지로 교사(校舍)를 이전하여 '양양중고등학교'로 새롭게 출발하게 되었다.

1974년 10월 18일 9학급 설립인가, 1980년 10월 20일 12학급 설립인가, 1982년 9월 27일 15학급 증설인가를 받았으며, 2012년 3월 현재 12학급에 총 325명의 학생이 재학하고 있다. 졸업생은 1955년 3월 10일 제1회 졸업을 시작으로 2012년 2월 14일 제58회 졸업식을 거행하여 총 8,220명의 졸업생을 배출하였다.

1999년 6월 22일 현산학사(현 현산학사 Ⅱ관)를 준공하였으며, 2009년 5월 22일 인조잔디구장을 개장하였다. 2007년 3월 1일부터 2010년 2월 28일까지 교육과학기술부로부터 '농산어촌 우수고등학교'로 지정되어 양양군과 협력하여 인재양성프로그램을 운영하였으며, 또한 2010년 3월 1일부터 교육과학기술부로부터 '기숙형 고교'로 지정받아 '현산학사 Ⅰ관(지상3층, 72명 수용)'을 개관하였고, 2010년 11월 20일 기존의 기숙사를 '현산학사 Ⅱ관'으로 개칭, 건물을 리모델링하여 총 106명의 학생을 수용하여 학생들에게 양질의 교육환경을 제공하게 되어 학교 발전의 전환기를 가져왔다. 또한 2011년 11월 3일 이두순 동문(14회)이 본교 발전을 위해 15억을 들여 디지털 도서관과 유비쿼터스 도서관인 「공간관」(지상 3층, 연 면적 819.62㎡)을 개관함으로써 학생들에게 면학 분위기를 일신하는 계기가 되었다.

2007년 3월 1일부터 2012년 2월 29일까지, 2012년 3월 1일부터 2017년 2월28일까지 각각 5개년간씩 강원도교육청로부터 '자율학교'로 지정되어 신입생 모집 단위를 전국으로 확대하여 운영하였다.

▲ 1964~1969년까지 교사 전경

양양고등학교, 자료 출처: 졸업 사진첩

▲ 1985~1989년 까지 교사 전경

연도별 학교 전경, 자료 출처: 졸업 사진첩

각종 수상(受賞)품, 자료 출처: 양양고등학교 자료 전시장

1962년 양양고등학교(襄陽高等學校)가 사이클 부를 창단하여 지금까지 양양(襄陽) 사이클은 반세기 동안 대한민국(大韓民國) 사이클의 오랜 역사와 전통을 유지해 왔다. 그 동안 수많은 선수들을 육성함으로서 한국 스포츠 발전에 기여한바 컸다. 특히 열악한 환경 속에서도 사이클 발전을 위하여 정진(精進)해 온 양양 사이클은, 그 동안 선수와 지도자, 후원회 등의 피땀 어린 희생과 봉사의 결과라고 볼 수 있다. 때로는 재정적인 어려움과 운동부에 대한 지역사회의 이해부족, 선수 선발의 어려움, 작고 큰 안전사고 등 이루 다 설명 할 수 없을 만큼의 당면한 난관과 과제를 풀어가면서 오늘에 이르게 되었다. 양양 사이클 50년 역사 가운데 창단 초기에 팀 해체의 분위기도 있었으나 도약의 발판으로 위기를 극복한 점은 삶을 살아가는 후배들에게 깊이 새겨야 할 교훈으로 남아 있다. 그 동안 선수 기량 면에서 다소 기복은 있었으나 변천과 발전 과정에서 수많은 대회 신기록

과 한국 신기록을 갱신하면서 수차례 전국 제패(制覇) 뿐만 아니라 국제
경기 대회에서의 입상은 명실공히(名實公一) 양양군 사이클만이 갖고 있는
자랑스러운 역사와 전통이라고 볼 수 있다. 여기에는 1962년 창단한 양양
중·고등학교 사이클 부의 여세(餘勢)로 출발한 1983년 창단한 양양 여자
고등학교 사이클 부, 그리고 1991년 창단한 양양군청 사이클 실업팀을 통
해 배출한 양양군 사이클은 강원도뿐만 아니라 대한민국 스포츠 발전에
기여한 공은 가히(可一) 자랑할 만하다.

  양양군 사이클은 사이클 반세기 이상을 겪어 오면서 많은 우수 선수들이
국가 대표로 배출되었고, 향토의 명예는 물론 국위 선양에 크게 기여하였
다. 그러나 이러한 양양 사이클의 결실에 따른 이면에는 반세기 동안 성장
과 해체, 재기, 위기, 도약, 전성기, 그리고 또 다른 고비를 거치면서 변천과
발전 과정을 거듭해 왔다. 따라서 양양고등학교 사이클의 50년 역사적 변천
속에서 헌신적인 지도자와 선수들의 부단한 노력으로 우수 선수로 육성되
어 향토의 명예를 빛내고 국제대회에 입상하여 국위를 선양한 선수들의 실
적과 발달 과정을 살펴보는 것은 역사적으로 그 의미가 크다고 본다.

  양양군 사이클의 변천과 발전 과정은 1962년 초 양양고등학교 체육대회
자전거경기 종목이 처음 등장하여 창단하는 시기를 양양 사이클의 태동(胎
動)과 창단(1961~1962), 각종 대회에 출전하여 대회에 출전하여 우수 선수
로 성장하는 과정 속에서 선수육성의 어려움으로 팀이 해체되는 시기를 양
양고등학교 사이클의 성장(成長)과 해체(1963-1967), 다시 양양고등학교 사
이클이 해체와 위기의 상황에서 벗어나 전국체육대회에 출전하는 시기를
양양 사이클의 재기(1968-1970), 양양고등학교 사이클이 위기를 극복하고
다시 도약하여 시기를 양양 사이클의 위기(危機)와 도약(1971-1979)으로, 전
성기에서 안정기(1980-1990)로, 그리고 정착기(1991-2011)로 구분하여 살펴
보았다는 점은 높이 살만한 공적이다. 이러한 토대가 강원도 사이클 사(史)
에 필요한 기초 자료로 제공되리라고 믿어 의심치 않는다. 자료 수집 과정

에서 양양고등학교 사이클의 태동(胎動) 시기부터 역사적인 특성과 발달 과
정에 대한 자료인 신문 기사와 잡지(雜誌), 정기 간행물, 문헌(文獻) 자료에
서 미비한 점을 보충하고, 그 때의 상황을 보다 심도 있게 파악하고자 질적
(質的) 연구 방법인 구술사(口述史)를 통해 재조명했다는 점 또한 학문적 노
력과 가치(價値)가 가히 높다고 할 수 있다.

이제 양양군 사이클은 여자일반이 팀이 해체되어 다소 아쉬운 점은 있으
나, 양양군 사이클팀 팀은 양양중·고등학교, 양양여자고등학교, 양양군청
남자 팀, 그리고 조만간 양양군청 여자 팀 구성으로 명실상부(名實相符)한
'사이클 메카의 고장' 이 되리라 믿어 의심치 않는다.

제88회 전국체육대회 개인도로 1위로 골인하는 정충교 선수[163], 사진 출처: 정충교 소장

1. 양양고등학교 사이클의 변천과 발달

가. 양양고등학교 사이클의 태동과 창단(1961-1962)

1955년 4월 5일 개교되고, 교통수단이 좋지 못한 시기에 양양 읍에 소재
하고 있었던 중고등학교 재학생들 대부분은 도보로 통학을 하였다. 그러다
1959년 7월 중고등학교가 통합되어 현 군청 뒤편인 군행리에서 현 중학교
위치인 서문리로 이전하던 시기에 점차 자전거 통학생 수가 늘어나기 시작
했다. 시간이 갈수록 점점 더 증가하여 1960년 들어서면서 도로를 방해할
정도로 자전거 통학생수가 늘어났다. 그 당시 학생들은 자전거를 수리하거
나 보관하던 곳은 양양읍 남문리 등 태창, 일신, 중앙 자전거 수리점이 있
었다. 자전거 상표는 삼천리자전거, 홍국자전거, 무궁화자전거였는데, 대부
분 삼천리나 홍국자전거를 많이 애용했으며, 일본산 미야다(miyada) 자전거
를 소유한 사람은 양양읍 내에 두세 명 정도에 불과했다.

그 당시 일신자전거 수리점을 운영한 이문형은 다음과 같이 말하고 있다

> 1962년도 제대했으니 … 그 당시 많은 학생들이 자전거를 타고 다녔어
> 요. 학생들 70% 이상 탔어요. 골골이… 버스가 만만하지 않아서 여학생
> 은… 자전거를 타고 다니는 학생을 보기 힘들었어요. 맞아요, 외제 자전차
> 는 심기현이 형 000와 신흥문구사 주인인 000가 가지고 있었어요. 선수용
> 은 모래를 집어넣어 사이클 핸들을 만들었어요. 핸들이 비어 있으니 달구
> 어 구브리면 부러지고… 그래서 모래를 잔뜩 넣고 달구면 안에 모래가 있
> 으니 사이클 핸들 원형과 비슷하게 되지요.[164]

이와 같은 상황에서 양양고등학교에 체육담당 교사였던 신현택은 자전거
통학생 수의 증가에 착안하여 1961년 10월 12일 개교 기념행사 겸 추계교

내체육대회에 자전거 종목을 추가함으로써 자전거 경기가 등장하게 되었다.[165]

처음에는 관내 6개 읍·면 중에서 자전거 통학생이 많은 손양면, 강현면, 서면 등 먼 거리 거주 학생들이 주로 참가하였다.

교내 자전거 경진 대회 출발선에서, 자료 출처: 양양고등학교 사진첩

그 당시 3학년 학생으로 직접 자전거대회에 출전했던 심기연은 다음과 같이 회상하고 있다.

… 신현택이란 분이 체육을 담당하셨는데… 교내 체육대회에 자전거 종목을 넣었지요. 골골마다 10~15km를 … 그것에 착안해서 …원래는 선수 발굴이 아니고 교내 체육대회 면단위… 6개면…대개 5개면에서…현남면은 주문진이 가까워 학생들이 주문진 중학교에 다녔어요. 거기에 각 면별로 5명씩 출전했지요. 그 시합에서 1~6등까지 상을 주었는데 … 내가 1등했어요 … 주관은 학교지요. 사이클은 교내 체육대회가 시발이지요… 1961년 가을에 처음 실시했어요 … 양양중·고등학교 사이클 부가 다음 해 1962년 5월 12일 날 창단되었지요.[166]

1962년 5·16이후 박정희 정부의 체육 시책에 힘입어 이용(李龍) 도지사가 부임하면서 '도민배체육(道民背體育)'이라는 기치를 내걸고 강원도 체육회를 새롭게 조직 개편하고 강력한 체육시책을 실천함으로써 강원체육 발전의 전기를 마련하던 시기였다.[167]

이와 은 배경에서 강원도체육회가 주관하여 1962년 6월 7일부터 9일까지 3일간 원주에서 야구, 탁구, 자전거 경기 등 제1회 도내 중고등학교 학생종합체육대회가 개최되었다.

(野球·卓球·自轉車) 中高体育大會 7日부터 3日間 原州서 開催

강원도 체육회는 도내중고등학교 학생 체육대회를 7일부터 9일가지 3일간 원주에서 연다. 이 체육대회에는 도내 47개 학교에서 5백여명의 선수가 참가하여 각각 자기 학교의 명예를 걸고 싸울 것인데 경기 종목은 야구·탁구·자전거 3종목이다.[168]

때를 같이하여 양양중고등학교에서는 자전거경기에 출전하기로 하고 단장에 교장 이종세, 감독에 체육담당교사 신현택, 선수로는 지난 5월 교내 체육대회에서 자전거 경기에서 입상한 3학년 심기연, 2학년 김근우, 최원섭과 중학교 2학년 전성국, 고창주, 신창오 등 6명의 선수가 출전하였다. 이것이 공식적인 형식은 갖추지는 못했지만 양양중·고등학교 사이클 팀 창단의 시발이라고 볼 수 있다.

그 당시 학생 체육대회에 직접 사이클 선수로 출전했던 심기연의 증언을 들어보기로 한다.

… 교내 체육대회에 사이클 경기가 있던 다음 해인 1962년… 공교롭게도 제1회 강원도 중고 학생체육대회와 문교부장관배 학생 실용 자전거… 강원도 예선 대회가 원주에서 있었어요… 그때 당시 학교에서 1~6등까지 연습하라 해서 지도자 없이… 그 대회에 우리 양양중고등학교에서는 심기

연, 김근우, 최원섭, 중학교는 전성국, 고창주, 신창엽인가 신창오인가 그렇게 출전했지요.[169]

그 때의 상황을 좀 더 구체적으로 살펴보면, 사이클 훈련은 양양군 근교에 자전거 연습을 할 만한 도로가 없었다. 따라서 마사로 덮혀 딱딱한 도로가 깔려 있는 속초 학사평 근교에서 미시령 고갯길 사이를 지도 감독이나 코치의 전문적인 기술지도 없이 자체적으로 연습하였다.

양양읍 내는 지금처럼 포장된 도로도 아니고 자갈이 깔려 있는 비포장 도로였지요 … 연습할 때 핸들이 혼들려 비틀거리며 주행했어요… 위험했어요. 차도 다니고… 그래서 비포장도로이긴 하지만 … 그래도 마사로 깔려 있어 도로 표면이 양호한 속초 미시령 고갯길에서 주로 연습했지요. 도로 연습은 미시령 수복 탑에서 출발하여 학사평 왕복이 주된 연습 코스였어요 … 그곳은 마사가 깔려 있어 땅이 아주 딱딱했어요. 그리고는 늦게 학교로 돌아오곤 했지요.[170]

주로 속초 지역에서 연습했던 것은 양양읍의 도로 상태가 열악한 이유가 제일 크며, 사이클 선수 출신은 물론 사이클에 관심이 있는 사람도 없었기 때문으로 볼 수 있다. 그러나 속초에는 사이클 국가 대표선수 출신 주기현과 속초 일반부 사이클 대표인 김덕현, 이춘식 등이 있었다.

양양고등학교 사이클부는 마사토로 잘 다져져 있어 훈련하기에 적절한 학사평에서 미시령으로 왕복하며 연습했다. 게다가 속초 '함흥냉면' 집 주인인 이석봉[171]의 얼마간 기술 지도와 아마추어지만 김덕현, 이춘식의 도움으로 자전거 기술을 빠르게 배울 수 있었다.

…수복탑, 학사평, 수복탑 두부 마을에서… 약 10km 되는데, 왕복하면 20km지요. 마사가 아스팔드 같았어요. 비가 온 다음에는 안 좋았어요. 그

후에 아스팔드가 생겼지요···우리가 연습하기 전에 속초시 대표 사이클 선수들이 연습했어요. 김덕현, 이춘식, 안춘식인가··· 김종0··· 속초시 대표였지요. 미시령 올라갈 때 힘들고··· 내려올 때 스피드··· 처음 그 사람들은 32분에 왕복했어요. 저 형들을 이겨야 되겠다 생각했지요. 처음에는 못 따라가고 42분 정도··· 연습해야 되겠구나 해서 여름 방학에 형 집에 자고 아침, 오전, 오후 20일 연습하니 32분에 주파하게 되더라고요. 28분대까지 내려오더라고요. 기록을 숨겼지요··· 그 당시 사이클 시합은 일반부와 같이 했어요. 춘천~화천 왕복··· 내가 1등했어요. 그 바람에 속초시 대표 선수가 없어졌어요. 학생한테 지는데, 뭐 하냐구요.172)

제1회 중·고 학생종합체육대회에 학교를 대표하는 선수들에게 보다 성능이 좋은 자전거로 출전하기 위해 관내 기관단체나 일반인이 보유하고 있는 자전거를 대회기간 동안 대여하여 출전했다.

"자전거가 기록에 미칠 것은 뻔하잖아요. ··· 그 당시 양양체육회, 양양광업소, 삼강의원, 관동약국, 신흥문구사와 개인이 소지하고 있는 것 까지··· 소유하고 있을 만한 지역 유지들을 팔방으로 물색했지요.··· 다행히 신흥문구사와 나의 형이 소지한 일본산 미야다(miyada) 자전거를 대여 받아 ··· 고등학교 심기연과 중학교 전성국이 성능 좋은 그 자전거로··· 다른 선수들은 핸들을 고치고··· 자전거 보조 장치를 떼어내고··· 시합용 자전거와 유사하게 제작해서 출전했어요." 173)

신사용을 개조해서 바퀴 바꾸고 실내 자전거 연습용 롤라가 없어 ···오토바이, 배관 프라스틱, 알리미늄, ··· 베아링 끼워서··· 심기연이가 해 달라고 해서 해 줬어요. 핸들은 모래를 집어넣어 구부려 만들었어요. 핸들 속이 비어 있으니 달구어 구부리면 부러지잖아요. 그래서 모래를 잔뜩 넣고 달구어 구부리면 안에 모래가 있으니 시합용 자전거 원형 비슷하게 되지요. ··· 물받이, 짐받이, 체인받이 제거하면 싸이클이 되지요. 안장은 키에 맞추

어 조정하면 되고요 그렇게 선수들에게 제작해 줬어요. 자전거에 이상이
생기면 내가 다 잡아줬어요. 자전거 수리점 별 지가 없었어요.174) …(전
략)… 신사용 자전거의 바퀴는 가늘고, 보통 짐자전거는 타이어가 굵고,…
그래서 아주 가느다란 타이어를 구해 갈아 끼우고 시합에 나갔지요… 타이
어 굵기는 규정이 없어요 …프레이밍… 지름이 똑같아요. 다이어는 어떤
것이든 다 들어가게 되어 있어요.175)

이와 같은 과정을 거쳐 출전한 양양고등학교 사이클 선수들은 강원도
중·고등학교 학생체육대회에 참가하게 되었다. 사이클 부분의 대회는 도내
학생종합체육대회와 자전거타기 캠페인을 겸한 대회인 것으로 보인다.

상장 문맥 내용을 살펴보면, '본회 주최 제1회 각 중고등학교 대항 자
전차 선수권대회에서 탁월한 기술을 발휘하여 우수한 성적으로 입상하였기
에 이에 표창함. 1962년 6월 8일. 강원도체육회장 이용' 그리고 '위는 본
회 주최 제2회 학생종합체육대회에 탁월한 기술을 발휘하여 우수한 성적으
로 입상하였기 이에 표창함. 1963년 7월 13일 강원도체육회장 이용' 에서
확인할 수 있다.

제1일차 트랙경기는 원주 공설운동장에서 진행하였고, 대회 2일째인 도로경
기는 원주 시청 앞에서 횡성군 공근면까지 왕복 50km 경기였다.

자전거 타기 캠페인 일환으로 시작된 경기였어요. … 그 당시는 사이클
이 아니지요 지금처럼 세련된 자전거도 아니고 … 거 옛날 타이어가 굵은
자전거지요 … 원주는 자전거 기술 보급이 상당히 빨랐어요 … 원주에서
는 국가 대표로 자카르타 아시아 게임에 출전했던 송공일의 동생인 원주
농고(원주고)의 송익현, 송우현 형제가 출전했지요 … 그 친구들은 형한테
기술을 배웠고, 자전거도 우리 것과 달랐어요 … 세련된… 5종목에서 1등
, 2등, 3등 … 다들 깜짝 놀랐지요 …우리 선수들의 저력이 대단 했지요.176)

제1회 도내 중·고등학교 학생체육대회 겸 제1회 중등학교 대항 자전거 선수권대회 경기 실적을 살펴보면 다음과 같다.

500m 중등부 고창주 2위, 1,000m 고창주 2위, 3,000m 신창오 1위, 고창주 2위, 5,000m 전성국 1위, 신창오 3위, 50km 도로 전성국 1위, 고창주 3위, 신창오 5위를 했으며, 고등부는 1,000m 김근우 1위, 3,000m 심기연 1위, 5,000m 심기연 2위, 50km 도로 심기연 2위, 김근우 3위, 최원섭 6위로 입상했다. 단체 종합 우승은 양양중학교, 고등부 단체 우승 또한 양양고등학교로 선정되었다.[177] 이 대회를 시작으로 양양고등학교 사이클 팀은 1962년 제1회 대회부터 1965년 제4회 대회까지 연속 종합 우승을 기록하였다.

제1회 도내 중·고등학교 학생체육대회 겸 제1회 중등학교 대항 자전거
선수권대회 출전 기념 촬영, 자료 출처: 양양고등학교 사진첩

그 당시 회자(膾炙)된 이야기 하나를 소개하면 그 내용은 이러하다. 도로경기는 중·고 구분 없이 실시했는데, 50km 도로경기에서 전성국은 고등학교 선수들끼리 지나친 상호견제로 경기를 운영하다 양양중학교 전성국(1. 39 ' 19 " 00)이 고등부 1위인 원주고등학교 송익현(1. 45' 17" 2)보다 6분이나 앞서 골인하는 이변이 발생되어 결승선에 있던 많은 관중들의 아낌없는 찬사를 받았다.

始終 「씨·소께임」 中高校體育典弟二日 自轉車等中等部記錄良好
…(전략) 이날의 경기는 시종 「씨·소께임」을 전개하여 손에 땀을 쥐게
했는데, 자전거 50 「키로」 도로경기(原州-公根間)에서 고등부 선수보다 6
분이나 빨리 달려 우승한 중등부의 전성국(양양중) 선수는 관중들의 열광
적인 환영을 받았다.[178]

양양중·고등학교 사이클은 예상과는 달리 좋은 성과를 얻음으로써 학교
는 물론 지역사회의 후원과 함께 1962년 5월 12일 창단하게 되었다.[179]

생각나는 건 전성국이가 자전거 하나 메고도 시합에서 1등하더라고요.
힘 정말 장사였어요. 이석봉씨 신세 많이 졌지요. 전성국이는 거의 이석봉
씨 집에 살다시피 했어요.[180]

양양중·고등학교 사이클 부 창단 선수들[181], 자료 출처: 양양고등학교 사진첩

'인간의 삶 자체는 항상 현재에 이루어지지만, 지나온 삶을 이야기할
때는 과거, 현재, 미래가 상호작용하여 현재의 삶이 과거를 해석하고 미래
를 전망하는 데 영향을 미친다.'

2002년 양양고등학교 사이클부 창단 40주년 기념식(Ⅰ)182)
2002년 양양고등학교 사이클부 창단 40주년 기념식(Ⅱ)183)

2002년 양양고등학교 사이클부 창단 40주년 기념식(Ⅲ)184)

2002년 양양고등학교 사이클부 창단 40주년 기념 행사(Ⅳ)185), 사진 출처: 박순원 소장

2. 양양고등학교 사이클의 성장과 해체(1963-1967)

양양고등학교 사이클의 기술 발전 배경에는 속초에서 함흥냉면 식당을
운영하던 이석봉과 당시 국가대표로 자카르타 도로경기에 출전했던 그의
조카 주기현, 그리고 속초시 사이클 일반부 대표 김덕현, 이춘식 등의 많은
도움이 있었다. 특히 이석봉은 사이클 선수 출신은 아니지만 자전거에 냉면
을 직접 배달하면서 묘기를 부리는 등 평상시에도 자전거 타기를 즐겨했다.
이석봉186)의 사이클에 대한 각렬한 관심과 배려는 양양중·고등학교 사이클
부가 성장하게 되는 데 밑거름이 되었다. 심기연의 구술 증언을 들어보기로
한다.

> 강원도 중·고 학생체육대회 시합 후에 속초 함흥냉면 이석봉 사장님
> 조카 주기현이란 분이 있었어요. 주기현은 자카르타 아시안 대회에 출전했
> 던 분이지요. 그 양반이 속초로 들어오라 해서…사이클을 보여주더라고요.
> 그때 처음 진짜 사이클을 봤지요. 그때부터 그 분이 지도해줬어요. 그 양반
> 한테 제대로 타는 법을 배웠지요.187)……(전략)……이석봉씨는 때로는 훈련
> 이 끝나면 그 분이 운영하는 식당으로 불러서 격려도 하고 … 미리 냉장고
> 에 준비해 둔 고일, 과자를 냉면 그릇에 담아주시고 … 삶은 소고기를 듬
> 뿍 담은 설렁탕도 만들어 주셨어요. … 이석봉씨는 무조건 선수면 냉면은
> 공짜였어요. 고기도 많이 먹여 주었지요. …선수들을 재워 주고, 먹여 주고
> 그 많은 선수들을… 다른 종목 선수들도… 선수들이 부조건 눈에 띄면 먹
> 인 사람이에요. 전성국이는 합숙하다 시피 했어요. 속초, 양양 선수들 치고
> 그 사람 신세 안 진 사람 없어요.188)

함경도 태생인 이석봉은 속초, 양양의 사이클 선수뿐만 아니라 속초의
다른 종목 선수들까지도 숙식을 무료로 제공해 주었다. 이는 본인 자신이

함경도에서 육상선수[189]로 활약한 경력이 있는 관계로 선수들의 훈련에 필요한 식생활 등의 애로사항을 누구보다도 잘 이해하고 있었기에 적극적으로 참여한 것으로 보인다.

1963년 4월 19일, 4·19기념 춘천~홍천 간 제3회 강원도 실용자전거 도로 사이클경기에서 양양중학교 전성국이 1위로 입상하였다.[190] 1962년 제1회 도내 학생 종합체육대회[191] 다음 해인 1963년 7월 10일부터 12일까지 제2회 대회가 춘천 공설운동장에서 개최되었다.[192]

사이클 종목에는 중·고등학교 3학년 김근우, 최원섭, 1학년 최봉수, 손철갑 선수와 중학교 3학년 전성국, 고창주, 신창오 선수가 출전하였다. 그 대회에서 양양 사이클은 고등학교 김근우와 중학교 전성국 등의 활약으로 전 종목을 석권하여 종합우승을 함으로써 강원도 사이클 명문학교가 되는 데 초석이 되었다.

제2회 학생 종합체육대회 사이클 경기 성적을 살펴보면, 5,000m 고등부 김근우 1위, 김봉수 2위, 중등부 전성국 1위, 1,000m 고등부 김봉수 1위, 김종완 2위, 중등부 전성국 1위, 10,000m에서는 김근우 1위, 중등부 전성국 1위, 고창주 2위 등으로 입상하였다.[193]

1963년 7월 14일자 강원일보에 다음과 같은 내용이 보인다.

學生體育典전적 新記錄셋 = 싸이클

3일 째로 들어간 제2회 강원도 학생체육대회는 자전차 경기 고등부 5천 「미터」에서 양양고등학교의 김근우군과 양양고등학교의 김봉수군 그리고 중등부 5천 「미터」에서 양양 중의 전성국군이 대회 신기록을 수립했다.

양양군 사이클은 1962년, 양양중·고등학교 사이클부 창단으로 대회 2회 연속 도내 중·고등학교 학생종합체육대회에서 종합 우승함으로써 양양군은 물론 강원도 사이클 연맹과 도민들이 관심을 갖기 시작하였다. 이와 동시에 양양 사이클의 초창기 주역인 심기연, 김근우, 전성국 등은 후일 강원도는 물론 대한민국 사이클 계에 공헌하는 인물로 탄생하는 계기가 되었다.

1964년은 1962년 이후 '도민배체육(道民背體育)'을 부르짖으며 체육진흥의 안간힘을 써 온 강원체육이 어느 정도 내용면에서 점차적인 향상을 보였다.[194]

1964년 5월 14일부터 16일까지 3일간 춘천에서 23개 종목에 1천 5백에 선수들이 제3회 학생종합체육대회에 참가하였다. 양양중·고등학교 사이클은 중학교는 양성된 선수가 없어 출전하지 못했으며,[195] 고등학교는 김봉수, 손철갑, 전성국, 김종완 선수 등 4명만이 출전하게 되었다. 이 대회부터 학생 종합체육대회는 시·군 및 종목별 대항전으로 보인다. 상장 문맥 내용을 살펴보면,[196]

상장 문맥 내용

위는 본회 주최 제3회 시군대항 체육대회에서 탁월한 기술을 발휘하여 우수한 성적으로 입상하였기 이에 표창함. 1964년 5월 16일 강원도체육회장 이용.

이는 선수 육성에 취지는 좋다하더라도 오늘날 스포츠 본래의 목적에 위배되는, 즉 과열 경쟁을 부추기어 시·군 간 위화감을 조성할 수 있는 폐해의 시발이라고 볼 수 있다.

양양중·고등학교 참가 경기 실적을 살펴보면, 5,000m 1위 전성국, 2위 김봉수, 10,000m 1위 전성국, 2위 김봉수가 책임선두 2위[197]로 입상하였다.[198]

자전거 대회 출전 및 입상 기념 사진, 자료 출처: 양양고등학교 사진첩

제1회 대회부터 출전하여 양양중학교 2연패의 주역인 양양고등학교의 전성국이 50,000m 경기와 10,000m 책임 선두 경기에서 기록을 단축하며 선전한 내용이 강원일보에 보인다.

大體로記錄低調 自轉車万米五千米엔大會新 學生綜合體育
제3회 학생종합 체육대회 첫날의 14일 경기는 육상에 있어서 南大部 선수들이 高等部 선수들보다 뒤지는 등 전년도에 비해 기록이 저조하였으나 자전거부에서 襄陽고등학교의 「전성국」 선수는 5천미에 27秒 8, 1만미에 1分 24秒를 각각 단축 대회 신기록 수립하여 이번 대회를 빛냈다.[199]

제4회 중·고 학생 종합체육대회는 1965년 5월16일부터 18일까지 3일간 춘천 종합운동장에서 성대한 막을 올렸다. 전년도에 이어 23개 종목으로

1,300명의 선수들이 출전하였다. 이 대회에서 박경원 대회장은 '체력은 국력이다. 이 대회를 통하여 국력 배양에 이바지 하자' 는 대회사에 이어 김동근 교육감의 격려사에서 '신인선발 스포츠 과학화로 무엇인가 새로운 것을 찾고 창조해야 한다' 고 강조하였다.[200]

학생 종합체육대회 입장식 장면, 자료 출처: 양양고등학교 사진첩

자전거 경기는 대회 첫날 춘천 종합운동장에서 트랙 경기가 진행되었고, 대회 3일째 마지막 날 도로경기가 있었다. 이 대회에 전성국은 재학 중 군에 입대 하게 되어 출전하지 못했고, 김봉수, 손철갑, 김종완 선수 3명이 출전하였으나 전년도에 이어 우수한 성적을 거두었다. 경기 실적을 살펴보면, 1,000m 1위 김봉수, 3위 김종완, 5,000m 김봉수 1위, 손철갑 2위, 그리고 1㎞ 경기에서는 손철갑 1위, 김종완 3위로 선전하였으며, 도로경기는 춘천 시청 앞에서 청평 검문소까지 왕복하는 경기였는데, 손철갑 1위, 김봉수 2위로 입상하였다.[201]

그러나 양양고등학교 사이클 팀은 1962년 창단 이래 매년 우수한 경기력으로 연속하여 종합 우승을 유지해 왔으나 김봉수, 손철갑 등이 졸업하고 후진 양성이 이어지지 못하여 1965년 제4회 학생 체육대회 출전을 마지막으로 창단 4년 만에 팀이 해체되고 말았다.

구체적으로 살펴보면, 1962년 양양중고등학교 사이클 팀 창단의 주역이었던 심기연, 김근우, 최원섭 등이 졸업한 후 김봉수, 손철갑, 고창주, 전성국 등이 전통을 이어 왔다. 하지만 중학교 창단 선수였던 김종완은 가정 형편이 어려워 고등학교를 진학하지 못하였다. 신창오는 삼척공업전문학교로 진학하였고, 전성국, 고창주 만이 양양고등학교 진학하게 되었다. 게다가 전성국은 고등학교 재학 중 군에 입대하게 되어 양양고등학교 사이클부가 위기에 처하게 되었다.[202]

이로 인하여 양양 사이클 부는 팀 관리 부실과 신인 발굴의 소극적인 영향으로 중학교 선수는 대를 잇지 못했고, 고등학교는 1965년 제4회 학생종합체육대회에 김봉수, 손철갑, 김종완 등 3명의 선수를 마지막으로 창단 4년 만에 해체하게 되었다.

이상에서 살펴보면, 양양고등학교 심기연, 김근우, 최원섭, 손철갑, 김봉수 전성국 고창주, 김종완 등이 학교와 개인 사정에 의해서 제4회 학생종합체육대회를 끝으로 졸업하거나 선수 생활을 중도에서 포기함으로서 1960년대 말부터 4~5년 동안 각종대회에서 입상한 흔적이 보이지 않는 하나의 요인으로 작용했다.

학생 종합체육대회 입상 선수 시상식

교내 체육대회 자전거 경기

각종 수상 우승컵, 사진 출처: 양양고등학교 사진첩

자전거대회 수상 트로피와 함께

쉬지않고 밟은 메달 때문에.

상장을 수여와 메달을 목에 걸어 주는 교장선생님, 자료 출처: 양양고등학교 사진첩

3. 양양고등학교 사이클의 재기(1968-1970)

1962년 양양고등학교 사이클 창단 선수로 양양 사이클 명문고등학교의 기틀을 마련하는 데 기여한 김근우[203]는 1968년 경희대학교 체육학과를 졸업하고 그 해 모교 체육교사로 발령받았다.

사이클 전통 명문 고장에 모교 출신 사이클 전공교사가 부임함에 따라 그동안 여러 가지 여건 속에서 해체되었던 사이클 선수 육성과 관련해서 동문들과 지역사회의 염원이 확산되었다. 김근우는 1968년 3월 부임과 함께 사이클 부를 부활함으로써 해체 4년 만인 1969년 3월 양양고등학교 사이클 부가 재기하게 되었다.[204] 재기 팀은 단장에 교장 이규택, 지도교사 겸 코치 김근우, 선수는 2학년 장충남, 1학년 김동일, 유우영, 중학생 정형교, 김규화 등 5명의 선수로 구성하였다.

> 그 때 중학교 2학년 때부터 이근형이 하고 둘이서 자전거를 연습했어요. 자전거 통학하고…사이클 시합은 출전해보지 못하고 그냥… 농구 선수, 핸드볼 선수, 스케이트 선수하고 있는데, 고등학교 가니까 김근우 선생님이 처음 뽑아서 사이클을 시작했어요. 성국이 형은 군대에 가고 없고… 자전거 수리하는 건 일산자전거 수리점의 이문형과 동생 이자형 신세 많이 졌어요. 안 될 것 같은 것도 밤새워 서라도 무조건 해 줬어요.[205]

양양고등학교 재기의 선수들, 자료 출처: 양양고등학교 사진첩

 양양고등학교 사이클 부는 개인 훈련용 사이클과 훈련 장비의 열악한 상황에서 재기되었지만 선수들의 어려운 가정 형편과 학교 예산 부족으로 사이클 부 운영은 상당한 난관에 부딪히게 되었다.
 선수 개인용 사이클은 학생들이 통학하던 자전거를 일부 개조하여 훈련하였으며, 훈련용 지도자 차량을 기대할 수 없었다. 지도교사 김근우의 훈련 지도용 노후된 기아 90CC 오토바이는 친척으로부터 임시 대여하여 훈련을 시작하였다.[206]
 특히 열악하고 좁은 운동장에서 곡선주 연습을 하기에는 무리였다. 훈련 여건이 좋지 않아 트랙 훈련은 주로 도로에서 연습하였다. 그러다가 트랙 연습의 안전과 코너 워크 적응 훈련 향상을 위하여 체육시간에 학생들을 동원하여 트랙의 코너 곡선부에 진흙으로 경사지를 만들고 코너워크 적응 훈련을 하였다.[207]
 이와 같은 훈련 조건 속에서 전국대회 출전 준비를 하였다. 그동안 해체되었던 양양고등학교 사이클이 1968년 부활되어 열악한 훈련 조건과 짧은 훈련 기간이었지만 지도자와 선수가 혼연일체가 되어 동계 강화훈련을 시작하였다. 이러한 과정 속에서 학교와 지역사회에서 얼마간의 지원을 받을 수가 있었다.

 학교에서 지원요… 겨울 합숙 훈련 때 학교에서 연탄을 지원해줬어요. 쌀도… 모자라면 우리들도 보탰어요. 거의 김근우 선생님이 먹고 자는거 해결해 줬지요. 학교는 그런대로 호의적 이었지요. 시합도 잘 보내주고, … 창고에 보관하고 있던 연탄난로와 체조용 헌 매트를 이용하고… 사용할 침구와 식량을 각자 준비하여 …동계 방학 중 합숙 훈련을 시작 하였지요 .……(중략)…… 합숙소 주변에 초등학교 운동장과 천주교 언덕 계단을 이용하여 체력 강화 훈련을 많이 했어요… 동계 훈련을 한 달 남짓하게 훈련하는 동안 학교 지원은 남방용 연탄과 얼마간의 쌀을 지원 받았어요… 나중에 설악 장학회 재단 이사장 한병기 그 분이 많은 도움을 주셨지요. 함흥식당 이석봉 그 분 집에서 먹고 자고, 아침 운동 같이 하고….208)

그 당시 연습 상황에 대해 증언한 김동일209)의 구술 내용을 정리하면 다음과 같다.

그때 학교 주변 도로는 훈련하기에 열악한 조건이었기 때문에 도로 포장이 잘 되어 있고… 교통량이 적은 설악산 진입 도로와 비포장 도로인 오색 도로를 왕복하는 것이 주된 훈련 방법이었어요. … 때로는 스피드 훈련을 하기 위해 남대천 다리 위 직선 도로를 이용하기도 하고… 당시 교량은 목재로 만들어진 다리로, 가로로 된 널쪽 위 자동차 양 바퀴 주행 주로에 세로로 널빤지를 덮어 깔아서 활용했는데, …주로의 폭이 좁기는 했지만 노면이 고르기 때문에… 스피드 훈련에 많이 활용되었지요. …또 남대천다리 직선 주로 스피드 훈련은 차량이 없는 틈을 이용하여 월리 쪽 다리 진입로에서 스타트 하여 시내 방향 다리 끝 지점까지 전력 질주 한 적도 있어요.210)

이는 4년 만에 재기한 양양고등학교 사이클 부는 1962년 창단 초기에 강원도에서 4년 연속 종합 우승을 하여 두각을 나타냈던 선배들의 전통을 되찾기 위한 자구적 노력이었다고 볼 수 있다.

1969년 10월 서울에서 개최된 제50회 전국체육대회(10. 28~11. 2) 에 출전하였다.211) 감독 교시겸 코치 김근우, 선수는 2학년 장충남, 1학년 김동일, 유우영, 강릉상고(현 강릉제일고) 조희열, 춘천 김영일 등 이었다. 대회 5일째인 11월 1일 서울 동대문 육상경기장에서 고등부 1,600m 속도 경기에 출전한 김동일은 전국규모대회 시합 경험이 없음에도 불구하고 3위로 입상212)하여 재기의 첫해 전국대회 첫 수확이었다.

이것이 1962년 제43회 대구 전국체육대회 심기연의 비공식기록을 제외하면 양양고등학교 사이클 역사상 전국체육대회 첫 입상(2^0 34 ' 3)기록이다.

이 때 내 자전거는 송의현씨가 타던 거지요 ··· 송의현에서 조희열에게 갔다가 나한테 온 거지요 나중에 기연이 형 사이클을 내가 물려받았어요 일반 선수들은 외국에서 수입 안 되고 거금으로 구입할려면 대한체육회 임상조씨에게··· 사이클 선수 한 거 후회는 없어요. 사업을 하다보면 어려울 때 사이클 타는 것보다 힘든 게 어디 있겠느냐 하면서 극복했어요. 사회생활 하면서 끈기와 인내를··· 자전거 타는 것 보다 쉽지 하면서··· 후배들도··· 69년에 처음 전국대회 1,600m 3위 한 걸로 알아요. 70년 2학년 때 단체전 3위했지요. 1,600m 3위하고, 4,800m는 2위하고··· 그걸거에요.··· 시가행진 하고, 군부대가 차 지원해 줘서 카퍼레이드 하고, 신났지요··· 강원도 대회는 싹 쓰리했어요 중앙일보, 동아일보··· 참 시합이 많았어요. 시합만큼은 학교에서 100% 출전시켜 준 것 같아요. 김근우선생님이 떠나고 신재성 선생님이 사이클 부를 맡았어요. 졸업 후에 성국이 형 감독하는 동부그룹 산하 삼척 산업 선수로 활동 하다 선수 생활은 끝났어요.[213]

지난 해에 이어 1970년 제51회 서울 전국체육대회(10. 6~6. 11) 고등부 강원도 사이클 대표로 감독 김근우, 선수 김동일, 유우영, 정형교, 김규하, 문상묵 등이 출전하였다.

사이클 트랙 경기는 동대문 400m 트랙에서 진행되었다. 10월 9일, 첫날 4,000m 단체 경기 준결승전에 진출 하여 전북 팀과 공동 3위를 하였고, 1,600m 속도 경기에서 김동일이 3위로 입상하였다.[214] 다음날 10월 10일 4,800m 속도 경기에 김동일은 대회 신기록(8^0 03 ' 6) 수립하면서 2위로 선전하였다.[215][216]

하지만 김동일, 유우영은 물론 제19회 정형교, 김규하, 문상묵 그리고 제20회 김영화, 이상균 등은 양양고등학교의 사이클 부가 앞으로 위기가 불어 닥치면서 빛을 볼 수 없게 된다는 사실을 알지 못하고 있었다.

4. 양양고등학교 사이클의 위기와 도약(1971-1979)

연초부터 훈련 중 학생사고[217]로 어려운 와중에서도 양양고등학교사이클
은 재기한지 2년 만인 1970년 제51회 서울 전국체육대회에 출전하여 만족
할 만한 성적을 거두어 주변의 칭송을 받았다.[218]

하지만 1970년 5월 사이클 지도교사 김근우는 훈련 중 정형교의 불의의
사고를 인하여 1971년 3월 31일 일자로 영월 마차중학교로 전출됨으로써
사이클 팀이 위기를 맞게 되었다. 그 당시 사고 경위를 김동일의 면담을 통해
알아본 내용을 정리하면 다음과 같다.

> 당시의 오색에는 대중 버스가 없었고… 간혹 환자들이 요양하기 위하여
> 이용하던 영업용 택시가 이따금 통행하곤 했어요. 때마침 오색 약수터로부
> 터 내려오던 영업용 택시를 만나 …선생님이 정형교를 태워 양양광업소 병
> 원 응급실로 갔어요 … 이미 정형교는 중태인지라 다시 읍내 병원에 후송
> 되었지요. 양양읍의 병원에서도 감당할 수 없어 …택시로 강릉 병원으로
> 이동하여 입원하게 되었어요 …… 정형교는 장시간에 걸쳐 80여 곳을 봉
> 합하는… 대형 수술을 마치고 병상에 옮겼으나 잠에서 깨어나지 않았지요.
> 좀처럼 호전될 기미가 보이지 않았어요. 시간이 지나면서 조금씩 전신을
> 차리고 상처 부위가 아물기 시작했어요. …얼굴 전체를 붕대로 감아 알아
> 볼 수 없는 상태로 병상에 누워있던 정형교가 ……어느 날 갑작스럽게 노
> 래를 부르기 시작했어요. 그리고는 계속 내 이름을 부르며 찾는 거예요 이
> 를 병상에서 바라보던 형교 부모님과 사람들은 당황하지 않을 수 없었어
> 요 …상황이 어렵다는 것을 감지하고 당시 우리나라 최고의 병원인 … 서
> 울 청량리 정신 병원으로 옮겨 입원하기로 결정했어요 …그 후 서울 청량
> 리 병원에 입원한지 약 1개월 이상 있다가 …그 때 나를 꽤 찾더라고요.
> 계속되는 수면 상태에서 내가 나타난가 봐요. 다행히 회복되어 퇴원했으니
> 망정이지… 큰일 날 번 했지요.[219]

이 일로 인하여 사이클 지도교사 김근우는 1971년 3월 31일자로 영월 마차중학교로 전출하게 되면서 사이클 부는 존폐의 위기에 직면하게 되었다. 이러한 상황에서 학교장은 양양중학교에 재직하고 있던 교사 신재성을 1970년 9월 1일부로 양양고등학교 사이클 부 지도교사로 임명하였다.[220]

사이클 지도를 맡게 된 교사 신재성은 사이클 부를 보강하고 유지하여 전통을 살리기 위한 방안으로 중등부 스키선수 출신 일부를 사이클로 전향시켜 선수를 보강하였다.[221] 이때 신재성은 팀 관리에 중점적 비중을 두었으며, 사이클 출신 전공 체육교사가 없어 전문 기술 연습은 선수들 스스로 훈련해야만 했다.

이러한 와중에서 또 다른 문제점이 발생했다. 강원도체육회에서는 1971년 제52회 전국체육대회에 선발된 강원도 대표선수 합숙훈련을 강원 실내체육관에서 종목별로 합숙 훈련을 하였다. 사이클 선수 합숙 훈련은 1진과 2진으로 구분하여 전성국을 비롯한 1진 선수는 선수촌에서 훈련하였다. 시합이 가까워지면 합류하기로 하고, 2진은 강원체육관에서 합숙하면서 강화훈련을 하였다. 지도자는 양양고등학교 사이클 전 감독 김근우가 고등부와 일반부를 통합한 2진을 맡아 훈련을 전담하였다.

이와 같이 전국체육대회에 대비한 훈련의 비효율적 운영으로 강원도 사이클은 1971년 제52회 서울 전국체육대회에서 학생부 600m 3위 전원경의 이름만이 보일 뿐 일반부 전 종목에서 참패하고 말았다. 이러한 상황에서 후유증을 회복하지 못하고 1972년 제53회 서울 전국체육대회에서 고등부 전 종목에서 입상하지 못했다. 그러나 양양고등학교 출신 전성국은 일반부 4,800m 2위, 4,000m 개인선두 1위로 입상하여 향토의 명예를 빛냈으며, 개인도로 104.4km 1위와 4,000m 단체 경기에 출전하여 충남과 함께 공동 3위로 강원 사이클의 체면을 살렸다.

전국체육대회에서 참패한 양양고등학교 사이클은 전문지도자가 없으면 경기력 향상에 문제가 있음을 절감하고, 제52회와 제53회 전국체육대회의

교훈으로 지도자를 선임하였다. 당시 속초 실업고등학교 사이클 부를 지도
하던 모교 출신 심기연을 1972년 9월 1일자로 영입하였다.

> 강원도 소년체전에서 양양중학교가 패하고 양양고등학교 팀도 예전 같
> 지 않고… 그런 분위기였어요. 나는 그 당시 속초 실업고등학교 사이클 코
> 치를 하고 있었어요. 어느 날 속초 실업고등학교 선수와 속초중학교 사이클
> 선수들을 데리고 한계령에서 훈련하고 있었어요… 그 당시 이종세 학무국
> 장님이 속초 뉴스호스텔에 회의가 있은 듯해요. 선수들과 올라오는 도중
> 에… 국장님이 차를 세우더니, 너! 이놈 양양고등학교가 너 모교인데, …(중
> 략)… 알았어… 조치할테니… 양양고등학교 가서 열심히 해…이렇게 해서
> 9월에 속초 실업고등학교 선수들 모두 데리고 양양고로 갔어요. 그렇게 양
> 양고등학교 13년 코치 생활이 시작된 거지요.222)

전문지도자 심기연을 영입한 양양고등학교 사이클부는, 1972년부터 새로
운 성장과 도약을 위해 우수선수 발굴 육성을 계획하고 추진하였다. 이러한
계획을 지속적으로 강화시켜 1973년부터 각종 대회를 석권함으로써 국가대
표와 우수실업팀 그리고 대학으로 진출하여 양양군 사이클은 물론 대한민
국 사이클 발전에 기여하는 도약기를 마련하였다.

낙산~양양간 자전거 경기대회, 자료 출처: 양양고등학교 사진첩

한편, 1960년대 말과 1970년대 초 양양고등학교가 혼돈 속에서 재기의 발판을 마련하고 있을 때 강원도체육회와 강원도교육청에서는 홍천농업고등학교 전성국, 북평고등학교 이동엽, 대화고등학교, 원주 대성고등학교, 그리고 속초실업고등학교 등에 전문 사이클 지도자를 배치하여 창단하기 시작했다.

홍천농고 전성국, 북평고 이동엽 …이인종씨가 이동엽으로 키웠어요. 원주 대성고 … 사람들이 군에 제대하면서 … 그 당시 전국체육대회 메달 10개에서 사이클이 5개 였으니 … 강원도체육회, 강원도교육위원회, 시·군 체육회 등을 통해서… 그래서 코치를 다 채용 했지요.난 태권도 사범 겸 태권도 체육관 관장하고 있다가 속초 실업고등학교 사이클 전문 코치로 갔어요.[223]… 1970년대 초반부터 강원도에 양양고등학교, 홍천농고, 북평고 대화고, 원주 대성고, 그리고 속초실고…그렇게 1970년대 후반까지 창단되기 시작했지요. 그 때의 지도자는 양양고등학교 심기연, 홍천 농고 전성국, 북평고 이동엽, 대화고…그러다가 얼마 되지 않아 양양고등학교 말고는 다 사라지고 작년 2008년 강원체고 남자부가 창단되었지요. 여자부로는 양양 여고가 1983년 강원도 최초로 창단되었고요. 1990년 양덕상고가 창단되어 근근이 대를 이어오다 2007년에 폐지되었지요. 여자부가 좀 아쉽지요. 중학교는 숱하게 많아요.…그렇지요. 밥자리를 많이 만들다보니까. 초창기 멤버들이 10년 후부터 지도자, 코치로 나온 거지요.[224]

전국체육대회에 강원도 대표로 출전한 양양고등학교 사이클은 1973년 부산 전국체육대회부터 7년 연속 전국 재패의 강원 사이클 신화를 이룩하는 데 주축이 되었다.

1973년 제54회 부산 전국체육대회부터 1979년 제60회 충남 대전 전국체육대회까지 강원 사이클팀이 전국체육대회 7연패(連覇)에 종합 우승 주역에는 언제나 양양고등학교 사이클이 있었다.[225]

전국체육대회 대비 도로 훈련 모습(Ⅰ)

전국체육대회 대비 도로훈련 모습(Ⅱ)

양양고 300M 트랙에서 훈련을 하고 있는 모습

사이클 숙소 앞에서 로라 훈련을 하고 있는 모습, 사진 출처: 박순원 소장

그러한 과정의 경기 실적 내용을 연도별로 살펴보기로 한다. 1972년 9월부터 팀을 정상화하여 보완한 양양고등학교 사이클은 1973년 제54회 부산 전국체육대회에서 방양호[226]의 고등부 800m 2위, 4,800m 2위, 20,000m 선두 2위 석대해, 4,000m 단체 2위로 선전하였으며, 1974년 제55회 서울 전국체육대회 방양호 800m 2위, 4,800m 2위, 석대해 20,000m 선두 2위로 입상하였다.[227]

중학교 때는 교내 마라톤 대회에서 스키 선수로 뽑히고… 고등학교는 교내 체육대회에서 자전거 시합을 했어요… 그 때 방양호, 석대해 등이… 그렇게 해서 사이클 선수가 되었어요. …(중략)… 74년 전국 사이클연맹 회장배에 출전했는데… 방양호가 박철근을 제치고 종합 1위했어요. 석대해는 전북고등학교 박철근과 쌍벽을 이루었어요. 단체전에서 방양호, 석대해, 박순원, 최대순 이렇게 4명이 전라도 팀을 이겼어요. 그래서 방양호, 석대해가 국가 대표로 발탁되었어요. 자전거가 없어…박경원 강원 도지사가 도로차와 트랙 차를 사주었어요.[228]

이러한 재기를 발판으로 1975년 제56회 대구 전국체육대회에서 김창주 10,000m 1위, 20,000m 선두 2위, 4,000m 단체 1위 등에 입상하였으며, 1976년 제57회 부산 전국체육대회 4,000m 단체 1위의 성적을 거두었다.

이어서 1977년 제58회 전남 광주 전국체육대회 10,000m 강원남 1위, 노승준 2위, 4,800m 김남호 3위, 심종석 20,000m 선두 2위, 심종석·강원남·노승준·김남호가 4,000m 단체 1위로 입상하였다.

1977년의 강원체육은 전년도의 전국체육대회 10위의 수모와 소년스포츠대회 10위의 성적에 자극을 받아 소극적인 육성책을 지양하고 각 산하 경기단체의 기능을 강화하는 한편, 200만 도민 성원을 모아 체육진흥에 박차를 가했다. 6월에는 모든 도민이 고대하던 육상경기장 건립공사가 기공되었

으며, 강릉에 삼척에도 각각 종합운동장이 착공되어 새로운 전기를 마련하
였다.

1977년 58회 전국체육대회 종합우승 기념사진[229]

1977년 58회 전국체육대회 고등부 종합우승 시가행진

1977년 58회 전국체육대회 종합우승[230], 사진 출처: 심종석 소장

1978년 제59회 경기 인천 전국체육대회에서 800m 1위 장윤호,[231] 10,000m 1위 심종석, 20,000m 선두 3위 강원남, 4,000m 단체에서 5′ 30″ F 로 대회 신기록을 수립하면서 1위로 입상하였다. 1979년 제60회 충남 대전 전국체육대회에서 800m 1위 김형국, 4,800m 1위 장윤호, 3위 박상택, 20,000m선두 1위 장윤호 4,000m 단체 1위로 1970년대의 새로운 도약을 하게 되었다.[232]

어느 대회를 가든 1등은 당연하고 76년도부터 79년도까지 기억나는 대회라면, ……78년 그해 선수 5명을 데리고 전주 시합을 갔는데 …선수들 출발시켜 놓고 다방에서 기다렸지 들어올 때까지 다방에서 3시간 후 백차 소리가 들렸어요… 골인 지점에서 보니 1등 강원남, 2등 심종석이… 1등에서 5등까지 다 우리 선수더라고요. 그래서 저렇게 우리가 다 입상하면 다른 학교는 욕먹겠다 하는 생각을 했어요. 트로피는 얼마나 큰지… 다음 해 또 가지고 가야 해요. 버스 의사하나 차지해요 몇 년 그걸 가지고 다닌 애피소드가 있어요… 시합 다닐 때 자전거는 분해하고 조립해서 싣고 가고 오는데…지금은 학교전용차가 있으니 편리해 졌지요.[233]

1980년 5월 제35회 전국 사이클 선수권대회 김형국 관련 기사 내용이 강원일보에 보인다.

<u>韓國新 3수립 김형국(高等部)은 8백·4천m 등 3冠王, 사이클 選手權.</u>
제35회 전국 사이클 선수권대회가 청주 공설운동장에서 한국 신기록 3, 대회 신기록 6개를 작성하고 폐막했다. 고등부의 김형국(양양)은 첫날 1천 m 선두에서 1위를 차지한데 이어 4천m 개인 추발, 8백m 선두경기를 석권, 유일한 3관왕이 됐다.[234]

1978년 회장기대회 종합우승[235]

1978년 59회 인천시 전국체육대회[236]

1978년 59회 전국체육대회 합숙 훈련 중[237]

1978년 제59회 전국체전 고등부 사이클 종합 우승[238], 사진 출처: 심종석 소장

1980년 제61회 전북 전국체육대회는 전 종목 입상 실적이 없으며, 1981년 서울 전국체육대회에서는 1,600m 속도 이인형 2위, 1,000m 독주 이인형 3위, 4,800 속도 안우혁 3위, 4,000단체 이인형·안우혁이 3위로 입상하였다. 1982년 제63회 전국체육대회에서는 전 종목 입상실적이 보이지 않는다.

승리의 꽃다발을 목에다 걸고, 자료 출처: 양양고등학교 사진첩

훈련하는 동안 사고 났던 선수는 김OO라고… 박광택, 장윤호 동기들인
데, 학교 운동장애서 연습하다가… 운동장이 300m 나오는데, 넘어져서 혀
가 거의 덜렁덜렁할 정도로… 피가 엄청나게 나더라고요. 놀랐지요. 삼강
의원으로 갔어요. 꼬매고 난 후 우유로 7주일정도 먹이고… 3일 후부터 밥
먹더라고요. 그렇게 빨리 나았어요 …천만 다행이지요 … 그 원장님은 사
이클 선수는 무조건 공자였어요. 부러지고 까이고 깨지고 한 건, 그 뿐 아
니라 다른 부분도 많이 후원해 줬어요. 사이클부는 그 분한테 신세 많이
졌지요 … 그리고 김규성이라고 혼자 연습하다가 도로에서 택시하고 부딪
쳐서 …왼쪽 어깨를 다쳤어요. 인대가 끊어졌는지 그래요. 지금까지도 후
유증이 있어요.[239)]

이와 같은 1970년대 양양고등학교를 중심으로 한 강원 사이클의 새로운
전기 마련의 배경에는 심기연, 김근우 등의 지도자뿐만 아니라 이석봉, 원
남기,[240)] 한병기,[241)] 이인종, 이홍경,[242)] 이문형,[243)] 김원기[244)] 삼강의원, 관동약국,
이춘봉, 박광평, 신흥문구사 등의 후원이 사이클 발전은 물론 경기력 향상
에 상당한 영향을 미쳤다.

양양고등학교 사이클 부가 70년대 전국대회 7년패 하는데요. 원남기라는 도지사의 힘이 컸지요… 그분이 사이클에 관심이 많았어요. 그리고 왜 이한은 장학사 있잖아요. 그 사람 아버지인 이인종씨가 그 당시 강원도 체육회 사무국장인가, 운영과장 했는데, … 서울 모 신문사 스포츠기자 출신이에요. …애 많이 썼지요.[245)]…이인종씨…전무이사가 많은 도움을 주었지요. 그 분이 아니었다면 강원 사이클이 크게 발전하지 못했을 거예요. 대단했어요. 기자니까 각계 각층에 지원 요청하고, 어느 관청이든 사이클 발전을 위해 도움을 요청하면 무조건 통과였지요. 안되는 게 없더라고요. 사이클 매력에 미친 사람이었어요. 선수들 자기 집에서 밥 먹이고 전국대회 데리고 간 사람이에요.[246)]

1978년 제59회 인천 전국체육대회[247)]

야! 잊지 못할 레이스! 디스크 바퀴등장[248)]

단체경기 결승 출발 직전 장면249)

1970년대 사이클 시합 트랙 경기는 육상 시합을 마치고 실시,250) 사진 출처: 심종석 소장

여기에서 13년동안 양양고등학교 사이클을 지도 코치하면서 가장 기억나
는 제자에 대한 이야기를 들어보기로 한다.

"장윤호가 기억난다면 나지요. 속초 중학교에서 양양고등학교로 진학했
는데, 참 잘 탔어요. 이 잘 탄다는… 이게 문제가 되어 마음고생 조금했어
요. 처음 선수 생활 못할 뻔 했어요. OOO 선생님한테 수업 시에 덤벼들었어
요. "OO 안다니면 OO, 씨" 해서, 처음에는 이런 학생은 선수 만들 필요 없
다 해서… 그 당시 내 입장에서는 기르지 않으려고 했어요. 그런데 체육선
생님이 살려야 되지 않겠느냐 해서 복귀시켰지요. 기질이 있어서 날렸어요.
부전자전이라고 장윤호 아들… 장승제라고 아시아 게임에서 금메달 5개 정
도 땄어요.' '그러다 진로 문제로… 관동대학에 창단 멤버로 진학하기로
했는데, …학교 측과 선수들, 학부모들 모두 이해관계가 맞물려 성사되지
못하고… 지도자인 나만 최돈웅씨가 불러서 해명하고 진상조사 답변서까지
쓴 경험이 있어요. 그러다 강원대학교 얘기가 있다가 기아산업으로 갔어
요.' 251)

"또 국가 대표급인 김형국이를 너무 잘 길러서… 그 때 당시는 스카우
트 때문에 너무 대형 선수라서 코치가 아닌 부모를 설득해서 부산 동아대
학에서 데리고 갔으니 한국체육대학에서는 항의가 들어오고, 내가 왜 이런
모욕을 치러야 하나 하고 심적으로 매우 힘들었어요. 나중에 동아대학의 약
속을 지키지 않았다는 말을 듣고 괴로웠어요. 다시 앞길을 열어 달라고 해
서 강원대학에 입학했지요. 강원대학으로 진학해서 지금 체육교사 해요. 스
카우트에 휘말려 본의 아니게 문제가 되는 경우가… 그 때마다 너무 훌륭
한 선수를 길러도 문제가 있구나하고 웃곤 했지요." 252)

1984년 쯤에 전성국이가 강원도청 감독에서 통신공사 감독으로 이동하
면서 … 강원도청에 지도자가 없어 그리로 가게 되었지요. 양고는 후배들
이 지도자를 했는데 바로 임용되지 않아… 조금 주춤했어요. … 1972년 9
월부터 코치 생활 시작해서 1985년에 떠났으니 양양고등학교 근무가 13년
이나 되네요.253)

1983년 제64회 인천 전국체육대회 환영식(I)

1983년 제64회 인천 전국체육대회 환영식(II)254)

1984년 제65회 대구 전국체육대회 환영식(Ⅰ)

1984년 제65회 대구 전국체육대회 환영식(Ⅱ)

사진 출처: 박순원 소장

5. 양양고등학교 사이클 전성기에서 안정기(1980-1990)

양양고등학교 출신 장윤호는 1982 뉴델리 제9회 아시아 게임 100km 도로 단체 금메달 신기록, 1983년 제10회 아시아 선수권대회 100km 도로 단체 은메달, 그리고 1984년 LA 올림픽 100km 도로 단체에 출전한 바 있다. 1986년 제10회 아시아게임 4km 개인 추발에서 양양고등학교출신 안우혁[255]은 은메달로 입상했으며, 1994년 제13회 아시아 선수권대회에서 엄인영[256]을 동메달로 입상했다.

1995년 제4회 마닐라 아시아 주니어 경기에서 박수환 4,000m 단체 금메달, 김정영 4,000m 단체 금메달, 박수환 개인 도로 98km 금메달, 김정영이 제외경기에서 은메달 획득함으로써 종합 우승의 영광을 차지하였다.

> 내가 그만 둘 때까지 사이클 트랙 경기가 흙 땅에서 경기를 했어요 … 육상 시합이 끝난 다음에… 한국 신기록은… 연습할 때는 굵은 다이어로 하고 시합 때 최대한 가는 것으로 갈아서 경기에 임했지요. 요새는 지도자 들이 다 아는 사실이지만 그 당시는 기록 향상을 위한 아이디어 였지요. 고등학생은 그 당시 무조건 국산 자전거를 타야 했어 요. 규정이… 키 큰 사람과 작은 사람… 큰 사람은 고양이처럼 웅크리고 타야하고 페달이 길면 땅에 닿아요. 자전거 선수는 장비를 어떻게 다루느냐가 대단히 중요하지 요.[257]

양양고등학교 사이클은 1989년 김충길 감독교사와 석대해 코치 는 선수 선발의 열정으로 많은 선수층으로 보완하였다. 1989년도 양양고등학교 사이 클 신입생으로는 정익수, 최희동, 송세진, 김성영, 김용수, 정진화, 김성윤 등 7명으로 구성되었다. 1990년부터 양양고등학교 사이클 출신 감독, 박상 택 코치가 영입되어 어느 때 보다 더 안정된 최상의 팀을 갖추게 되었다.

1991년도는 3학년 상급생의 안정적인 경기력을 발휘하는 최상의 컨디션을 유지하게 되면서 1992년부터 양양고등학교 사이클이 양양군청 팀과 더불어 전성기를 누리게 되었다.

여기에서 양양고등학교 출신 사이클의 선수들의 국제대회 경기 출전 실태와 경기 실적(1970년~1986년)을 살펴보기로 한다. 1970년 제 6회 방콕 아시아 경기대회 전성국 100km 도로단체 동메달, 1971년 싱가폴 제5회 아시아 사이클 선수권대회 전성국 100km 금메달, 1982년 이태리 세계 주니어 사이클 선수권대회 안우혁 4km 개인 추발 출전, 같은 해 영국 세계 사이클 선수권대회 장윤호 출전, 1982년 뉴델리 아시아 경기대회 200km 도로단체 금메달(아시아 신기록; 2 ° 10' 39" 42)을 차지했다. 1983년 스위스 세계 주니어 사이클 선수권대회 장윤호 4,000m에 출전했으며, 같은 해 마닐라 제11회 아시아 사이클 선수권대회 100km 장윤호 은메달을 획득했다.

1984년 프랑스 세계 주니어 사이클 개인 도로경기에 출전했으며, 같은 해 1984 LA 올림픽 대회에 출전한 바 있다. 1985년 인천 제12회 아시아 사이클선수권 대회에 장윤호 100km 도로단체에 출전하여 대회신기록(2 ° 14' 32" 83)을 수립하면서 금메달을 거머쥐었다. 1986년 제10회 서울 아시아 경기대회에서 장윤호가 100km 도로단체에서 덩메달, 안우혁이 4km 개인추발에서 동메달을 수상했다.

제72회 전국체육대회 참가선수단 해단식 겸 유공자 포장식

제15회 엄복동 전국 사이클대회 종합 우승 시상식[258]
사진 출처: 박순원 소장

한편, 1991년 제14회 아시아 선수권 경륜 경기에서 동메달을 획득함 양
양고등학교등하교 출신 엄인영은 2000년 시드니 올림픽에서 최초로 채택
된 경륜경기에 출전한 바 있다.

2000년 제27회 시드니올림픽에 강원도 양양군청 소속 엄인영 선수가 선
발되었다는 내용 보인다.

시드니 올림픽 경륜 『엄인영』선수 선발

2000년 시드니올림픽 첫 정식종목으로 채택된 Keirin 경기의 국내 대표선수로 엄인영(29. 양양군청)
선수가 최종확정됐다. 강원도 양양출신의 엄인영 선수는 한국체대를 졸업 경륜선수로 활약하고 있으며,
지난해 경륜경기 상금, 승률, 연대율에서 모두 1위를 기록하는 등 경륜의 호프로 꼽히고 있으며, 현재 양
양군청팀 소속으로 활약하고 있다.

엄선수는 7월초부터 일본 및 유럽전지 훈련과 4.5차 월드컵 대회를 통하여 기량을 향상시키고 있으며
9월 21일 시드니 올림픽에서 꼭 메달을 획득하기를 기원한다.   (시)

시드니 올림픽 경륜 엄인영 선수 선발
자료 출처: 대한사이클연맹 사이클 화보

1996년 박순원 감독[259] 후임으로 박선규 지도교사와 이상균이 각각 1년 지도교사로 활동하였다. 1998년 박순원이 다시 모교 발령으로 사이클 지도교사를 다시 맡게 되었다.

허용봉[260] 코치가 1992년 12월 1일자로 임용되어 1999년 7월까지 최선의 열정으로 양양 사이클 전성기를 맞이하도록 했다. 이와 같이 10년간 양양고등학교 사이클 전성기를 이룩하였고, 전국을 제패(制覇)한 지도 공로가 인정되어 감독교사 박순원은 2001년, 2002년 2년에 걸쳐 최우수 감독상을 받았다.[261]

[강원 사이클의 진수를 보여줬다]

자료 출처: 양양중고인(양양중고등학교총동문회)

양양군 사이클은 벨로드롬 전용경기장은 갖추지 못하였지만 변화와 발전 속에서 사이클 고장의 새로운 면모를 갖추기 위해 다시금 경기력 향상에 늘 정진하였다.

1990년 6월 양양고등학교 사이클 팀은 제19회 회장배 전국사이클 대회 4,000m 단체경기에서 이호식·박계준·최희동·정익수이 출전하여 1위(4′37″49)로 입상함과 동시에 대회신 기록을 수립했으며, 같은 해 9월, 서울에서 개최된 제19회 체육부장관기대회에 최희동·박계준·정익수·이호식 등이 출전하여 4,000m 단체경기에서 1위, 30km 포인트 경기에서 2위로 입상하면서 종합점수 34점을 획득하였다. 동시에 종합우승을 함으로써 전국 최정상(頂上)을 확인하게 되었다. 1994년 8월 제23회 문화체육부장관기 전국 사이클 대회에서 윤양식 선수가 선전하여 남자고등부 최우수 선수상을 받는 영광을 얻었다. 특히 1990년 11월, 영국 세계 주니어선수권대회에 한국 대표로 출전하였다.

여기에서 양양고등학교 출신 사이클의 선수들의 국제대회 경기 출전 실태와 경기 실적(1987년~1995년)을 살펴보기로 한다.

1987년 자카르타 제13회 아시아 사이클 선수권대회 안우혁 4,000m 단체 추발 은메달로 입상했으며, 제24회 서울올림픽 경기대회에 안우혁이 4,000m에 출전한 바 있다. 1989년 뉴델리 제14회 아시아 사이클 선수권대회에 안우혁이 4,000m 단체추발에 출전하여 금메달(4′41″45)을 획득했다.

1990년 영국클리블랜드 세계주니어 사이클 선수권대회에 박계준이 출전한 바 있으며, 1993년 말레이시아 제16회 아시아 사이클 선수권대회에서 엄인영이 스프린트에서 동메달로 입상했다.

1995년 필리핀 마닐라 제17회 아시아 사이클 선수대회에서 윤양석이 4,000m 단체추발에서 금메달을 목에 걸었다. 1995년 필리핀 마닐라 제4회 아시아주니어 사이클 선수권대회에서 박수환 4,000m 단체금메달, 3km 개인추발 동메달, 98km 개인도로 금메달, 김정영 제외경기 은메달로 선전했다.

6. 양양고등학교 사이클 정착기(1991~2011)

1991년 '문화 질서 화합'을 슬로건으로 한 제72회 전북 전국체육대회에서 강원도 참가 팀은 4년 연속 최하위에서 탈피 종합 10위를 달성했다.[262] 사이클 부분에서는 개인도로 1위 최희동, 스프린트 2위 김경윤, 30km 포인트레이스 3위 박중표, 도로단체 2위로 선전하였다.[263]

1992년 9월, 제15회 엄복동배 전국 사이클 대회에 출전한 김규연·황남식·박춘복·윤양석의 4,000m 단체경기에서 1위를 시작으로 김규연의 제외경기 2위와 개인 도로경기 1위로 입상하였으며, 포인트경기 황남식의 3위에 이어 박춘복 스프린트 2위 등의 성적으로 선전하여 1990년 제19회 체육부장관기대회에 이어 또 다시 전국 종합우승을 함으로써 양양고등학교 사이클 팀이 전국 정상임을 재확인하게 되었다.

1993년 6월, 제10회 대통령기 전국 시·도 대항 사이클경기대회에 출전하여 3km 개인추발 윤양석 3위, 황남식·윤양석·정동석·박수환 4,000m 단체추발 2위, 황남식 제외 경기 2위, 정동석 1,000m 일제경기 1위, 윤양석 30km 포인트 1위로 입상하였다. 같은 해 10월, 제 74회 광주 전국체육대회에서 황남식·윤양석·정동석·박수환이 4,000m 단체추발 1위, 윤양석 3km 개인추발 3위, 30km 포인트경기 황남식 1위, 89, 1km 개인도로에 정동석이 1위로 선전하였다.[264]

1993년 제74회 광주 전국체육대회 환영식[265]

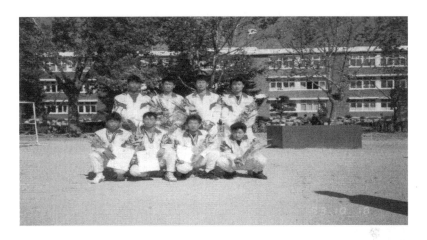

1993년 제74회 광주 전국체육대회 환영식 기념[266]

1993년 제74회 전국체전 시상식후 교정에서 기념촬영[267]

자료 출처: 박순원 소장

양양고등학교 사이클은 계속해서 전국 고등부 사이클 상위 성적을 유지
하면서 1994년 7월 제11회 대통령기 전국 시·도 대항 사이클경기에서 정
동석 스프린트 1위, 1km 독주 윤양석 1위, 3,000m 책임선두 박수환 1위,

4,000m 단체추발 정동석·윤양석·박수환·김정영 1위, 20km 포인트 경기 정동석 1위, 제외경기, 개인 도로경기 1위로 입상하였다. 1994년 8월 제23회 문화부장관기 전국 사이클 대회에서 윤양석 선수가 30km포인트 경기 1위, 1km독주 1위, 제외경기 1위로 입상하면서 남자고등부 최우수 선수상을 받는 영광을 얻게 되었다.

양양고등학교 사이클 역사상 최정상을 기록한 제75회 전국체육대회가 1994년 10월 대전에서 개최되었다.

강원도가 만년 하위에서 국체 2년 연속 종합 7위에 오르는 쾌거를 이룩한 해였다. 이러한 중위권 진입에는 양양고등학교 사이클이 단연 일등공신으로 볼 수 있다. 양양고등학교 단일팀으로 강원도 대표선수로 출전한 사이클부는 트랙경기에서 1,000m 일제경기 강경화 3위(1' 07" 47), 제외경기 정동석 1위(12' 17" 57), 1km 독주경기 윤양석 3위(1' 12" 624), 개인도로 100~120km 1위, 개인도로 100~120km 박수환 2위, 4,000m 단체 추발경기 1위 등 우수한 성적으로 트랙 경기를 마쳤다. 대회 6일째 마지막 날인 11월2일, 94km 개인도로 경기대회에서 전국체육대회 사상 단일팀으로 1~4위까지 입상하는 진기록을 남기게 되었다.[268] 양양고등학교 사이클 팀은 6명의 선수가 출전하여 8개 종목에 금 3, 은 1, 동 4개를 획득하는 대기록을 수립을 하였다.

여기에서 양양고등학교 출신 사이클의 선수들의 국제대회 경기 출전 실태와 경기 실적(1997년~2001년)을 살펴보기로 한다.

1997년 이란 테헤란 제18회 아시아 사이클 선수권대회 4,000m 단체추발 박수환 은메달, 같은 해 이란 테헤란 제5회 아시아 주니어 선수권대회에서 고병수는 4km 단체추발 경기 금메달, 올림픽스프린트 은메달로 입상했다.

1999년 일본 마에바시 제19회 아시아 사이클 선수권대회 경륜 경기에서 엄인영이 동메달을 획득했으며, 올림픽 스프린트에서 은메달을 거머쥐었다. 또한 엄인영은 올림픽에서최초로 채택된 제27회 시드니 올림픽대회 경륜

경기에 출전한 바 있다. 2001년 대만 카요슝 제21회 아시아 사이클 선수권 대회 4km 단체추발에서 장일남이 금메달(4‘ 17” 140)을 획득하였다.

제92회 전국체육대회 시상식(단체스프린트)

방양호 양양군 사이클연맹 회장님과 임원들[269]

사진 출처: 박순원 소장

양양고등학교 사이클은 국내경기 뿐만 아니라 국제시합에서도 우수한 경기력을 발휘하여 1995년 4월 마닐라에서 열린 제4회 아시아 주니어 사이클 선수권대회에 박수환, 김정영이 출전하여 박수환은 4,000m 단체추발 금메달, 3km 개인추발 동메달, 94.8km 개인 도로경기에서 금메달을 얻었고, 김정영은 제외경기에서 은메달로 양양고등학교 단일학교로는 최다 메달을 획득하였다.

이와 같이 양양고등학교사이클은 전국 규모대회에서 상위권을 유지하면서 1995년 10월 포항에서 열린 제76회 전국체육대회에서 30km 포인트 박수환 1위, 김정영 2위, 110.4km 개인도로 1위 김정영, 3km 개인추발 1위 박수환 4,000 단체추발 박수환 · 김정영 · 이길섭 · 고병수 · 장일남 2위, 제외경기 김정영이 3위로 선전했다.

필리핀 마닐라에서 열린 제4회 아시아 주니어사이클대회,[270] 사진 출처: 박순원 소장

1996년 6월 음성에서 열린 제13회 대통령기 전국대회에서 1km 독주 고병수 3위, 제외경기 이길섭 3위, 30km 포인트 장일남이 입상했으며, 같은 해 10월 춘천에서 열린 제77회 전국체육대회에서 4,000m 단체추발 고병

수·장일남·이길섭·신창호 3위, 30km 포인트에 장일남이 2위로 입상했다.

양양고등학교 44회로 졸업했어요. 주니어 대표도 했고 현재는 경륜선수해요. 담임선생님이 추천해 줘서 중학교부터 사이클을 시작했어요. 중학교 때는 메달을 많이 땄는데, 고등학교 와서는 운이 닿지 않더라고요… 전 단거리 선수였어요. 이상하게 전국체전에서 메달 딴적은 한 번도 없어요. 이란 아시아 주니어 선수권 대회에 출전했어요. 고 3때 출전해서 단체 금메달 받았지요. 4,000m 단체 추발경기에서… 고등학교 때 잘 할 수 있는 종목이 단거리라고 생각했는데… 연습은 장거리 선수들과 같이 연습하다 보니 벨로드롬이 없어… 도로 위주로 하다 보니 훈련이 벅찼어요. 졸업 후 실업 팀도 그렇고 양양군청도… 단거리 실력을 발휘하지 못했어요. 지금은 경륜 선수를 하고 있는데 도리어 지구력은 길러졌으니 딱 제격이지요. 물론 경륜이 순발력 싸움이지만 중·장거리로 봐야지요.[271]

1998년 6월 서울에서 열린 제15회 대통령기 전국 시·도 대항 사이클 경기대회에서 개인 도로단체에 이인섭·김현승·김영철·신경섭 2위로 입상했으며, 같은 해 9월 제79회 제주 전국체육대회 제외 경기에서 김시국이 3위로 입상하였다.

한편, 제13회 태국 방콕 아시아경기에서 지성환이 1km 독주에서 금메달, 1999년 제19회 아시아 사이클 선수권 대회에서 1′ 03″ 895 의 신기록으로, 1km 독주에서 금메달을 획득하였다.[272] 이를 통하여 양양군 사이클은 물론 양양고등학교 선수들의 사기를 진작시켜 주는 본보기가 되었다.

1999년 5월 서울에서 열린 제16회 대통령기 전국 시·도 대항 사이클 경기대회에서 제외경기 김시국 2위, 개인 도로단체 신경섭·김영철·노도엽·김현승이 3위로 이상하였으며, 같은 해 8월 8·15 경축전국 거제도로 사이클 경기대회에서 신경섭이 개인 종합 우승, 단체종합은 양양고등학교가 차지했다.

1999년 8월 15일 8. 15경축 전국 도로 사이클 대회에서 신경섭 선수 개인 종합우승과 양양고등학교 단체 종합우승에 이어 2000년 5월22일 제2회 체육진흥공단이사장 배 전국 도로 사이클 대회에 신경섭·노도엽·김동영·김경록·주윤호·김현승 등이 출전하였다. 총 475.3km 도로경기인 이 대회에서 단체 종합우승함으로서 양양고등학교 사이클이 전국적 사이클 명문임을 입증하는 계기가 되었다.

2000년 6월 나주에서 열린 제17회 대통령기 전국 시·도 대항 사이클 경기대회에서 121.2km 개인도로 김현승 3위, 개인 도로단체 김현승·김경록·노도엽·신경섭이 3위로 입상했으며, 같은 해 7월 대전에서 열린 제29회 문화관광부장관기 전국 사이클 경기대회에서 4,000m 단체추발 신경섭·김영철·김경록·주윤호 2위, 메디슨 경기 김현승·신경섭 26점으로 1위, 55.2km 크리테리움 단체경기 김현승신경섭·김영철·김경록 3위, 116km 개인도로 김현승 1위(2. 42 ' 49' '00, 우수상), 116km 개인 도로단체 김현승·신경섭·김영철·김경록이 1위로 입상하여 단체 종합 준우승을 하였다.[273]

2000년 제29회 문화관광부장관기 전국 사이클 대회에서 김현승 선수가 우수선수상을 받았다. 양양고등학교는 2001년 6월 제18회 대통령기 전국 사이클경기 대회에 강원대표선수로 출전권을 획득한 양양고등학교 사이클은 34점으로 종합 준우승을 했다.

2001년 6월 나주에서 열린 제18회 대통령기 전국 시·도 대항 사이클 경기대회에서 김경록 책임 선두경기 1위, 노도엽·주윤호 메디슨 경기 1위, 24k포인트 김동영 1위, 96km 크리테리움 2위 노도엽, 3위 주윤호, 96km 크리테리움 단체 노도엽·김경록·주윤호·김동영이 1위를 함으로써 단체 준우승으로 입상하였다.

2002년 6월 나주에서 열린 제19회 대통령기 전국 사이클 경기대회 메디슨 경기에서 주윤호·김동영이 46점으로 2위를 하였으며, 노도엽은 도로독주에서 3위로 입상하였다.

2005년 한강면 도로 사이클 대회(11. 6~11. 9)에서 한용석·김영식·라정욱·정충교·이주권·신재춘이 단체 1위, 한용석 개인 3위, 신재훈 개인 2위, 단체 2위로 입상하였다.

2006년 3·1절 기념 전국 도로사이클 강진대회(2. 28~3. 3)에서 정충교 개인도로 1위, 단체 정충교·김영식·라정욱·임기동·이경호 1위로 입상했으며, 3월 14일에서 3월 17일까지 열린 가평대회에서 크리테리움 정충교 3위, 단체 정충교·김영식·라정욱·임기동·이경호·한용석·김동석·이주권이 3위로 입상했다. 같은 해 대통령배 전국사이클대회(4. 4~4. 8)에서 개인도로 단체전 김영식·임기동·이주권·정충교·이경호·김대건 1위, 개인도로 개인 정충교 2위, 스크레치 김영식 2위, 포인트 정충교 3위, 제외경기 나정옥 3위로 선전하였다.

또한 2006년 음성고추 전국사이클대회 경륜경기에서 신재훈 동메달을 수상했다. 2006년 청주 MBC 국제도로 사이클 대회에서는 1구간 단체 정충교·김영식·나정옥·임기동·이주권·이경호 은메달, 1구간 개인 이경호 3위, 울산~포한 7구간 개인 2위 정충교, 광양~마산 4구간 단체 정충교·김영식·나정옥·임기동·이주권·이경호·김동석가 2위로 입상했으며, 제36회 문화관광부장관기 크리테리움에서 정충교가 1위로 선전하였다.

여기에서 양양고등학교 출신 사이클의 선수들의 국제대회 경기 출전 실태와 경기 실적(2002년~2007년)을 살펴보기로 한다.

2002년 방콕 제9회 아시아 주니어 사이클 선수권대회에서 김동영은 4km 단체추발 금메달, 도로독주 은메달을 획득하였다. 2006년 말레이시아 제13회 아시아 사이클 주니어 선수권 대회에서 정충교가 4km 단체추발 은메달에 이상하였다. 2007년 방콕 제14회 아시아 주니어 선수권 선수권대회에서 정충교는 4km 단체추발 은메달, 30km 메디슨에서 은메달로 선전하였다.

제2회 국민체육진흥공단 이사장배 전국도로 사이클대회274) 종합우승

전국 도로 사이클 대회 시상식에서 관계인과 선수단, 자료 출처: 박순원 소장

2001년 직지찾기 시상식 후 박상만 심판과 기념 촬영

2002년 종합우승 및 김동영 선수 개인종합 준우승 기념 시가행진 및 시상식

2002년 방콕 아시아 사이클 선수권 대회 도로 독주 참가선수[275]

2002년 방콕 아시아 사이클 선수권 대회 개인 도로 독주경기 3위, 4000m 단체 1위[276]

자료 출처: 박순원 소장

2007년 제54회 전남 강진 전국도로 사이클 대회(3. 1~3. 4)에서 크리테리움 1위 정충교, 단체 1위 양양고등학교, 개인 종합 2위 양양고등학교, 도로경기 2위 양양고등학교, 경기 가평(3. 20~23)에서는 크리테리움 정충교 3위, 크리테리움 단체 양양고등학교가 입상했다. 같은 해 한국 수자원공사시장배 물사랑 전국고교 사이클대회 71km 순환코스에서 정충교 2위, 114km 개인도로 정충교 2위, 114km 개인도로 3위 이경호, 구간 단체 1위 이경호·한용석·신재훈·김동석·이상규, 71km 순환코스 7위 김대건, 구간 단체 1위로 김대건·이덕우가 차지했다.

2007년 제54회 전남 강진 전국도로 사이클 대회(3. 1~4)에서 크리테리움 1위 정충교, 단체 1위 양양고등학교, 개인 종합 2위 양양고등학교, 도로경기 2위 양양고등학교, 경기 가평(3. 20~23) 경기에서는 크리테리움 정충교 3위, 크리테리움 단체 양양고등학교가 입상했다. 같은 해 대전광역시에서 열린 한국 수자원공사시장배 물사랑 전국고교 사이클대회 71km 순환코스에서 정충교 2위, 114km 개인도로 정충교 2위, 114km 개인도로 3위 이경호, 구간 단체 1위 이경호·한용석·신재훈·김동석·이상규, 71km 순환코스 7위 김대건, 구간 단체 1위로 김대건·이덕우가 차지했다.

2007년 전주에서 열린 제36회 문광부장관기 전국사이클대회 3,000m 책임선두 1위 이경호, 3위 정충교가 입상했으며, 정충교는 제14회 아시아 주니어선수권대회(6. 14~6. 21) 4,000m 단체 2위(4 '33 "360), 메디슨 2위로 선전하였다.

2007년 나주 제88회 전국체육대회(10. 8~14)에서 이경호, 정충교 메디슨 3위, 개인도로 1위로 입상하였다.

여기에서 양양고등학교 출신 사이클의 선수들의 국제대회 경기 출전 실태와 경기 실적을 양양군청을 중심으로 살펴보기로 한다.

1991년 북경 제15회 아시아선수권대회에서 장경아가 4,000m 단체추발 은메달, 4kim 개인추발 동메달을 획득했다

1998년 태국 제15회 제13회 방콕 아시아 경기대회 지성환 1km 독주 금메달, 제19회 아시아 선수권대회 1km 독주를 1` 03" 895로 주파하여 금메달을 획득하는 데 성공했다.

2006년 북해도 홋가이도 국제 도로 시이클 대회에서 심완규 외 4명이 4구간 단체 동메달에 입상했으며, 2007년 한국 투르 드 코리아 국제 도로 사이클 경기에서 심성태 외 4명이 도로단체에 동메달로 입상했다.

4,000m 출발 준비

단체전 시상식 후 대만 선수단과 함께
사진 출처: 정충교 소장

2008년 제55회 3. 1절 강진일주 전국 도로대회에서 이상규, 김동석, 김대건, 김덕우, 이하균, 도로단체 3위로 입상했으며, 2008년 음성 청결고추 청주 MBC 전국사이클대회 3km 개인추발에서 이상규가 2위를 차지했다.

8월 9일 제37 문화체육관광부장관기 전국사이클대회l 4km 단체추발 김동석, 이상규, 김대건, 이재호, 50. 4km 크리테리움 이상규 1위, 50.4km 단체 김동석, 이상규, 김대건, 김덕우, 이하균, 이재호, 김가람, 최용민이 1위로 선전하였다.

강원일보 2008년 7월 9일자에 문교부장관기 전국 사이클대회에 출전한 이상규에 대한 내용이 보인다.

양양고 이상규 2관왕 문체부장관기 전국 사이클

이상규(양양고)가 제37회 문화체육관광부장관기 전국 학생 사이클대회에서 2관왕을 달성했다. 이상규는 9일 전북 전주 사이클 경기장에서 열린 대회 마지막 날 남고 크리테리움 50. 4km 구간애서 펼쳐진 경기에서 1위로 경승선을 통과하며 25점을 획득했다. 이상규는 또 크리테리움 단체전에서도 1위를 달성하며 2관왕을 달성했다.[277]

2008년 8월 30일 제9회 인천광역시장배 전국사이클대회에서 김동석, 김대건 메디슨 3위, 김동석 스크레치 3위, 4km 단체 추발경기 3위로 입상하였다.

2009년 4월 3일 제26회 대통령기 가평일주 전국 도로사이클대회에서 이하균 도로 독주경기 2위, 이재호 · 이하균 · 김가람 · 김문경 2위, 이하균 최우수 신인상, 이하균 개인종합 3위, 김덕우 · 이하균 · 김가람 · 이재호 · 최용민 · 짐문겸 · 김주석 · 정웅교 · 이영훈 단체종합 준우승으로 선전하였다.

강원 도민일보 2009년 4월 3일자에 대통령기 사이클대회와 관련해서 양양고등학교 이하균에 대해 다음과 같이 적고 있다.

양양고 이하균 도로독주 '은' 대통령기 사이클대회

양양고 이하균이 2009년 대통령기 가평군 일주 사이클대회 남고 도로독주에서 은메달을 획득했다. 이하균은 2일 경기 가평 일원에서 열린 대회 3일째 남고부 도로독주(17km)경기에서 30분 25초 460의 기록으로 결승선을 통과하며 49명의 참가자 가운데 박상홍(충남 목천고, 29분 32초 220)에 이어 2위에 올랐다.[278]

2010년 3월 3일에서 3월 5일까지 열린 제57회 3. 1절 기념 강진군 전국 도로사이클대회에서 김가람·김문겸·김주석·오원택·이재호, 이하균·정웅교·최용민이 118. 5km 3위, 김가람·김주석·이재호, 이하균·김문겸·최영민 42. 2km 단체도로 2위, 김가람·김문겸·김주석·오원택·이재호·이하균·정웅교·최용민 단체종합 3위로 입상하였다. 같은 해 4월 1일 2010년 대통령기 가평군일주 전국 도로 사이클대회에서 이하균 도로독주 3위로 입상하였다.

2010년 6월 17일~6월 21일가지 벌어진 2010직지 국제 도로사이클대회에서 김가람·김문겸·김주석·오원택·이재호·이하균·정웅교·최용민이 청주~청주간 개인 도로단체 3위, 청주~전주 간 개인 도로단체 3위, 보은~충주 간 개인 도로단체 3위, 제천~청주 간 개인 도로단체 3위, 이재호 개인종합 3위, 김가람, 김문겸·김주석·오원택·이재호·이하균·정웅교·최용민이 단체종합 3위, 이재호가 장려상을 수상하였다.

2010년 7월 14일 제12회 국민체육진흥공단 이사장배 경기에서 김문겸, 김주석이 1위로 입상했으며, 2010년 7월 31~8월 3일 거행된 제 39회 문화관광부장관기 전국 학생 사이클대회에서 김문겸·김주석·이재호·이하균 4,000m 단체 추발경기 2위, 이재호 스크래치 3위, 김가람·김문겸·김주석·이재호·이하균·정웅교·최용민 등이 105. 9km 개인도로 단체 3위로 입상하였다.

2011년 5월 6일 제28회 대통령기 전국사이클대회 정웅교 스프린트 1위로 입상했으며, 같은 해 6월 16일~6월 20일 까지 열린 2011년 직지 찾기 국제 도로 사이클 대회에서 청주~보은 간 김문겸 2위, 보은~김천 간 김주석이 3위로 입상하였다. 같은 해 7월 4일 영주에서 열린 국민체육진흥공단 이사 장배 전국 사이클대회에서 김문겸 스크래치 1위, 김상훈 제외경기 3위로 이 상하였다.

2011년 7월 23일 제40회 전주 문화체육부장관기 전국사이클대회에서 김 주석 스크레치 1위, 메디슨 1위, 크리테이룸 구간 단체 김문겸·김주석·정 웅교·오원택·윤준경·김상훈·임완이 2위로 입상하였으며, 2011년 8월 22일 제11회 인천 광역시장배 전국 사이클대회에서 정웅교 1km 독주경기 2 위, 정웅교 스프린트 경기 1위로 입상했다.

2011년 제92회 경기도 전국체육대회(10. 6~10. 12)에서 정웅교, 김주석, 윤준영 3위, 김주석 24km 포인트 경기 3위로 입상하였다.

2012년 나주에서 열린 제29회 대통령기 전국 사이클대회(4.15~4. 16)에서 한광호가 책임선두 경기 2위, 김상훈이 스크래치 3위로 입상하였다.

　　"몸이 뛰어나도 정신력이 문제지요. 저도 고등학교 때 포기하려 한 적 이 몇 백 번… 아니 몇 천 번은 돼요. 그 고비를 넘기면 기록이 향상되고 기분 좋고, 더욱 열심히 하게 되지요. 지도자들도 더욱 더 공부를 열심히 해야 해요. 스파르타가 아니라 과학적으로 가르쳐야 해요. 강 약, 중간 약 등을 선수 컨디션에 맞추어 조절해서 지도해야 해요. 근자에 보면 양양 사 이클은 체계적인 훈련방법을 도입하는 것 같아요. 공부 많이 하시더라고 요." 279)

1970년대 사이클 선수로 활약하였으며, 1990년대 양양 사이클의 전성기 에 양양고등학교 체육교사 겸 사이클 감독을 한 바 있는 박순원280)은 다음과 같이 회상하고 있다.

참, 우여곡절도 많았지요… 지금도 반신불구된 사람 여럿 살아 계시지
요… 사고 나서 돈도 많이 물어줬지요 저도 그렇고…돈이 문제가 아니고
신체가 그렇게 되니… 이제 양양에 250억 들여서 배르드룸을 만들고 있어
요… 2년 후 준공을 합니다…2년 후에는 사이클 고장으로 명성을 날릴거예
요.[281]

특히 2012년 현재까지 50년간에 걸쳐 총 140명의 사이클 선수를 배출하
면서 국가대표 18명[282] 주니어대표 17명[283]의 전국 최다수 선수를 배출한 양
양고등학교 사이클은 한국 사이클 발전에 기여한 공적이 매우 높다.

캐나다 앨바타주 교환경기 모습[284] , 사진 출처: 박순원 소장

이상의 내용에서 살펴보면, 1962년 창단한 양양중·고등학교 사이클을
통하여 배출된 양양 사이클 선수는 강원 사이클의 초석이 되었으며, 한국
스포츠 발전에 기여한 공이 매우 크다고 볼 수 있다. 그 이면에는 선수와

지도자들의 열정은 물론이거니와 지역사회 및 기관단체 그리고 후원자들의
지원과 격려 없이는 불가능했다는 점을 인식할 필요가 있다.

1953년 04월 05 양양고등학교 개교
1961년 10월 12일 개교기념일 체육대회에서 실용자전차경기(양양중고 사
　　　　　이클부 창단 계기
1962년 05월 12일 사이클부 창단
1962년 06월 12일 제1회 실용자전거대회 종합 우승
1962년 제43회부터 77회 전국체육대회 출전
1973년 제54회부터 79년 60회까지 전국체육대회 종합 우승
1982년 04월 16일 사이클 20대 기증(이범준 국회의원)
1990년 제19회 체육부장관기 종합 우승
1994년 제23회 문화체육부장관기 종합 우승(제75회 전국체육대회 도로경기
　　　　　1위, 2위, 3위 석권)
1995년 제4회 주니어 아시아 선수권대회 4,000m 단체추발, 94.8km 개인도
　　　　　로 1위 제외경기 2위, 3km 개인추발 3위, 전국 학생 사이클선수
　　　　　권대회 2연패(連覇)
1991년 12월 28일 사이클 선수 합숙소 1층 건축(조립식)
1997년 10월 28일 사이클 합숙소 2층 신축(철근 슬라브)
2000년 5월, 제2회 체육진흥공단 이사장배 전국 도로 사이클대회 148km
　　　　　개인도로 1, 2, 4, 5위, 개인종합 및 단체종합 우승
2000년 9월, 시드니올림픽 출전, 경륜경기(엄인영)
2002년 05월 12일 양양고등학교 사이클부 창단 40주년 행사 실시
2003년 4월, 청주 MBC 직지찾기 국제 도로 사이클대회 개인 종합
2005년 11월, 한강도로 사이클 대회, 단체 1위
2006년 4월, 대통령배 전국사이클 대회 개인도로 단체진 1위
2007년 3월,　제50회 전남 강진 전국도로 사이클 대회 단체 1위

2002년 직지 찾기 종합우승 및 박순원 교사 최우수 감독상 수상

50년에 역사가 한자리에 모였다[285] 사진 출처: 양양고등학교 자료실 소장

1960년대 양양 시내 전경

2000년대 양양 시내 전경
자료 출처: 양양문화원

VI. 양양(襄陽) 사이클의 나아갈 길을 모색해 봅시다

1. 양양군(襄陽郡)

양양군(襄陽郡)은 전국적 사이클 고장으로 널리 알려져 왔는데, 이렇게 명성이 높아진 데는 1960년대 초 양양중·고등학교((襄陽中·高等學校) 사이클 팀 창단을 시발점으로, 1983년 양양 여자고등학교의 사이클 팀 창단과 1991년 양양군청 여자 일반부 사이클 팀 창단 그리고 1996년 양양군청 남자 일반부 사이클 팀을 창단함으로써 명실상부한 '사이클 메카의 고장'으로 면모를 갖추게 되었다. 동시에 양양군은 끊임없는 우수선수 발굴과 육성에 노력한 결과가 오늘날 국내·외 각종 사이클 경기대회에서 크게 두각을 나타내는 원동력이 되었다.

지금까지 양양(襄陽) 군민(郡民)의 오랜 숙원이었던 종합운동장 건설과 양양 종합스포츠 타운 건립이 2009년 2월 24일 양양군 손양면 학포리 산 136번지 현장에서 첫 삽을 뜨고 기공식을 있었다. 여기에다 지금까지 노력의 결실로 양양군 사이클의 숙원 사업인 사이클 전용 벨로드롬((Velodrome) 경기장[286] 건립이 성공리에 이루어졌다.

여기서 양양 사이클 벨로드롬(Velodrome) 사업 개요를 살펴보면 다음과 같다.[287]

양양 사이클 벨로드롬 사업개요

위치: 손양면 학포리 산 136번지 일원

사업 기간: 2009. 2. ~ 2011. 3. (3년간)

사업 면적: 부지면적 104.991㎡(31,759평)/건축연면적 3,993.11㎡

시설 내용

사이클 경기장: 관람석 1,500석, 트랙길이 333.33m

　축구장: 1면(105m×68m), 육상트랙 8레인

　부대시설: 주차장(170대수용), 광장, 체육공원, 옥외화장실 1동 등

　사업비: 280 억원(국비 84, 도비 59, 군비 137)

사이클 전용 벨로드롬은 관람석 1,500석, 트랙길이 333.33m 정규트랙경기장으로 건설되며, 향후 본 종합 스포츠타운이 완공하게 되면 사이클 고장의 위상 정립과 선진형 전문 스포츠인 육성 체제가 구축되어, 각종 국내대회 유치로 지역 경제 활성화에 크게 기여하게 될 것이다.

따라서 양양군 사이클은 양양중·고등학교 사이클 부 창단 이래 반세기 동안 기다렸던 훈련환경 개선에 대한 열망인 국제 정식경기장이 설립되어 이제 그 소망이 이루어 졌다.[288]

양양군 스포츠타운 기공식 발파 광경
자료 출처: 양양문화원

국내 사이클 전용 경기장은 1983년 국내 최초로 인천 베로드롬 경기장 (333.33m)이 준공되었으며, 우리 양양군은 전국에서 15번째로 공인 사이클 경기 전용 벨로드롬이 건설되었다.[289][290]

> 양양고등학교 사이클 감독 박순원은 '초창기에는 도로 위주 경기였어 요. 트랙경기는… 전국체육대회 종목이 생기면서 트랙경기를 했는데,… 2 ~3일하는 육상 시합이 다 끝나고… 그 맨땅에서 시합을 했어요… 그러니 선수들이 적응이 되지 않아 사고가 날 수 밖에 없었어요.' 라고 말하고 있 다.[291]

양양 종합 스포츠 타운(사이클 경기장)
자료 출처: 양양문화원

양양고등학교를 졸업하고 현재 경륜 선수 특선으로 활약하고 있는 고병 수는 경륜에 대하여 다음과 같이 이야기 하고 있다.

> 경륜 선수가 한 600명 쯤 되는데, 6개월에 한 번씩 편성해요. 올리고, 내 리고, 떨어지고, 성적에 따라서… 선발, 우수, 특선으로, 특선은 100명 정도 되지요. 특선의 맨 꼴지가 우수보다 연봉이 높아요. 저는 지금 특선에 속해 있어요. 경기는 1등과 1,2등 연승식, 쌍승식… 양고출신은 지구력이 좋으

니… 2km 2바퀴로 순위를 결정하니 순발력 싸움이니까. 양고 출신이 유리해요 순발력만 기르면… 제가 지금 34살이니 몸 관리만 잘하면 40세 이상까지 할 수 있어요. 경륜이 시작된 건 20년 조금 넘었어요. 저는 경륜을 시작한지 10년쯤 되지요. 해 마다 20~30명씩 도태되니까, 몸 관리 잘해서 매년 성적이 잘 나오도록 계획하고 있어요. 경륜은 늦게 시작해도 가능해요. 술, 담배 안하고 몸 좋은 사람은…292)

대한 사이클연맹 대상 수상.293) 사진 출처: 박순원 소장

○ 상기 인은 양양군수로 재직하는 동안 양양군체육발전을 위하여 헌신하여 왔으며 특히 군수님께서는 다년간 투르드 코리아 국제도로사이클대회 성공적 개최 및 재정지원

　○ 우리지역의 특화종목인 사이클선수들이 경기장이 없어 평상시 도로 훈련만하는 선수들의 어려움과 주민들의 여망을 받들어 사이클 인들의 오랜 숙원사업인 사이클경기장 건립을 위하여 중앙부처와 국회를 방문하여 의견을 관철시켜 국비를 확보하여 착공에 이르게 하였으며

○ 그리고 매년 남·여 중고등학교에 사이클 발전 및 엘리트 선수 육성을 위하여 예산을 지원하여 양양군이 사이클 명문고장으로 성장하는데 지대한 공을 인정받아 민간 시상자로서는 처음으로 대한사이클연맹에서 주관하는 2010년도 사이클대상 수상자로 선정되어 수상에 이르게 되었습니다.

여기에서 양양군(襄陽郡) 사이클 발전과 향후 나아갈 길을 모색해 보기로 한다.

양양고 사이클 저력 보여주세요
이재섭 경기대 교수, 모교 사이클팀 발전기금 기탁

현직 대학교수가 모교의 운동부 발전을 위해 거액을 기탁해 화제가 되고 있다. 이재섭 경기대 관광 경영학과 교수(양양고 29회)가 그 주인공. 이 교수는 12일 양양고를 방문, 전국적인 명성을 얻고 있는 모교 사이클 팀의 발전을 위해 써달라고 김형식 교장에게 500만원을 기탁했다. 이 교수는 이 자리에서 '선배들이 항상 후배들을 생각하고 있는 것을 기억하며 비록 주변 환경이 열악하지만 남세에 영웅이 나온다는 말처럼 힘을 내길 바란다고 선수들을 격려했다.[294]

이재섭 경기대 교수. 모교 사이클 팀에 발전 기금 기탁, 자료 출처: 강원일보

박순원 양양고등학교 사이클부 감독은 '내년에는 지역에 사이클 경기장이 건립되는 등 한결 좋은 여건에서 운동에 매진할 수 있을 것'이라며 '좋은 성적으로 보답하겠다.'고 말했다.

여기서 향후 양양군 사이클이 나아갈 길을 논의 하여 모색해 보기로 하자.295)

지역 경제를 위한 전지훈련이 있긴 하지만 어차피 적자인데 사이클 장은 전문인 관리해야 하는 게 옳다. 전국에 있는 실업 팀들이 전지훈련을 오도록 유도한다.

'하지만 양양군에는 단점이 있어요. 3~4월에는 바람이 많이 불고, 겨울에는 눈이 오고 추워지니 안 되고, 그러니 10월 이후 훈련이 어렵고, 그래서 내가 하고 싶은 게 내려가서 경륜 선수를 길러야 하겠다 하는 생각이에요. 지금까지 코치들이 몇 명씩 기르기는 하지만 1년에 20명~30명씩 선발되니, 기술을 가르치고 선발시키고, 나중에 퇴출되고 돌아오면 생명이 살고 죽는 거여, 안 밀려 나려면 재기 하도록 도와주고 또 기술을 가르쳐 도전시키고 말이요.' 296), '경륜은 자기들끼리 연습해요. 개인 사업자 등록해 가지고 하니,… 경륜도 자기 나름대로 지도자가 필요 하겠지요 사고가 많으니, 2년 전부터 공단에서 나이 많은 지도자를 내 보내고 있어요.' 297)

사이클 경기장은 관리는 군청에서 사람을 임용하게 되어 있다. 그래도 전문가가 필요하다. 사이클장 관리장이란 타이틀이 신경이 쓰이겠지만 그런데 비전문인 기용보다는 아는 사람이 관리해야 하는 게 더 효율적이라서 필요하다.

'군에서… 시설 관리 사업소 군 직원이 과장 계장급해서 시설 관리 공단에서 관리해요. 다른 지역도 다 마찬가지 예요.' 298), '아마 하다하다 안 되면 적자도 뻔하고, 운영이 어림없고, 군청에서는 쓸데없이 돈이 나가니 나중에 사이클 연맹으로 넘기겠지요 넘기면 안 되지요 사용료, 시설, 군에서 봉급 없애고 그냥 떠 넘기게 되겠지요, 각 시도 모두 적자지요 좋은 운영 방법을 연구해야 해요.' 299), '흑자 적자 따지는 건 좀 우습지만… 입장료 많이 받으면 안 오고…선수들도 받지만 입장료 몇 천원으로는 턱도 없고, 입장려 5,000원이지요. 사이클 기르는 학교 전지훈련 한 번 하는데 입장료 백만원 들어요. 그래서 전라도는 전지 훈련 팀 입장료 안 받아요. 먹고 자는 것만 해도 고마운데 받지 말라는 거지요. 춘천 경기장이 없어지고, 이건 도책 사업으로 특수 종목 경기장은 하나씩 있어야 해요. 2~3개 있으면 낭비지만 2015년 강릉에서 전국체전 하는데, 경기장이 없으면 말이 안 되고, 춘천 경기장이 없어 졌으니 양양에 국제 경기장을 만들어 놓은 거지요.' 300)

여고 선수가 밖으로 나가면 문제가 있다. 엄청난 손실이다. 양양군에서 기껏 길러서 외지로 내보는 문제를 고려해 봐야 한다.

'처음에 여자 실업 팀… 남자 고등학교는 우수한 선수가 있었고 여고에는 여자 선수가 없고, 예산상의 문제도 아니고, 대가 끊어진 게 아니고 성적도 부진했고 3학년 졸업 선수가 없었어요. 연계가 안 되니까 어쩔 수 없이 남자 선수로 바뀌고 15년이 지났어요.' 남녀 같이 하면 안 될까 다른 곳으로 간다. 그렇다면 여고 선수의 진로는 양양군에서 기껏 길러 타지로 나가고, '고성 군청서 몇 년 전에 여자 3명을 군청 팀을 창단 했었는데, 선수 수급이 어려워 4년 만에 없어졌어요.' 301), '여고 선수가 올해 한 명 졸업해요, 2년 정도 선수가 없어요. 다른 곳에서 데려오면 모를까, 연봉이 남자 선수보다 더 높아요, 28~29살 까지 선수 생활 할 수 있고…' 302), '군에서 왜 꼭 남자 열 명보다는 여자 1~2명 육성할 필요가 있어요. 이젠 감독 체제로 가야 해요. 코치 한명 영입하고,… 아마 양양군에서도 그런 생각 가지고 있을 거예요. 여자 1~2명은 괜찮다고 봐요.' 303)

국제 경기장이 생기고 적자로 운영된다. 군에서 관리하는 데 어떻게 하면 좋을 까. 중학교, 여고, 남고 연계해서 길러야 하는 데, 여고는 성적도 썩 좋은 편은 아니지만 운동 자체를 안 하려한다. 선수 학보가 어렵다.

　'앞으로 중학교 선수를 확보하는 데 주력해야 해요. 10년의 벨르드롬이 완성되었지만, 성적도 중요하지만, 남자 선수도 문제지만 여자 선수 확보가 더 급선무예요. 좋은 운동장 만들어 놓고 선수 수급하지 못해서 타지역 선수를 위해서… 몇 년 후에는 중학교 선수가 없어 고등학교가 곤란을 겪을 거예요. 남고는 내년에 서울 쪽에서 2명이 입학해요. 선수 출신은 아니지만 워낙 사이클을 좋아하는 아이들이라….' 304)

좋은 운동장 가지고 선수 수급에 문제가 많고 어렵다. 남중, 여중 선수 확보에 전력을 다해야 한다. 타 지역에서 선수를 스카우트에 유리한 조건을 만든다. 양양군에서는 많은 인원이 경기장을 이용할 수 있는 인프라 구축한다.

　'여중, 여고, 남중, 남고, 실업팀 이렇게 연결되어야 하는데, 걱정이네요. 이론 상으로 여일반부가 있으면 여고부가 더 열심히 할 것이고, 그래서 중고가 연계되어야 50년 역사의 명맥을 이어 가게 되겠지요. 올해도 여고부가 한 명 졸업하니…다른 데서 데려와야, 어쨌든 실업 팀이 있어야 고등학교도 열심히 하는 것이 맞는 말이지요.' 305), '전국적으로 여자부 없어질 가능성이 많아요. 사고가 날까 바 두려워하고 신체적으로 더 여민해요. 선크림 바르고, 다리에도… 남자도 그런 현상이 일어나고 있어요. 일반 학생보다 사이클 선수 제재를 하기가 더 어려워요. 사이클 선수 안할지 몰라 막 다루기도 어려워요.' 306)

창단해서 지도자로서 보람이 있었다. 아시안 게임, 올림픽 등등.

　'창단해서 지성환이가 전국체전에는 경륜으로 못 뛰지만 1년 지나고 경륜하면서 태국 아시안 대회서 메달 따고 2000년에 엄인영이가 시드니 올림픽에 출전했으니 지도자로서 영광이지요. 선수가 올림이나 아시안 게임

에 최고지요.'[307]

양양군청 여자 팀이 필요하다 그렇게 가야 한다. 이런 방향으로 가면 좋지 않겠느냐고 요구한다.

'현실적으로 별로 군에 요구 할 것은 없어요. 만족해요… 벨로드롬 경기장이 생겼으니, 요구 사항은 없어요. 단지 중고등학교 선수가 연계되어 명맥을 이어가야 하니… 여자 선수 남자 선수 구분하면 안 되겠지요. 여자 선수는 1년에 연봉이 4~5천 돼요. 대부분 사이클은 지방 자치 단체가 운영해요. 아시안 게임 대표선수도 필요하고, 올림픽에도 도전해보고, 그러니 남자부, 여자부 운영 체제로 가야 다 기를 수 있다고 봐요. 양양군청 여자부, 양양군청 남자부… 이런 방향으로 가야해요. 서서히… 처음에는 한두 명부터 시작해서…그렇게 건의해 보는 거지요.'[308]

양양군 사이클이 앞으로 나아갈 방안을 정리하면, 양양군청 사이클 여자부와 양양군청 남자부를 구성하여 감독 체제에서 전문 지도자 체제로 운영되어야 한다. 먼저 처음에는 여자 선수 한 두 명으로 시작해서 선수 확보를 좀 더 구체화 시킨 후 여자 팀도 구성할 필요성이 있다. 다음으로는 중고 남녀 선수 선발을 더 활성화 하여 다가오는 선수 수급 문제점을 미연에 방지해야 한다. 그러기 위해서는 예산을 확보하고 시야를 넓혀 강원도뿐만 아니라 전국적으로 가능성 있는 선수를 찾아야 한다.

한편 운동장 관리는 다른 시군과 마찬가지로 군청에서 관리하되 전문적인 지식을 갖고 있는 직원을 배치하여 시설 관리상의 문제와 기술상의 문제를 동시에 해결할 수 있는 방안을 강구해야 한다. 그리고 운동장에 투입되는 예산을 절감하기 위해서는 새로운 인프라를 구축할 수 있는 아이디어를 공모하여야 한다.

익명(匿名)을 요구한 한 구술자는 자신의 생각을 다음과 같이 털어 놓고
있다.

　받아들여야 한다. 후배들이 받아들이면 전성기를 만들 수 있지. 내가 내
려간다면 잔소리가 듣기 싫고, 행동이 부자연스러워 지겠지요. 행도거지도
부자연스럽고, 훈련도 신경 쓰이고, 불편스러움이 있겠지요. 나를 받아들이
면 사이클이 발전하는 건 틀림없어요. 잘못된 점 내가 솔섬수범한다 이거
야 재들이 나를 받아들여야 건성으로 말고 가능성 있게… 경기장과도 관련
되면서, 정치적이 아닌 선수 육성에 효율적인… 그런.[309]

　오랜 지도자 생활[310]을 마감하고 은퇴한 심기연은 아직까지 열정이 남아
있는 듯 앞으로의 소망을 이렇게 독백처럼 말하고 있다.

　지금 와서 보면 내가 가르친 제자들이 우수한 성적을 내고… 내 지도
방법을 제대로 배우고 실천하는 거여… 지금도 자전거를 타고 있어요. 내
가 다시 지도자가 된다면 이렇게 하겠다. 직접해 봐야 …지도가 될게 아니
에요. 경륜 선수를 기른다. 몸 관리를 잘하면 선수 생활은 40세까지 할 수
있으니 지도자들 앞에서 6월 18일 날 … 감독, 후배들에게 내 희망이 경륜
선수를 육성하는 일이다 라고… 나중에 감독, 코치 후배들에게 알고 있는
지식을 다 넘겨주면서… 알맹이와 바톤을 넘겨주고 … 고향에 가서 선수를
기르고 싶다. 40대도 힘을 기르면 노련미로 이길 수 있지, 연구하고 노력
하면 새로운 것을 발견하게 되고, 시범도 보이고, 저 양반 보니까 희망이
있다 하면서… 집 사람이 반대하겠지만… 대한민국 사이클 감독에게… 나
는 선수들을 기르려면 본인이 직접 솔선수범해서 시범을 보여야 해요. 백
번 얘기보다는 실제 실행해야 돼요. 내가 해보니까 이렇다 해야 지요. 그래
야 따라하지 안하고 하면 지가 뭔데 그런 소리 듣기 십상이지요.[311]

양양고등학교 전경(1953. 3. 1.)
자료 출처: 졸업 사진첩

사진 82. 양양고등학교 전경(2011. 3. 1.)
자료 출처: 양양고등학교 소장

2. 양양중·고등학교(襄陽中·高等學校)

1962년에 창단한 양양중·고등학교 사이클은 2012년 현재 52년간에 걸쳐 총 140여명의 사이클 선수를 배출하면서 국가대표 18명, 주니어대표 17명으로 전국 최다수로 선수를 양성한 양양군 사이클이 한국 스포츠 발전에 크게 기여하였다.

양양고등학교(襄陽高等學校) 사이클의 50년 역사 가운데 위기의 불운한 시기도 여러 번 있었으며, 선수 기량도 때때로 기복은 있었으나 변화와 발전을 거듭하며 이어 오고 있다.

그 동안 많은 대회 신기록과 한국 신기록을 수립하면서 여러 차례 전국 제패(制覇)와 국제 사이클 경기대회 출전, 그리고 입상함으로써 명실 공히 사이클 반세기의 역사와 전통을 자랑하기에 부족함이 없는 오늘에 이르렀다.

특히 어려운 환경 속에서도 사이클 발전을 위하여 정진해 온 양양고등학교 사이클은 그동안 선수와 지도자들의 피땀 어린 희생과 봉사정신의 결실로 이루어진 공든 탑이 아니겠는가? 때로는 운동부에 대한 학교와 지역사회의 이해부족, 선수 육성의 재정적인 어려움, 그리고 선수 선발의 어려움, 작고 큰 선수들의 안전사고 등 이루다 설명할 수 없는 일들을 딛고 오늘에 결실을 보게 되었다.

여기에서 그간 양양중·고등학교(襄陽中·高等學校) 사이클 발전과 관련된 내용을 소개하고 향후 나아갈 길을 모색해 보기로 한다. 1991년 도교육청으로부터 1천 2백만 원의 지원으로 30평형 조립식 건물을 신축하여 사이클 부실로 사용해 왔다.

그러나 양양중·고교 선수들이 동시에 사용하기에 협소하여 1996년도에 도교육청으로부터 1억 원의 추가 지원금과 지역교육청 보조금으로 건평 60평을 증축하여 1층은 훈련장, 2층은 합숙소로 사용하게 되었다.

양양고등학교 사이클 합숙소 은륜관 준공(조립식, 1991)

자료 출처: 양양중고인(양양중고등학교 총동문회)

1960년~1970년대 양양중·중고등학교 사이클의 영광에는 신현택, 이진형, 김근우, 신재성, 송장섭, 전윤섭, 오경석, 김창림 등의 지도교사와 심기연, 김근우 등의 지도코치 그리고 이석봉, 원남기, 한병기, 이인종, 이홍경, 이문형, 김원기, 삼강의원, 관동약국, 이춘봉, 박광평, 신흥문구사 등의 후원이 있었기에 양양고등학교 사이클의 도약이 가능했다.

1980년~1990대 양양중·중고등학교 사이클 부의 전성기에는 김영수, 정호복, 김술갑, 이석종 교장선생님의 적극적인 후원과 지도 교사 김창림, 김충길, 권오근, 박순원, 박선규, 이상균 그리고 지도 코치 심기연, 석대해, 용장순, 박상택, 허용봉 등이 있었기에 가능했다. 또한 양양의 녹원갈비 박춘규 회장[312] 및 후원자들이 있었기에 양양고등학교 사이클의 안정기를 맞이할 수 있었다.

사이클 6대 전달 襄陽中學팀에

지역사회 인사들은 양양중학교 전국소년체전 출전을 위해 사이클 6대 전달한 독지가들은 朴춘석 의용소방대장 金남호 문화원장 李제안씨 야주인쇄소 李경제씨(襄陽邑南門2리)가 1대씩 金승호씨(보생당약국)가 2대를 전달했다.

1990년~현재까지 양양중·중고등학교 사이클 부의 정착에는 김동길, 함준호, 김충길, 김형식 교장선생님의 적극적인 후원과 박순원, 이은섭, 권병화 그리고 지도 코치 이효식, 최희동, 박춘복 등이 있었기에 안정기가 가능했다. 특히, 양양고등학교 사이클 선배인 강원도 사이클 연맹 상임 부회장 김동일. 강원도 사이클 연맹 부회장 박순원, 양양군 사이클 연맹 회장 방양호, 강원도 사이클 연맹 전무이사 박상택, 강원도 사이클 연맹 이사 심종석 등이 물심양면으로 도움을 주었기에 정착기가 도래할 수 있었다.

사이클 고장 명예 드높여 주세요
양양고 사이클부에 동문학부형 발전기금 기탁 줄이어

지난해 이어 모교 운동부의 발전을 위해 체육발전 기금을 한 학부모가 있어 훈훈한 감동을 주고 있다. 양양중과 양양고(28회)를 졸업하고…(중략)…이재호씨와 조은주씨 부부는 작년 모교 사이클부에 300만원을 기탁한 데 이어 지난 30일에도 고진도씨와 함께 양양고를 방문 김형식 교장에게 사이클 팀 발전을 위해 써 달라며 기금 각각300만원씩을 전달했다. 특히 올해로 50주년을 맞는 양양중고 사이클 팀 창단을 축하하고 학생 선수들에게 비록 열악한 환경이지만 지역과 학교의 명예를 위해 열심히 노력 해줄 것을 격려했다.[313]

이재호 · 조은주씨 부부와 고진도씨 사이클 팀 발전 기금 기탁,
자료 출처: 강원 도민일보

박원순 양양고등학교 사이클 팀 감독은 '사이클 가족들의 오랜 숙원 사업이던 양양 사이클경기장이 5월말 준공되고 6월 지역에서 처음으로 전국대회가 열리는 만큼 많은 관심을 갖고 도와주시는 학부형과 동문들에게 좋은 성적으로 보답하겠다.'고 약속했다.

눈 덮인 학교 운동장에서 훈련을 마치고 기념 촬영

MTB 자전거를 이용하여 동계 훈련 하는 모습, 사진 출처: 박순원 소장

양양고등학교를 졸업하고 현재 경륜 선수 특선으로 활약하고 있는 고병수는 다음과 같이 말하고 있다.

　너무 좋은 직업 환경을 갖을 수 있는데 시골에서는 안 시켜요. 공부 잘하면 공부 쪽으로… 운동 잘하면 운동 쪽으로 밀어 줘야하는 데, 앞으로 양양중·고등학교 사이클 부가 발전해야 되는데 선수 인원이 부족해서 안타까워요. 운동이 힘드니까 그렇기는 하지만… 장거리, 수영, 사이클… 힘드니까 안 하지요. 일반인들의 레저 활동과는 다르지요. 힘들지요. 쓰러지기도 하니까 페달 따라… 트랙은 작전이 필요하지만… 하지만 남들보다 뛰어 날 때 그 기분은 정말 보람을 느끼게 되고, 학교의 명예도 빛내고.[314]

엄복동(嚴福童)은 일제 강점기에 자전거대회에서 일본 선수를 물리치고 당당히 우승한 불세출의 스타였으며 억눌린 조선인들의 가슴을 달래주던 상징적 인물이었다. 누구보다도 힘차게 자전거 페달을 밟았던 엄복동의 모습은 당시 억눌렸던 조선인들에게 꿈과 희망을 주었던 자전거 사(史)의 대명사였다.

10년 만에 양양군이 염원하던 국제 사이클 벨로드룸 경기장에서 제1회 전국 KBS배 사이클 경기대회가 열리게 되었다. 우리 양양인(襄陽人)은 너무나 감명스럽고 뜻 깊은 이날을 계기로 이제 새롭게 일어서야 한다.

양양 사이클 인이여! 이제는 대한민국이 아니라 원대한 포부를 가지고 아시아를 지배하고, 그리고 세계에 도전하라!

양양 사이클 인이여, 늘 엄복동(嚴福童)을 기억하라!

양양 사이클 인이여! 언제나 그의 울분을 가슴에 되새기며 도전해라! 정복해라! 그리고 세계를 지배해라!

구령용 도로 훈련 출발 전 은륜관 앞에서(2001)

2011년 2월 11일 제주도 전지훈련 시 한라산 극기 훈련[315]
사진 출처: 박순원 소장

양양고등학교를 졸업하고 경륜선수 특선으로 활동하고 있는 고병수는 다음과 같이 말하고 있다.[316]

지금 현 상태는 선생님들과 지인들에 의해 벨로드롬 경기장도 생겼는데… 50년 행사를 앞두고 있고, 중·고등학교 선수들은 뭔가를 느껴서 훈련을 더 열심히 하는 계기가 되어 100년 이상 까지 무궁한 전통과 발전이 있었으면 해요

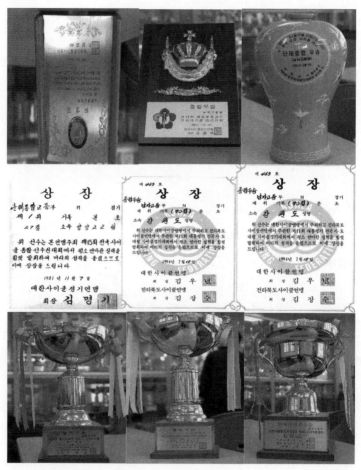

3. 양양고등학교 사이클을 바라보면서

양양고등학교 사이클은 9회 심기연 선배로부터 출발하여 1962년 5월 12일 창단되었다. 심기연, 김근우, 최원섭, 손철갑, 김봉수에서 13회 전성국 등으로 이어왔다. 선수로는 거목인 전성국 선배님을 이야기 하지 않을 수 없다. 사이클 선수로 수준 높은 기량을 발휘하여 아시아 도로경기 쪽에서는 1인자였다.

1970년대는 김근우 선생님이 1968년 경희대학교를 졸업하시고 모교에 체육교사로 발령받으시면서 해체되어 유명무실한 사이클 부를 새롭게 일으켜 세운다. 교내 체육대회를 통해서 장충남, 장동일, 김규화, 문상묵 등, 3년 동안 사이클부 기반을 조성하시다가 오색 사이클 사고의 책임을 지시고 영월 마차중학교로 떠나시면서 사이클 부는 얼마간의 공백이 생기게 되었다. 그 후 선생님은 한국체육대학교에 20년 이상 교수로 재직하시면서 본교 사이클 부에 음적, 양적으로 많은 도움을 주셨다.

전문 사이클 지도자가 계시지 않았으나 그 공백을 체육교사 신재성 선생님이 교내 체육대회 자전거대회를 통해서 방양호, 석대해, 박순원, 고광석, 남승회를 선발하였다. 이러한 과정에서 속초 실업고등학교에 사이클 코치로 근무하고 있는 심기연 지도자를 1972년 9월 영입하여 새로운 체제로 운영하게 되었다.

이렇게 1970년 중반 방양호, 석대해라는 걸출한 선수가 길러져 우리나라 고등학교 사이클 계를 깜짝 놀라게 했다. 그 당시 단거리에서는 방양호, 장거리에서는 석대해가 추종을 불허할 정도의 기량이 월등했다. 그러한 동기들에 힘입어 1974년 10월 12일 전국체육대회에 우승하는 영광을 맛보았다 그때 방양호는 국가대표로 선발되어 그 기량을 마음껏 발휘할 수 있었다. 그 후 방양호는 강원대학에, 석대해는 동부그룹, 박순원은 강원대학교로 진로를 결정했다.

1970년도 후반, 계속해서 김창주, 김종백 심종석, 강원남 등이 나타나면서 강원도 사이클이 전국 7년 연속 우승하는 데 견인차 역할을 하게 되었다. 또한 한국체육대학의 사이클 부가 활성화되면서 한국체육대학 1기생으로 입학하여 국가대표로서 활약하다 실업 팀 혹은 중등체육교사로서 후진 양성에 일익을 담당하고 있다.

이를 계기로 지도 코치 심기연 또한 지도력이 남달라 본교인 양양고등학교에서 강원도청 지도자로 떠날 때가지 무려 13년을 근무하게 된다.

1980년대 접어들면서 장윤호, 김형국, 김규근 등이 국가 대표로 선발되어 아시아 각종 경기대회에 입상하는 쾌거를 이루었다. 이들은 기아 산업, 한국체육대학 등으로 진로를 정하고 그 기량을 발휘하영 국의 명예를 빛냈다.

1980년대 중반에는 김종석, 박춘웅 등은 주니어 대표로 선발되어 학교에 명예를 드높였다. 김종석, 박춘웅, 허용봉, 김대식, 최근덕은 한국체육대학으로 진학하여 한국 사이클 발전에 기여한 바 있다.

1970년도 중반 이러한 선수들이 몇 년 동안 지속적으로 나타났던 그 배경에는 중학교 졸업 출신지가 양양군이 아니라는 점이지요 국 가대표로 길러진 김종석, 박춘웅, 허용봉은 홍천동화중학교 , 장윤호는 속초, 김형국과 김규근, 그 후 추성호도 북평중학교 출신이예요 이점에 유념하여 앞으로 양양 사이클은 강원도 전역의 선수를 유입하여 체계적으로 지도 관리할 필요성이 있어요. 물론 여기에는 제반 어려운 여건 조성의 문제점이 뒤 따르겠지만 양양 사이클 발전을 위해서는… 이 기회에 양양군이 중심이 되어 확실히 집고 넘어가야 할 중대 안건으로 봅니다… 점점 중학교 선수가 고갈되는 상태이니, 강원도 일대의 중학교 선수 육성에 많은 관심이 없으면 뻔해지잖아요. 전국대회가 평준화되어서 양양 지역 선수로는 이젠 힘들어요.[317]

결국 1980년대는 타지역에서 온 선수들이 양양고등학교 사이클은 학교의 명예는 물론 더 나아가 양양군, 강원도의 명예를 드높였다고 볼 수 있다. 물론 그러한 과정애서 어려움도 있었다. 제29회(1983년 졸업) 김규성이가 아침 운동 하다가 교통사고 나 왼쪽 팔 신경이 끊어져 지금도 사회생활에 어려움이 있다.

1990년대를 가까이 하면서 엄인영이라는 걸출한 선수가 등장하게 된다. 1985년경 심기연 선생님은 강원도청 사이클 지도 코치로 영전하고, 석대해 지도 코치가 영입되어 지도하던 시기였다. 중학교 선수 시절에는 두각을 나타내지 못하다가 전국체육대회 제외 경기에서 1위를 하여 한국체육대학으로 진학하였다. 한국체육대학을 졸업하고 경륜선수로 시드니 올림픽에 선발되어 출전하게 된다

1900년대는 양구출신 박계준, 최희동 등의 선수가 나타났다. 박계준은 양구 출신으로 주니어 대표로 활약한 바 있다.

1990년대 중반 황남식, 윤양석, 박수환, 김정영, 장일남, 고병수 등이 나타나면서 또 다시 전성기를 맞게 되었다.

1980년~1990년에는 시합만 출전하면 4~5개의 메달을 수상했다. 제44회 대회까지는 11개 메달 중 절반 이상 획득했으니 대단했다고 볼 수 있다. 전국체전에서 강원체육고등학교 전체 점수보다 양양 사이클이 훨씬 점수가

많은 전성기 시기도 있었다. 그러다 2000년대 초부터 약간의 슬럼프가 오기 시작했다. 그 요인은 3학년 선수가 없으면 후배들의 기량이 향상되지 않기 때문이다. 1999년 3학년은 장배규 한 명이다 보니 2~3년 동안 그 후유증으로 별다른 선수나 성적을 올리지 못하고 평년작 수준이었다. 그러한 분위기에서 2003년부터 김동영, 주윤호, 정영교, 김철수, 김성태, 심환규, 정충교 이경호 등이 나타나면서 2000년 중반기부터 기라성 같은 선수들이 등장하게 되었다.

양양고등학교 사이클을 정리해 보면,

1960년대 심기연, 김근우, 전성국이 양양고등학교 사이클의 밑거름이 되었고,

1970년대 방양호, 석대해,

1980년대 장윤호, 안우혁, 김형국

1990년대 엄인영을 손꼽을 수 있겠다.

2000대는 전국적으로 평준화되어 독식은 없다. 이에 대한 대책 마련 필요하다.

체육교사 30년 동안 20년을 양양 중·고등학교에서 사이클 감독을 하게 된 영광을 갖게 되었다. 물론 학창 시절에 사이클 선수 생활을 한 덕분으로 그런 영광의 위치에서 사이클 선수 육성의 기회를 갖게 되었지만 이 지면을 통해 많은 도움과 사랑을 아끼지 않은 분들에게 감사했다는 말씀을 드립니다. 감사합니다.[318]

팀탐방 역사와 전통의 양양고교 사이클팀

양양고등학교는 52년 5월 3일 개교한 12학급 480명의 시골의 작은 인문계 고등학교이다

본교는 지난 40년 가까이 사이클을 육성해온 사이클 명문고이다. 본교 사이클부는 신현택 체육 선생님이 부임하여 다른 지역에 비해 유난히 많은 학생들이 자전거로 통학하는 모습을 보고 62년 5월 12일 심기언, 김근우, 고창주, 전성국 등 4명의 선수를 선발하여 창단하였다. 그 이후 38년이란 긴 세월 동안 수 많은 국가대표를 배출해 왔다.

본인은 75년 본교를 졸업하고 강원대학 체육교육과를 거쳐 82년 모교인 양양중학교에 부임하게 되었다. 막상 양양중학교에 부임하여 열심히 선수들을 지도했지만 좋은 성적을 거두지는 못했다. 재학시절의 성적만 생각하고 있던 나로서는 커다란 실망이 아닐 수 없었다. 내가 선수생활을 할 때에는 강원도에 4개교(양양고, 속초실고, 북평고, 홍천농고)가 사이클을 하고 있었는데 강원도는 전국체전에서 9연패를 달성하고 전국 최강을 자랑할 때였다.

80년대 후반기에 들어오면서 양양고의 사이클 명성을 되찾기 위하여 나는 양양고에 부임하게 되었다. 혼신의 힘을 다하여 지도한 결과 91년부터 95년까지 제 2의 전성기를 맞게 되었다. 체전을 포함한 각종 대회에서 우승함은 물론 '대전'전국체전에서는 '개인도로' 부문에서 1위에서 4위까지 본교가 독차지하는 결과를 얻기도 하였다. 그러나 90년대 후반기부터 다시 주춤해지는 경향을 보이고 있다. 트랙부문에서는 거의 성적을 내지 못하고 있으며, 도로부문에서 몇몇 대회 성적으로 사이클 명문고의 명맥을 이어가고 있을 뿐이다. 그 이유는 여러 가지가 있겠지만 첫째는 선수 확보 문제이다. 우리는 흔히 선수선발에 있어 한번 잘못하면 3년을 고생한다고 한다. 타학교의 경우를 보면 선수가 17명에서 20명이 되고 있는데 본교는 한 명의 선수확보가 하늘에 별따기보다도 힘든 실정이다.

둘째는 경제적 문제이다. 아직도 시골에서는 기재비 및 출전비를 학교가 부담해야 하는 어려움을 안고 있다. 셋째는 훈련장소 문제이다. 특히 강원도에는 85년도 강원도 전국체전을 위하여 만들어진 경기장이 있지만, 너무나 노후한 탓도 있고, 경기장이 춘천에 위치하여 항상 전지훈련을 가야하는 경제적 부담이 뒤따른다. 따라서 본교 사이클부는 트랙훈련보다는 도로훈련에 의존할 수 밖에 없다. 도로상황은 비교적 양호하여 전국적으로 이 지역만큼 도로조건이 좋은 곳도 없다고 본다.

본교는 금년에 제2회 직지찾기 도로대회 준우승, 제2회 체육진흥공단이사장배 도로대회 종합 우승을 하였지만 , 그 때마다 벨로드롬 경기장이 없음을 한탄한 했다. 항상 사이클을 사랑하고 아끼는 한 사람으로서 양양고 사이클 역사는 어느 학교보다도 오래 되었지만 이 지역에 벨로드롬 경기장이 만들어지지 않는 한 예전과 같은 명성을 높일 수 있는 기회가 없을 것 같아 안타깝다.

20년 동안 오직 사이클 발전을 위해 앞만 보고 달려 왔지만 새삼 느끼는 것은 운동도 경제적 뒷받침 없이는 불가능하다는 생각이다. 요즘 경기장에서 보면 경제적으로 얼마나 투자했느냐에 따라 승패가 좌우되는 경우를 자주 보곤 한다.

끝으로 소망이 있다면 양양고 출신으로 유일하게 이번 '시드니 올림픽'에 출전하는 엄인영 선수를 보면서 좋은 성적을 거두어 돌아 오기를 바란다. 그리고 그 힘을 입어 양양에 사이클 경기장이 만들어 진다면 양양고에도 사이클 명성을 되찾을 날이 다시 오지 않을까 기대한다.

감사합니다.

양양고등학교 **박 순 원** 감독

4. 그 시대 인물과 활동 사진

제9회 (1963년) 졸업생

지도교사 : 신현택,   선수 : 심기연

제10회(1964년) 졸업생

지도교사 : 신현택   선수 : 김근우, 최원섭

제12회 (1966년) 졸업생

지도교사 : 이진형,   선수 : 손철갑, 김봉수

제13회 (1967년) 졸업생

지도교사 : 이진형,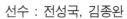   선수 : 전성국, 김종완

제16회 (1970년) 졸업생

지도교사 : 김근우   지도코치 : 김근우   선수 : 고창주

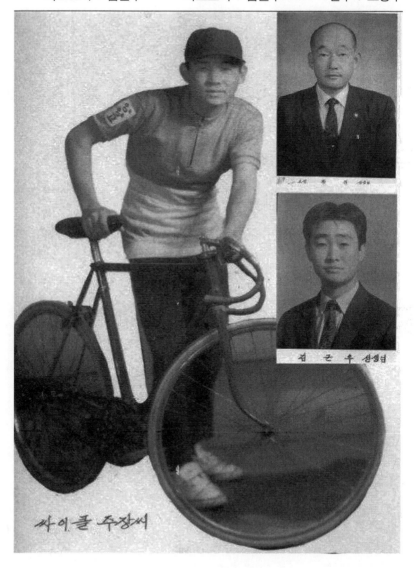

제17회 (1971년) 졸업생

지도교사 : 김근우   지도코치 : 김근우   선수 : 장충남

제18회 (1972년) 졸업생

지도교사 : 신재성   지도코치 : 심기연   선수 : 김동일, 유우영

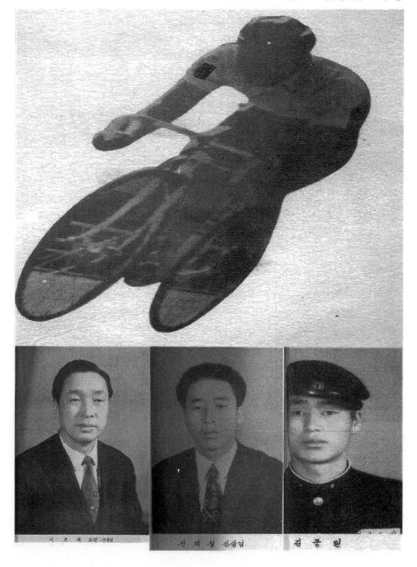

제19회 (1973년) 졸업생

지도교사 : 신재성, 지도코치 : 심기연, 선수 : 정정교, 김규화,
문상묵

제20회 (1974년) 졸업생

지도교사 : 송장섭,　　지도코치 : 심기연,　　선수 : 김영화, 이상균

낙산—양양간 자전거 경기대회

제21회 (1975년) 졸업생

지도교사 : 전윤섭,   지도코치 : 심기연,   선수 : 방양호, 석대해,
박순원, 고광석, 남승희

제22회 (1976년) 졸업생

지도교사 : 임영칠,　지도코치 : 심기연,　선수 : 김창주, 이상익

제23회 (1977년) 졸업생

지도교사 : 오경석,   지도코치 : 심기연,   선수 : 김종백, 김영학

오 경 석 선생님   심 기 연 선생님

김 영 학

김 종 백

제24회 (1978년) 졸업생

지도교사 : 김창림,   지도코치 : 심기연,   선수 : 김남호, 노승준,
송순호, 박상만

노승준   박상만   송순호

제25회 (1979년) 졸업생

지도교사 : 김창림,   지도코치 : 심기연,   선수 : 강원남, 심종석

제26회 (1980년) 졸업생

지도교사 : 김창림,   지도코치 : 심기연,   선수 : 장윤호, 박상택,
김남수

제60회 체전 종합우승 시가행진

금메달 리스트들

제27회 (1981년) 졸업생

지도교사 : 김창림,　　지도코치 : 심기연,　　선수 : 김형국, 김규근,
황윤근

황 윤 근　　　　　김 규 근

제28회 (1982년) 졸업생

지도교사 : 김창림,   지도코치 : 심기연,   선수 : 안우혁, 이인형

싸이클선수 환영시가 행진   이 인 형

스타 탄생

안 우 혁

제29회 (1983년) 졸업생

지도교사 : 김창림,   지도코치 : 심기연,   선수 : 김규성, 김영철,
용장순

심 기 연 선생님

용 장 순

영광의 순간

제30회 (1984년) 졸업생

지도교사 : 김창림,   지도코치 : 심기연,   선수 : 김종석, 박춘웅,
허용봉, 김대식, 최근덕

제31회 (1985년) 졸업생

지도교사 : 김창림,   지도코치 : 심기연,   선수 : 추성호, 김상규,
김형정, 김동현, 허윤영

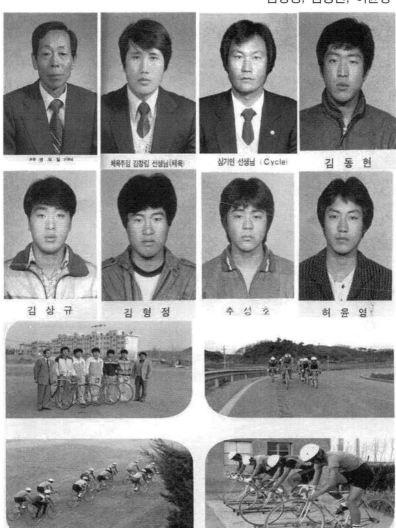

체육주임 김창림 선생님(체육)   심기연 선생님 (Cycle)   김 동 현

김 상 규   김 형 정   추 성 호   허 윤 영

제32회 (1986년) 졸업생

지도교사 : 김창림,   지도코치 : 석대해,   선수 : 김명종, 심상천

김 규 성   김 명 종   심 상 천

제33회 (1987년) 졸업생

지도교사 : 김충길,　지도코치 : 석대해,　선수 : 박선규, 장양식,
천병관, 지용운

자전거는 좋은데 ……　　고향 김 충 길 선생님　　체육주임 김충길 선생님

천 병 관　　장 양 식

제34회 (1988년) 졸업생

지도교사 : 김충길,   지도코치 : 석대해,   선수 : 박낙현, 용창화,
이광은, 김지형

제35회 (1989년) 졸업생

지도교사 : 김충길,　지도코치 : 석대해,　선수 : 장석삼, 김영철,
임태우, 강종철, 이교덕

주임 김충길 선생님(체육)　석대해 선생님(Cycle)

강 종 철　　이 교 덕　　장 석 삼

김 영 철　　임 태 우

양양중의 건아들 (사이클부)

제36회 (1990년) 졸업생

지도교사 : 김충길,   지도코치 ; 용장순,   선수 : 엄인영, 김주철,
이인덕, 박상선, 이효식

제37회 (1991년) 졸업생

지도교사 : 권오근,   지도코치 : 박상택,   선수 : 박계준, 박명천, 김동
학, 최기혁

제38회 (1992년) 졸업생

지도교사 : 박순원, 지도코치 : 박상택, 선수 : 최희동, 김성윤,
정익수, 송세진, 김성영, 김용수, 정진화

제39회 (1993년) 졸업생

지도교사 : 박순원, 지도코치 : 허용봉, 선수 : 김기남, 박춘복, 김규연

싸이클

김기남   김성영   박춘복

제40회 (1994년) 졸업생

지도교사 : 박순원,   지도코치 : 허용봉, 선수 : 이형우, 황남식, 박인원, 허진호

제41회 (1995년) 졸업생

지도교사 : 박순원, 지도코치 : 허용봉, 선수 : 윤양석, 정동석, 강경화

제42회 (1996년) 졸업생

지도교사 : 박순원,   지도코치 : 허용봉,   선수 : 박수환, 김정영,
강경화

교감 이 상 하 선생님   박 수 환   김 정 영

제43회 (1997년) 졸업생

지도교사 : 박선규,   지도코치 : 허용봉,   선수 : 김충환, 김광한

체육주임 박선규 선생님(체육)

김 광 한

제44회 (1998년) 졸업생

지도교사 : 이상균,   지도코치 : 허용봉,   선수 : 장일남, 고병수,
이길섭, 차호열

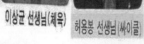
이상균 선생님(체육)   허용봉 선생님(싸이클)

싸이클

최인호

고병수

장일남

제45회 (1991년) 졸업생

지도교사 : 박순원,   지도코치 : 허용봉,   선수 : 장배규

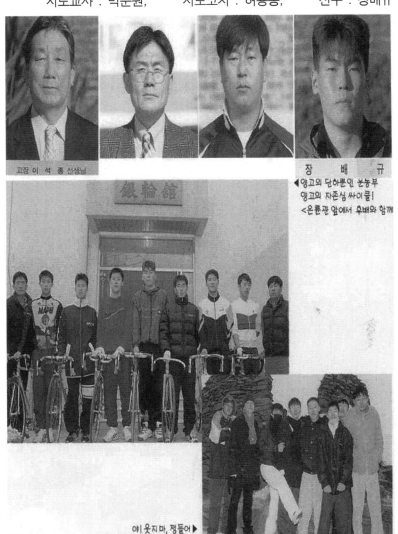

교장 이 석 종 선생님

장   배   규

◀양고의 단하나인 눈농부
양고의 자존심 싸이클!
<온룬관 앞에서 후배와 함께

야! 웃지마, 정들어▶
동수영명이도 얼고
모델도 얼었다

제46회 (2000년) 졸업생

지도교사 : 박순원,   지도코치 : 이호식,   선수 : 김시국, 이인섭,
김성수, 고승모

양고의 싸이클 박순원 사단

2번 고승모   3번 김성수   29번 이인섭

제47회 (2011년) 졸업생

지도교사 : 박순원,   지도코치 : 이호식,   선수 : 김현승, 김영철,
신경섭

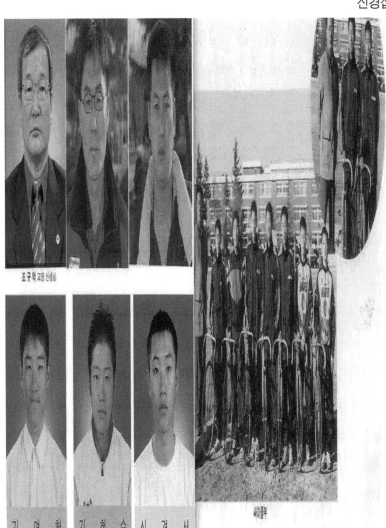

조규옥 교장 선생님

김 영 철   김 현 승   신 경 섭

싸이클부

제48회 (2002년) 졸업생

지도교사 : 박순원,　　지도코치 :　최희동

조 규 억 교장 선생님

김　경　록

노　도　엽

제49회 (2003년) 졸업생

지도교사 : 박순원, 지도코치 : 박춘복, 선수 : 김동영, 주윤호,
노승용

제50회 (2004년) 졸업생

지도교사 : 이은섭,   지도코치 : 박춘복,   선수 : 정영교, 백창무

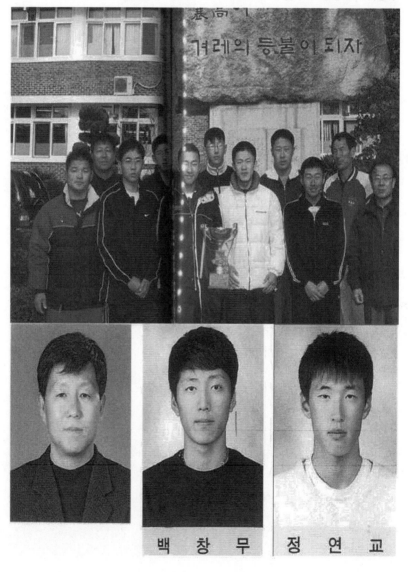

백 창 무   정 연 교

제51회 (2005년) 졸업생

지도교사 : 이은섭,   지도코치 : 박춘복,   선수 : 김철수, 전영재,
이범석

교장 황준호 선생님   김 철 수   이 범 석   전 영 재

제52회 (2006년) 졸업생

지도교사 : 이은섭,   지도코치 : 박춘복,   선수 : 김성태, 심완규,
이기호, 박용학

김성태   박용학   심완규   이기호

제53회 (2007년) 졸업생

지도교사 : 권병한,　　지도코치 : 박춘복,　　선수 : 김영식, 라정욱,
임기동, 김성규, 이주권

이은섭　　김성규　　김영식　　임기동　　이주권

제54회 (2008년) 졸업생

지도교사 : 박순원,   지도코치 ; 박춘복,   선수 : 정충교, 이경호

이경호   정충교

제55회 (2009년) 졸업생

지도교사 : 박순원,   지도코치 : 박춘복,   선수 : 이상규, 김동석,
김대건

부장 박 순 원 선생님

김동석

김대건

제56회 (2010년) 졸업생

지도교사 : 박순원,　　　지도코치 : 박춘복,　　　선수 : 김덕우

교장 김종길 선생님

김 덕 우

제57회 (2011년) 졸업생

지도교사 : 박순원,   지도코치 : 박춘복,   선수 : 이재호, 이하균,
김가람

제58회 (2012년) 졸업생

지도교사 : 박순원,　지도코치 : 박춘복,　선수 : 김문겸, 이주석, 정응교

VII. 강원 양양 사이클의 형성과 발전 과정[1]

The Study of the Formation and Development Process of Yangyang Cycling in Gangwon

Kim, Yong-Soo *(Kangwon National Univ.)*

Abstract

The purpose of this research is to investigate and record the formation and development procedure after Gangwon Yangyang cycling team was established and produced good results. The results of this study are as followings: First, Gangwon Yangyang cycling team was founded at the anniversary of the founding of School and autumn intramural athletic competition in 1961, when cycling race appeared. Second, cycling team had excellent outcomes in Ganwon cycling races competitions in 1962 and kept developing. Cycling team, however, was dissolved due to poor team management and passive discovering rookies. Third, cycling team was reestablished thanks to dedication of Kim Geun-woo, physical education teacher, who used to be a cycling racer of almamater in 1969, when cycling team had good results in the National Athletic Meet as the representative of Gangwon province. Fourth, Yangyang cycling team faced the crisis of unexpected safety accidents in 1972 but won the 7th straight championship in the National Athletic Meet after Shim Gi-yun, cycling racer of almamater, was recruited in 1972.

---

1) 이글은 2015년 한국체육사학회지 제20권 제2호에 게재(揭載)된 논문임.

I. 서론

강원도 사이클의 태동은 년경 원주와 춘천을 중심으로 지도자 없이 선수들이 개별적으로 자전거대회에 출전하기 시작했다.

> 원주 춘천에서 주로 했는데 강원도는 1956~1957년쯤 연맹이 결성된 것 같아요 원주는 원주고등학교 송웅일, 신기철, 박광현… 춘천은 춘천대학 조성환, 이갑승, 이용한… 속초에는 주기현 등이 그 당시 전국대회에 출전 했어요 그 분들이 년 동안 강원도 대표선수였지요 그 후 년부터 양양고등 학교가 창단되면서 서서히 없어졌지요(심기연 면담, 2009년 5월 1일).

양양은 사이클 고장으로 널리 알려져 왔는데, 이렇게 명성이 높아진 것은 1960년대초 양양중·고등학교 사이클 팀 창단이 그 출발점이 된다.

그 후 양양 사이클은 년 양양여자고등학교의 사이클 팀 창단과 년 양양 군청 여자 일반부 사이클 팀 창단 그리고 년 양양군청 남자 일반부 사이클 팀을 창단함으로써 명실상부한 사이클 고장으로 면모를 갖추게 되었다. 매 년 개최되는 강원 도민체육대회에서 양양 사이클은 양양군 종합 성적에 크 게 기여하게 되어 효자 종목이라고 할 만큼 그 비중이 크게 작용하고 있다. 이와 같이 양양군은 끊임없는 우수 선수 발굴과 육성에 노력한 결과 오늘 날 국내·외 각종 사이클 경기대회에서 크게 두각을 나타내고 있다.

양양 사이클 팀은 사이클 반세기를 겪어 오면서 많은 우수 선수들이 국 가 대표로 배출되었고 향토의 명예는 물론 국위 선양에 크게 기여하였다. 그러나 이러한 양양 사이클의 결실에 따른 이면에는 반세기 동안 성장과 해체 재기 위기를 거치면서 도약하는 발달 과정을 거쳤다.

이 연구는 양양 사이클의 변천 속에서 헌신적인 지도자와 선수들의 부단한 노력으로 우수 선수로 육성되어 향토의 명예를 빛내고 국제대회에 입상하여 국위를 선양한 선수들의 실적과 발달 과정을 살펴보는 데 있다 이를 토대로 강원 사이클사에 필요한 기초 자료를 제공하고자 하는 데 목적이 있다.

본 연구의 목적을 달성하기 위하여 양양 사이클의 변천과 발전 과정을 양양고등학교에 자전거 경기가 처음 등장하여 창단하는 시기를 양양 사이클의 태동과 창단(1961~1962), 각종 대회에 출전하여 우수선수로 성장하는 과정 속에서 선수육성의 부실로 팀이 해체되는 시기를 양양 사이클의 성장과 해체((1963~1967), 다시 양양 사이클이 해체와 위기 상황에서 벗어나 재창단 되고 전국체육대회에 출전하는 시기를 양양 사이클의 재기(1968~1970), 양양 사이클이 위기를 극복하고 다시 도약하는 시기를 양양 사이클의 위기와 도약(1971~1979)으로 구분하여 살펴보았다.

이 연구와 직접 관련 있는 문헌은 양양군 문화원 양양군지(2011)『양양군 사이클의 50년』, 김용수의 『양양고등학교 사이클 50년의 발자취』가 있으며, 간접적인 연구로 지역사를 중심으로 김명권, 박기동, 조금묵의 「조돈오의 생애로 본 경찰유도」, 박기동, 김용수의 「강원투척의 변천사 」김용수, 박기동의 「강원 투척의 종목별 시원과 기술 전승」박기동 의 「한국카누의 産室: 강원도 카누협회의 창립과 활동」에 관한 연구는 경기사와 관련된 개인의 생애사적 연구에 비중을 두고 있다.

이 연구는 양양 사이클의 태동 시기부터 역사적인 특성과 발달 과정에 대한 자료인 신문기사와 잡지 정기 간행물 문헌 자료에서 미비한 점을 보충하고 그 때의 상황을 보다 심도 있게 파악하고자 질적 연구 방법인 구술을 통해 재조명하였다.

참여자로는 양양 사이클의 창단 선수이며 양양고등학교에서 13년 동안 코치를 역임한 심기연을 비롯하여 년대 선수생활을 한 김동일, 양양고등학교 전성기인 1980년대 선수 출신으로 년 동안 양양중·고등학교에 체육교사 겸 감독을 한 박순원에 대한 1차 자료 수집 및 구술을 바탕으로 연구를 진행하였다.

II. 양양 사이클의 태동과 창단(1961~1962)

1. 양양 사이클의 태동

1955년 4월 5일 개교되고, 교통수단이 좋지 못한 시기에 양양 읍에 소재하고 있었던 학교까지 학생들은 대부분 도보로 통학을 하였으나 1950년대 후반부터 점차 자전거 통학생 수가 늘어나기 시작했다 자전거를 이용한 통학생 수는 점차로 늘어 1962년경에는 도로를 방해할 정도였다.

그 당시 학생들은 자전거로 수리하거나 보관하던 곳은 남문리 태창 자전거점 이었는데 자전거는 무궁화자전거 삼천리자전거 상표였으며 대개 삼천리 신사용자전거 를 많이 애용했다. 일본산 미야다(miyada) 자전거를 소유한 사람은 관내에 두세 명 정도에 불과했다 그 당시 일신자전거 수리점을 운영한 이문형은 다음과 같이 말하고 있다.

> 1962년도 제대했으니 … 그 당시 많은 학생들이 자전거를 타고 다녔어요 학생들 70%이상 탔어요 골골이… 버스가 만만하지 않아서 여학생은… 자전거를 타고 다니는 학생을 보기 힘들었어요 맞아요 외제 자전차는 심기연이 형 000와 신흥문구사 주인인 000가 가지고 있었어요 선수용은 모래를 집어넣어 사이클 핸들을 만들었어요 핸들이 비어 있으니 달구어 구부리면 부러지고… 그래서 모래를 잔뜩 넣고 달구면 안에 모래가 있으니 사이클 핸들 원형과 비슷하게 되지요(이문형 면담, 2012년 5월 10일)

　이와 같은 상황에서 양양고등학교에 체육담당 교사였던 신현택은 자전거 통학생 수의 증가에 착안하여 1961년 10월 12일 개교 기념행사 겸 추계 교내체육대회에 자전거 종목을 추가함으로써 자전거 경기가 등장하게 되었다.
　그 당시 학생으로 직접 자전거대회에 출전했던 심기연은 다음과 같이 회상하고 있다.

　　신현택이란 분이 체육을 담당하셨는데 …교내 체육대회에 자전거 종목을 넣었지요. 골골마다 10~15km를 … 그것에 착안해서 …원래는 선수 발굴이 아니고 교내 체육대회 면단위… 6개면… 대개 5개면에서… 현남면은 주문진이 가까워 학생들이 주문진 중학교에 다녔어요. 거기에 각 면별로 5명씩 출전했지요. 그 시합에서 1~6등까지 상을 주었는데 … 내가 1등했어요. 주관은 학교지요. 교내 체육대회가 시발이지요. 1961년 가을에 처음 실시했어요. 양양중·고등학교 사이클 부가 1962년 5월 12일 날 창단되었지요(심기연 면담, 2009년 5월 1일).
　　자전거 경기 종목은 자전거 타고 천천히 가기와 운동장바퀴 경주 달리기 종목으로 운영하였다. 천천히 자전거 타기는 직선주로를 동시에 출발하여 단위 시간 내에 가장 짧은 거리를 주행한 선수가 우승하였다. 이때 정해진 코스를 이탈하거나 넘어지면 실격되었다. 운동장 바퀴 경주는 학교운동장이 넓지 못하여 학교와 근접한 공설운동장 현 충용아파트단지 일원 에서 실시하였다(심기연 면담, 2009년 5월 9일).

　처음에는 관내 개 읍·면에서 자전거 통학생이 많은 손양면 강현면 서면 등 먼 거리 거주 학생들이 주로 참가하였다.

2. 양양 사이클의 창단

　1962년 5.16이후 박정희 정부의 체육 시책에 힘입어 이용 도지사가 부임하면서 도민배체육(道民背體育)'이라는 슬로건을 내걸고 도 체육회를 새롭게 조직 개편하고 강력한 체육시책을 실천함으로써 강원체육 발전의 전기를 마련하던 시기였다(강원도체육회, 2004: 75)

이와 같은 배경에서 강원도체육회가 주관하여 1962년 6월 7일부터 9일까지 3일간 원주에서 야구, 탁구, 자전거 경기 등 제1회 도내중·고등학교 학생 체육대회가 개최되었다(강원일보, 1962년 6월 6일). 때를 같이하여 양양중·고등학교에서는 자전거 경기에 출전하기로 하고 단장에 교장 이종세, 감독에 체육교사 신현철, 선수로는 교내 체육대회에 입상한 심기연(3학년) 김근우(2학년), 최원섭(2학년)과 중학교 전성국(2학년), 고창주(2학년), 신창오(2학년) 등 6명의 선수가 출전하였다. 이것이 공식적인 형식은 갖추지는 못했지만 양양중·고등학교 사이클 팀 창단의 시발이라고 볼 수 있다.

학생 체육대회에 직접 사이클 선수로 출전했던 심기연은 다음과 같이 당시를 회상하였다.

> 교내 체육대회에 사이클 시합이 있던 해인 년… 공교롭게도 제 회 강원도 중·고 학생체육대회와 문교부 학생 실용 자전거… 강원도 대회가 원주에서 있었어요. 그때 당시 학교에서 등까지 연습하라 해서 지도자 없이… 그 대회에 우리 양양중고등학교에서는 심기연, 김근우, 최원섭, 중학교는 전성국, 고창주, 신창엽인가 신창오인가 그렇게 출전했지요(심기연 면담, 2009년 5월 1일).

그 때의 상황을 좀 더 구체적으로 살펴보면, 사이클 훈련은 양양군 근교에 자전거 연습을 할 만한 도로가 없었다.

따라서 마사토로 덥혀 딱딱한 도로가 깔려 있는 속초 학사평 근교애서 미시령 고갯길 사이를 지도 감독이나 코치의 전문적인 기술 지도 없이 자체적으로 연습하였다.

지금처럼 포장된 도로도 아니고 자갈이 깔려 있는 비포장 도로였지요
연습할 때 핸들이 혼들려 비틀거리며 주행했어요 위험했지요. 차도 다니고
그래서 비포장도로이긴 하지만 그래도 마사로 깔려 있어 도로 표면이 양호
한 속초 미시령 고갯길에서 주로 연습했지요. 미시령 도로 연습은 수복 탑
에서 출발하여 학사평 왕복이 주된 연습 코스였어요. 그곳은 마사가 깔려
있어 땅이 아주 딱딱했어요. 그리고는 학교로 돌아오곤 했지요(심기연 면
담, 2012년 5월 12일)

그 당시 주로 속초 지역에서 연습했던 것은 양양군의 도로 상태가 열악
한 이유가 제일 크며 사이클 선수 출신은 물론 사이클에 관심이 있는 사람
도 적었기 때문이었다고 볼 수 있다.

자전거는 기록에 상당한 영향을 미쳤는데 제1회 중·고 학생체육대회에
학교를 대표하는 선수들에게 보다 성능이 좋은 자전거를 지원하기 위해 관
내 기관단체나 일반인이 보유하고 있는 자전거를 대회기간 동안 대여하여
출전했다.

그 당시 양양광업소 양양체육회 관동약국 삼강의원 신흥문구사와 개인
이 소지하고 있는 것 까지 팔방으로 물색했지요. 다행히 신흥문구사와 심
기연의 형이 소지한 일본산 미야다 자전거를 대여 받아 고등학교 심기연,
중학교 전성국이 성능 좋은 그 자전거로 시합용 자전거와 유사하게 제작해
서 출전했지요(심기연 면담, 2010년 5월 12일)

이와 같은 과정을 거쳐 출전한 양양 사이클 선수들은 강원도 중·고등학
교 학생체육대회에 참가하게 되었다. 사이클 부분의 대회는 도내학생체육대
회 자전거타기 캠페인을 겸한 대회인 것으로 보인다. 그 당시 김근우의 상
장 내용 위는 본회 주최 제1회 각 중·고등학교 대항 자전차선수권대회에
서 탁월한 기술을 발휘하여 우수한 성적으로 입상하였기에 이에 표창함.

1962년 6월 8일. 강원도체육회장 이용에서 확인할 수 있다.

1일차 트랙경기는 원주공설운동장에서 진행하였고 대회 일째인 도로 경기는 원주 시청 앞에서 횡성군 공근면까지 왕복 경기였다(강원도 체육회, 2004: 218)

자전거 타기 캠페인 일한으로 시작된 경기였어요. 그 당시는 사이클이 아니지요. 지금처럼 세련된 자전거도 아니고… 거 옛날 타이어가 굵근 자전거지요. 원주는 자전거 기술 보급이 상당히 빨랐어요. 원주에서는 국가 대표로 자카르타 아시아 게임에 출전했던 송공일의 동생인 원주 농고의 송익현, 송우현 형제가 출전했지요. 그 친구들은 형한테 기술을 배웠고 자전거도 우리 것과 달랐어요. 세련된 자전거 였지요. 종목에서 등 등 등… 다들 깜짝 놀랐지요. 우리 선수들의 저력이 대단 했지요(심기연 면담, 2009년 5월 1일).

제1회 도내 중·고등학교 학생체육대회 겸 제1회 각 중고등학교 대항 자전거 선수권대회 경기 실적을 살펴보면 다음과 같다

500m 중등부 고창주 2위, 1,000m 중등부 고창주 2위, 고등부 3,000m 신창오 1위 고창주 2위, 5,000m 전성국 1위, 신창오 3위, 50km 도로, 전성국 1위, 고창주 3위, 신창오 5위를 했으며 고등부는 1,000m 김근우 1위, 3,000m 심기연 1위, 5,000m 심기연 2위, 50km 도로 심기연 2위, 김근우 3위, 최원섭 6위로 입상했다. 단체 종합 우승은 양양중학교 고등부 단체 우승 또한 양양고등학교로 선정되었다(양양문화원, 2010: 991).

고등학교 선수들은 지나친 상호견제로 게임을 운영하다가 양양중학교 전성국 선수가 고등부 선수들보다 분이나 앞서 골인하여 결승선에 있던 많은 관중의 열광적인 환영을 받았다는 기사가 보인다(강원일보, 1962년 6월 9일).

이 대회를 시작으로 양양고등학교 사이클 팀은 1962년 제1회 대회부터 1965년 제4회 대회까지 4년간 연속 단체 종합 우승을 기록하였다.

양양중·고등학교 사이클은 예상과는 달리 좋은 성과를 얻음으로써 학교는 물론 지역사회의 후원과 함께 1962년 5월 12일 창단하게 되었다.

> 고등학교로는 전국에서 양양고등학교가 창단이 제일 빠를 거예요, 팀으로는… 우리와 비슷한 연도인 충청남도에 합덕농업고등학교가 1964년인가 그래요(박순원 면담, 2009년 4월 12일).

III. 양양 사이클의 성장과 해체(1963~1967)

1. 양양 사이클의 성장

양양 사이클의 기술 발전의 배경에는 속초에서 함흥냉면 식당을 운영하던 이석봉과 당시 국가대표로 자카르타 도로 경기 출전했던 그의 조카인 주기현 그리고 속초시 사이클 일반부 대표 김덕현, 이춘식 등의 많은 도움이 있었다.

특히 이석봉은 사이클 선수 출신은 아니지만 자전거에 냉면을 직접 배달하면서 묘기를 부리는 등 평상시에도 자전거 타기를 즐겼다. 이석봉의 사이클에 대한 각별한 관심과 배려로 양양중·고등학교 사이클 부가 성장하게 되는 데 밑거름이 되었다 심기연의 구술 면담을 들어보기로 한다.

> 강원도 중·고 학생체육대회 시합 후에 속초 함흥냉면 이석봉 사장님 조카 주기현이란 분이 있었어요. 주기현은 자카르타 아시안 대회에 출전했

던 분이지요 그 양반이 속초로 들어오라 해서… 사이클을 보여주더라고요.
그때 처음 사이클을 봤지요 그때부터 그 분이 지도해줬어요. 그 양반한테
제대로 타는 법을 배웠지요(심기연 면담, 2009년 5월 1일). 이석봉씨는 때
로는 훈련이 끝나면 그 분이 운영하는 식당에 불러서 격려도 하고 … 미리
냉장고에 준비해 둔 설탕뿌린 토마토도 냉면 대접에 담아주시고 … 삶은
소고기를 듬뿍 담은 설렁탕도 주셨어요 훈련을 마친 선수들을 허기진 뱃속
은 천국이었지요(심기연 면담, 2012년 5월 12일).

192년 9월, 시·군 대항 및 전국 사이클대회 강원도 예선대회가 춘천에
서 열렸다. 그전까지 속초시 사이클 종목은 출전하였지만 양양군은 출전하
지 못하고 있었다. 이 대회에 처음 심기연을 중심으로 한 양양군 사이클 대
표 선수가 출전하게 되었고, 이를 통하여 심기연은 국가대표로 탄생하는 단
초가 되었다.

그래요. 강원도 예선에서… 그렇게 해서… 강원도 대표 예선대회에 양
양군 대표로 나가게 되었지요 속초는 선수들이 있었고… 체육회에서 양양
군도 내 보내라 … 그래서 전국대회 강원도 대표 선발대회에 나갔지요. 그
당시 기록 있는 선수는 대회에 안 나오고… 각 시·군에서 출전했는데 고
등학생인 내가 1등했어요. 특이한 선수가 나타났다 그랬지요. 고등학생이
면서 전국대회출전하게 되었지요. 자카르타 아시안 게임… 도로에서 메달
딴 송공일 신기철 주기현과 같이 합숙 훈련을 했어요. 그 당시 소한 마리
팔아서 사이클 샀어요. 엄청 비싼거지요. 국산에서 외제 자전거로 연습하
니 …그러니 …세계대회 나갔던 선수를 다 추월해 버렸어요(심기연 면담,
2009년 5월 1일)

이렇게 심기연은 강원도 사이클 대표로 선발되어 외제 경기용 사이클을
거금으로 구입하고, 대표선수로 훈련 한 후 그해 10월 대구에서 열린 제43

회 대구 전국체육대회에 출전하게 되었다.

　　그해 대구에서 열린 제 회 전국체전에서… 바퀴 만미터 등이…최고의
선수로 치는데 … 머리 빡빡 깎은 놈이 1등으로 가서… 고의적으로 넘어뜨
린 거라고요. 고의적으로… 그래도 다시 일어나 2등을 했어요. 대한 사이클
연맹이 볼 때 신기한 놈이지요. 그래서 바로 대표 선수가 되었지요(심기연
면담, 2009년 5월 1일).

　1962년 제1회 강원중·고 학생체육대회와 강원도민체육대에 출전하여 종
합 우승에 기여한 3학년 심기연은 제43회 전국체육대회를 계기로 국가대표
로 선발되어 동계 훈련에 참가함과 동시에 중앙대학으로 진학하는 기회를
얻게 되었다.

　　1963년 태능으로 들어갔지요. 64년 동경대회 선발에 떨어졌어요. 그것도
넘어져서 … 실격 없는 사람 다가고… 다 운이지요. 대학은 중앙대학에 진
학했어요. 선수 생활하다 학점 못 따고 …단지 춘천대학에 4학년까지 다니
다… 졸업장 있으면 뭣하나 …그래서…인생이 달라졌지요.… 그것만 땄으
면… 참 뭐 … 체육교수는 순위였는데 …내가 대표선수 했고(심기연 면담
2009년 5월 1일)

　심기연은 1963년 제43회 전북 전주 전국체육대회 강원도 일반부 사이클
대표 신기철, 조근차 등과 함께 출전하여 40,000m 선두경기 2위, 10,000m선
두경기 3위, 4,000m 단체경기 3위로 입상했다. 이는 양양고등학교 사이클
창단 이래 처음 얻은 수확이었다(대한체육회홈페이지, 2012. 04. 17).
　1962년 제1회 도내학생체육대회 다음 해인 1963년 7월 10일부터 12일까
지 제2회 대회가 춘천 공설운동장에서 개최되었다 제1회 대회보다 대회 규
모가 점차 커지게 되어 육상 자전거, 배구, 축구, 연식 정구, 배드민턴, 권

투, 역도 등 1천 300백 명의 선수들이 출전하였다. 양양고는 전년도 대회에 이어 중·고등학교 사이클 종목과 고등학교 연식정구 팀을 추가하여 출전 하였다.

사이클 종목에는 고등학교 김근우(3학년), 최원섭(3학년), 최봉수(1학년), 손갑철(1학년) 선수와 중학교 전성국(3학년), 고창주(3학년), 신창오(3학년) 선수가 출전하였다. 그 대회에서 양양 사이클은 고등학교 김근우 선수와 중 학교 전성국 선수 등의 활약으로 전 종목을 석권하여 종합우승을 함으로써 전국 사이클 명문학교가 되는 데 초석이 되었다.

제2회 학생 종합체육대회 사이클 경기 성적을 살펴보면, 5,000m 고등부 김근우 1위, 김봉수 2위, 중등부 전성국 1위, 1,000m 고등부 김봉수 1위, 김 종만 2위, 중등부 전성국 1위, 10,000m 에서는 김근우 1위, 중등부 전성국 1 위, 고창주 2위 등으로 입상했다(양양문화원, 2010, 992).

1963년 4월 19일 4.19기념 제3회 강원도 실용자전거 도로 경기에서(춘천 ～ 홍천)에서 양양중학교 전성국이 1위로 입상하였다(강원도체육회, 2004: 218). 1963년 7월 14일자 강원일보에 다음과 같은 기사 내용이 보인다.

> 3일째로 들어간 제2회 강원도 학생 체육대회는 자전차경기 고등부 「5천 미터」에서 양양고의 김근우군과 양양고의 김봉수군 그리고 중등부 「5천 미 터」에서 양양중의 전성국군이 대회 신기록을 수립했다(강원일보, 1963년 7 월 17일)

양양 사이클은 1962년 창단 후 대회 회 연속 도내 중·고학생 체육대회 에서 종합 우승을 함으로써 양양군은 물론 강원도 사이클 연맹과 도민들이 관심을 갖기 시작하였다.

1960년대 양양고등학교를 중심으로 한 강원 사이클은 새로운 전기 마련

의 배경에는 이인종 서울신문사 기자의 후원이 상당한 영향을 미쳤다(강원
도 체육회, 2004: 218).

이와 동시에 양양사이클의 초창기 주역인 심기연, 김근우, 전성국 등은
후일 강원도는 물론 대한민국 사이클계에 공헌하는 인물로 탄생하는 계기
가 되었다.

1964년 5월 14일부터 16일까지 3일간 춘천에서 개 종목에 1천 5백에 선
들이 제3회 학생종합 체육대회에 참가하였다. 양양 사이클은 중학교는 양성
된 선수가 없어 출전하지 못했으며, 고등학교는 김봉수, 손철갑, 전성국, 김
종완 선수 등 4명만이 출전하게 되었다(김용수, 2012: 65).

양양중·고등학교 사이클 팀은 그간 학생 종합 체육대회 1회 대회와 2회
대회에 출전하여 고등학교는 심기연, 김근우 선수가 중학교는 전성국 등 이
들이 필두로 하여 중·고등학교 공이 연속 종합 우승하였다. 그러나 제3회
대회에 양양고등학교는 김근우가 졸업한 후 김봉수, 손철갑, 전성국, 김종완
선수 등 명의 선수가 출전하여 이들 뒷받침하였으나 양양중학교는 선수를
육성하지 못하여 164년 제3회 대회부터 출전하지 못하게 되었다.

참가 경기 실적을 살펴보면, 5,000m 1위 전성국, 2위 김봉수, 10,000m 1
위 전성국, 2위 김봉수가 책임선두로 위로 입상하였다(양양문화원, 2010:
993).

제1회 대회부터 출전하여 양양중학교 연패의 주역인 전성국은 50,000m
경기와 10,000m책임 선두 경기에서 기록을 단축하며 선전한 내용이 강원일
보에 보인다.

제3회 학생종합 체육대회 첫날의 14일 경기는 육상에 있어서 남대부 선
수들이 고등부 선수들보다 뒤지는 등 전년도에 비해 기록이 저조하였으나
자전거부에서 양양고등학교의 전성국 선수는 5만 경기에서 27초 8, 1만m

경기에서 1분 24초를 각각 단축, 대회 신기록 수립하여 이번 대회를 빛냈다(강원일보, 1964년 5월 16일).

2. 양양 사이클의 해체

제4회 중고 학생종합체육대회는 1965년 5월 16일부터 18일까지 3일간 춘천 종합운동장에서 성대한 막을 올렸다. 전년도에 이어 23개 종목으로 1,300명의 선수들이 출전하였다.

자전거 경기는 대회 첫날 춘천 종합운동장에서 트랙 경기가 진행되었고 대회 3일째 마지막 날 도로 경기가 있었다. 이 대회에 전성국은 재학 중 군에 입대 하게 되어 출전하지 못했고, 김봉수, 손철갑, 김종완 선수 명이 출전하였으나 전년도에 이어 우수한 성적을 거두었다. 경기 실적을 살펴보면, 1,000m 1위 김봉수, 3위 김종완, 5,000m 김봉수 1위, 손갑철 2위 도로경기는 손갑철 1위, 김봉수 2위로 그리고 1km경기에서는 손갑철 1위, 김종완 3위로 선전하였으며, 도로경기는 춘천 시청 앞에서 청평 검문소까지 왕복하는 경기였는데 손갑철 1위, 김봉수 2위로 입상하였다(양양문화원, 2010: 994).

그러나 양양고등학교 사이클 팀은 1962년 창단 이래 매년 우수한 경기력으로 연속하여 종합 우승을 유지해 왔으나 김봉수, 손철갑 등이 졸업하고 후진 양성이 이어지지 못하여 1965년 제4회 학생 체육대회 출전을 마지막으로 창단 4년만에 팀이 해체되고 말았다.

구체적으로 살펴보면 1962년 양양중·고등학교 사이클 팀 창단의 주역이었던 심기연, 김근우, 최원섭 등이 졸업한 후 김봉수, 손갑철, 김종완, 전성국 등이 전통을 이어 왔었다.

그러나 중학교 창단 멤버였던 고창주는 가정 형편이 어려워 고등학교를 진학하지 못하고, 신창오는 삼척공업전문학교로 진학하였고, 전성국만이 양양고등학교로 진학하게 된 것이다 게다가 전성국 또한 재학 중 군에 입대

하게 되어 양양 사이클이 위기에 처하게 되었다(김용수, 2012: 68).

사이클 창단 지도교사인 신현택은 배구 출신으로 중학교 사이클팀을 육성해오다 1964년 타학교로 전보되었고 년 새로 부임한 체육교사 김관옥은 농구출신으로 핸드볼 팀 육성으로 사이클의 전통을 이어가지 못했다.

학교 관계자들의 무관심 속에서 양양 사이클은 팀 관리 부실과 신인 발굴의 소극적인 영향으로 중학교 선수는 대가 끊어졌고, 고등학교는 1965년 제4회 학생종합체육대회에 김봉수, 손철갑, 김종완 등 3명의 선수를 마지막으로 창단 4년 만에 해체하게 되었다.

한편 1964년 7월 5일부터 8월 30일까지 제18회 동경올림픽 대회 출전 준비를 하기 위해 국가 대표 사이클 선수단이 춘천에서 25일간 강화 훈련에 들어갔다. 국가대표에 양양고등학교 출신 창단 선수인 심기연이 합류하게 되었다. 그러나 심기연은 최종 선발에서 고배를 마시게 된다. 이때 자카르타 아시안 게임 은메달 리스트인 강원 출신 신기철, 송웅일, 조성환, 박광현이 1964년 동경 올림픽 대표로 선발되어 서울에서 합숙훈련에 들어간 뒤 조성환이 동경 올림픽 대표로 최종 선발되었다(강원도체육회, 2004: 76).

1964년 제45회 인천 전국체육대회에 강원도 대표로 출전한 양양 출신 심기연, 전성국은 4,000m 단체 경기에 출전하여 3위에 입상하는 데 기여했으며(이갑성, 전성국, 심기연, 고재원, 전성국은 112km 개인도로 경기에서 1위(3 06′ 20″ 1)로 입상하였다(강원도체육회, 2004: 76).

특히 인천 전국체육대회 강원도 대표 선수로 112km 개인도로 경기에 출전한 전성국 선수가 펑크 난 사이클을 타고 50km를 사력을 다해 1위로 골인한 소식을 전해들은 양양군민은 격려와 성원을 아끼지 않았다.

사이클 개인 도로 경기는 마라톤 경기와 같이 최장거리로 많은 선수들이 출전할 뿐만 아니라 최고 인기 있는 종목이다. 인천 전국체육대회 사이클 경기 마지막 개인 도로 경기(112km)에서 각 시도 출전 선수 여명은 인천시를 출발하여 수원을 왕복하는 경기였는데 전성국은 결승선 약 50km 지점을 남겨 놓고 타이어 펑크로 고장 난 사이클을 타고 1위로 골인하여 우승하였다. 그 당시 강원도 체육대회는 물론 제45회 인천 전국체육대회 스포츠 톱기사로 열광적인 찬사를 받았다(인천일보, 1964년 9월 7일).

당시 양양군 체육회 부회장으로 봉직하던 양양면장 이홍경은 읍내 몇몇 유지들과 뜻을 모아 전성국 선수에게 경기용 사이클을 지원하기도 하고 관내에 개인 업체와 기관 단체를 통하여 모금 운동을 하게 되었다 이와 같이 양양군 체육회가 중심이 된 적극적인 군민의 후원으로 프랑스에서 제작한 보라색 챔피언 경기용 사이클을 구입하여 연습할 수 있도록 하여줌으로써 사이클 선수들뿐만 아니라 온 군민의 선망이 되었다.

그 당시 경기용 사이클은 고가품으로 황소 한 마리 팔아야 구입할 정도 였으니 형편이 여의치 않은 선수들은 구입하기 어려웠다(심기연 면담, 2009년 5월 1일).

1965년 제46회 광주 전국체육대회에서 강원도 대표 심기연은 1,000m 3위, 10,000m 2위로 선전하여 향토의 명예를 빛냈다(대한체육회 홈페이지, 2012. 04. 17).

Ⅳ. 양양 사이클의 재기(1968~1970)

1. 양양 사이클의 재창단

1962년 양양고등학교 사이클 창단 선수로 양양 사이클 명문고의 기틀을 마련하는 데 기여한 김근우는 1968년 경희대학교 체육학과를 졸업하고 그 해 모교 체육교사로 발령받았다.

사이클 전통 명문 고장에 모교 출신 전공교사가 부임함에 따라 그동안 여러 가지 여건 속에서 해체되었던 사이클 선수 육성과 관련해서 동문들과 지역사회의 염원이 확산되었다.

김근우는 1969년 3월, 부임 1년 만에 사이클 팀을 부활함으로써 해체 4년 만에 양양 사이클이 부활하게 되었다. 재기 팀은 단장에 교장 이규택, 지도 교사 겸 코치 김근우, 선수로는 장충남(2학년), 김동일(1학년), 유우영(1학년) 중학생 정형교, 김규화 등 5명의 선수로 구성되었다.

양양 사이클부는 개인 훈련용 사이클과 훈련 장비의 열악한 상황에서 재 기되었지만 선수들의 어려운 가정 형편과 학교 예산 부족으로 사이클부 운 영은 상당히 난관에 부딪히게 되었다.

선수 개인용 사이클은 학생들이 통학하던 자전거로 일부 개조하여 훈련 하였고 훈련용 지도자 차량을 기대할 수 없었다. 지도교사 김근우의 훈련 지도용 오토바이는 친척으로부터 노후된 기아 90cc오토바이를 임시 대여하 여 훈련을 시작 하였다.

사이클 경기는 트랙 경기와 도로경기로 구분하는데 트랙 경기는 사이클 전용 경기장 벨로드롬 에서 도로경기는 일반도로에서 경기를 하였다. 그 당 시 국내에는 트랙 전용경기장(벨로드롬)이 없어 육상경기장 400m트랙에서 경기를 하였다.

이와 같이 국내의 사이클 트랙경기는 400m 평면 육상 경기장에서 시합 을 하기 때문에 트랙 곡선주에서 코너 위크시 안전사고가 자주 발생했다. 박순원은

초창기에는 도로 위주 경기였어요. 트랙경기는 전국체전 종목이 생기면 서 트랙경기를 했는데, 2∼ 3일하는 육상 시합이 다 끝나고 그 맨땅에서

시합을 했어요. 그러니 선수들이 적응이 되지 않아 사고가 날 수 밖에 없었어요(박순원 면담, 2009년 4월 12일).

라고 말하고 있다.

열악하고 좁은 운동장에서 곡선주 연습을 하기에는 무리였다. 이에 대한 훈련 여건이 되지 않아 트랙 훈련도 주로 도로에서 연습하였다. 그러다가 트랙 연습의 안전과 코너 워크 적응훈련 향상을 위하여 체육시간에 학생들을 동원하여 트랙의 코너 곡선부에 진흙을 다져 경사지를 만들고 코너워크 적응 훈련을 하였다. 이와같이 열악한 훈련 조건 속에서 전국대회 출전준비로 하였다(김용수, 2012: 73).

1967년 제48회 전국체육대회부터 처음으로 고등부 사이클 종목이 채택되었다. 그동안 해체되었던 양양고등학교 사이클이 1969년 재창단되어 열악한 훈련 조건과 짧은 훈련 기간이었지만 지도자와 선수가 혼연 일체가 되어 강화 훈련을 시작하였다.

4년 만에 재창단한 양양 사이클 팀은 1962년 창단 초기에 강원도에서 년 연속 두각을 나타냈던 전통을 되찾기 위해 힘든 훈련을 하였다.

그 당시 상황을 선수였던 김동일의 면담 내용을 정리하면 다음과 같다.

그때 학교 주변 도로는 훈련하기에 열악한 조건이었기 때문에 도로 포장이 잘 되어있고 교통량이 적은 설악산 진입 도로와 비포장 도로인 오색 도로를 왕복하는 것이 주된 훈련 방법이었다. 때로는 스피드 훈련을 하기 위해 남대천 다리 위의 직선 도로를 이용하였다. 당시 교량은 목재로 만들어진 다리로 자동차 양 바퀴 주행 주로에 세로로 널빤지를 덮어 깔아서 활용했는데 주로의 폭이 좁기는 하였으나 노면이 고르기 때문에 스피드 훈련에 많이 이용되었다 또 남대천다리 직선 주로 스피드 훈련은 차량이 없는 틈을 이용하여 윌리쪽 다리 진입로에서 스타트 하여 시내 방향 다리 끝 지점까지 전력 질주 하는 것이 스피드 훈련의 유일한 연습 장소였다(김동일 면담, 2012년 5월 12일).

2. 전국체육대회 출전

1969년 서울에서 개최된 제50회 전국체육대회(10. 28~11. 2)에 출전하였다. 감독 교사겸 코치 김근우, 선수는 장충남(2학년), 김동일(1학년), 유우영(1학년), 조희열(강릉제일고), 김영일(춘천) 등이 있다.

대회 5일째인 11월 1일 서울 육상경기장(동대문 운동장)에서 고등부 1,600m 속도 경기에 출전한 김동일은 전국규모대회 시합 경험이 없음에도 불구하고 3위로 입상(대한체육회, 2012. 04)하여 재기 첫해 전국대회 첫 수확이었다. 이것이 1962년 제43회 대구 전국체육대회 심기연의 비공식 기록을 제외하면 양양고등학교 사이클 역사상 전국체육대회 첫 입상(2′ 34″ 3) 기록이다.

이 때 내 자전거는 송의현가 타던거지요. 송의현에서 조희열에게 갔다가 나한테 온거지요. 나중에 기연이 형 사이클을 내가 물려받았어요. 일반 선수들은 외국서 수입 안되고 거금으로 구입하려면 대한체육회 임상조씨에게… 사이클 선수 한 거 후회는 없어요. 사업을 하다보면 어려울 때 사이클 타는 것보다 힘든 게 어디 있겠느냐 하면서 극복했어요. 사회생활하면서 끈기와 인내를 …자전거 타는 것보다 쉽지 하면서(김동일 면담, 2012년 5월 12일).

전국체육대회 경험이 부족한 상황에서 전국체육대회 3위에 입상한 양양고등학교 사이클 팀은 다음 해 더 좋은 경기 실적을 얻기 위하여 동계 합숙훈련을 계획하였다. 그러나 합숙훈련을 위한 주위의 무관심으로 재정적 지원이 열악한 상황을 감수해야만 했다.

합숙 훈련은 김동일, 유우영, 정형교, 김규화, 문상묵 등과 신입생 김영화가 합세하였다.

그 때의 상황을 선수 김동일을 통해 들어보기로 한다.

먼저 창고에 보관하고 있던 연탄 난로와 체조용 헌 매트를… 학교 용인 장용익 아저씨의 도움으로 운반하여 사랑방에 깔고… 각자 사용할 침구와 식량을 준비하여 …동계 방학 중 합숙 훈련을 시작 하였지요. 합숙소 주변에 초등학교 운동장과 천주교 언덕 계단을 이용하여 체력 강화 훈련을 많이 했어요. 지형적인 도움이 되었지요. 동계 훈련을 한 달 남짓하게 훈련하는 동안 학교 지원은 남방용 연탄뿐이었으니…(김동일 면담, 2012년 5월 12일).

지난해에 이어 1970년 제51회 전국체육대회(10. 6~6. 11) 고등부 강원도 사이클 대표로 감독 김근우, 선수 김동일, 정형교, 유우영, 김규화, 문상묵 등이 출전하였다.

사이클 트랙 경기는 동대문 400m 트랙에서 진행되었다. 10월 9일, 첫날 4,000m 단체 경기 준결승전에 진출하여 전북 팀과 공동 3위를 하였다. 고등부 1,600m 속도경기에서 김동일이 3위(2′ 38″ 7)로 입상하였다. 다음날 10월 10일 4,800m 속도경기에 김동일은 8′ 03″ 6으로 대회 신기록을 수립하면서 2위로 선전하였다(강원도체육회, 2004: 456).

한편, 일반부 1,600m속도 경기에서 양양고등학교 출신 전성국은 3위로 입상하였다.

하지만 김동일, 유우영은 물론 제19회 정형교, 김규화, 문상묵 그리고 제20회 김영화, 이상균 등은 양양고등학교의 사이클부가 앞으로 위기가 불어닥치면서 빛을 볼 수 없게 된다는 사실을 알지 못하고 있었다.

V. 양양 사이클의 위기와 도약(1971~1979)

1. 양양 사이클의 위기

1970년 5월 사이클 지도교사 김근우는 훈련 중 정형교의 불의의 사고를 인하여 1971년 3월 31일 일자로 영월 마차중학교로 전출됨으로써 사이클 팀이 위기를 맞게 되었다.

그 당시 사고 경위를 김동일 면담을 통해 알아본 내용을 정리하면 다음과 같다.

> 연습 도중 사고가 났지요. 당시의 오색에는 대중 버스가 없었고… 간혹 환자들이 요양하기 위하여 이용하던 영업용 택시가 이따금 통행하곤 했어요. 때마침 오색 약수터로부터 내려오던 영업용 택시를 만나 …선생님이 정형교를 태워 양양광업소 병원 응급실로 갔어요. 이미 정형교는 중태인지라 다시 읍내 병원에 후송되었지요. 양양읍의 병원에서도 감당할 수 없어 …택시로 강릉 병원으로 이동하여 입원하게 되었어요. 정형교는 장시간에 걸쳐 80여 곳을 봉합하는…대형 수술을 마치고 병상에 옮겼으나 잠에서 깨어나지 않았지요. 좀처럼 호전될 기미가 보이지 않았어요. 시간이 지나면서 조금씩 정신을 차리고 상처 부위가 아물기 시작했어요. 얼굴 전체를 붕대로 감아 알아볼 수 없는 상태로 병상에 누워있던 정형교가 …어느 날 갑작스럽게 노래를 부르기 시작했어요. 그리고는 계속 내 이름을 부르며 찾는 거예요. 이를 병상에서 바라보던 형교 부모님과 사람들은 당황하지 않을 수 없었어요. 상황이 어렵다는 것을 감지하고 당시 우리나라 최고의 병원인… 서울 청량리 정신 병원으로 옮겨 입원하기로

결정했어요. 그 후 서울 청량리 병원에 입원한지 약 1개월 이상 있
다가 …그 때 나를 꽤 찾더라고요. 계속되는 수면 상태에서 내가 나
타난가 봐요. 다행히 회복되어 퇴원했으니 망정이지… 큰일 날 번
했지요(김동일 면담, 2012년 5월 12일).

서울 청량리 정신 병원으로 이송하기로 했을 때 교장 이규택에게 치료비
일부를 학교에서 지원해 줄 것을 요청했으나 전교생을 위한 보건체육비로
한 개인에게 지급할 수 없다는 해석이 있었다. 지도교사 김근우는 치료비
문제로 어려움을 겪던 중 년 학교 보건체육비를 결산하던 중 잔여 예산이
있음을 확인하고 훈련 중 불의의 사고로 인한 정형교의 치료비 일부를 지
원해 줄 것을 교장에게 재차 품의 요청하였지만 거절당하고 말았다.

학교장은 사이클 지도교사였던 김근우의 행동을 항명으로 받아들여 양양
중학교에 재직하고 있던 교사 신재성이 1970년 9월 1일부터 사이클부 지도
교사로 임명되었다(김용수, 2012: 77). 신재성은 진부중학교에서 스키 선수
를 육성하다 양양중학교에 전출되어 스키부를 창설하고 육성하여 각종 시
합에서 입상시킨 바 있었다.

사이클 지도를 맡게 된 교사 신재성은 사이클부를 보강하고 유지하여 전
통을 살리기 위한 방안으로 중등부 스키선수 출신 일부를 사이클로 전향시
켜 진학시켰다. 이때 신재성은 팀 관리에 중점을 두었고 실제 전문 기술 연
습은 선수들 스스로 훈련해야만 했다.

이러한 상황에서 후유증을 회복하지 못하여 1972년 제53회 전국체육대회
에서도 고등부는 전종목에서 입상하지 못했다. 그러나 양양고등학교 출신
전성국은 일반부 4,800m 2위, 4,000m 1위로 입상하여 향토의 명예를 빛냈
으며, 개인도로 104.4km 1위와 4,000m 단체 경기에 출전하여 충남과 함께
공동 3위로 강원 사이클의 체면을 살렸다(대한체육회 홈페이지, 2012. 04.
17).

2. 양양 사이클의 도약

전국체전에서 참패한 양양고등학교 사이클은 전문지도자가 없으면 경기력 향상에 문제가 있음을 알고 제52회와 제53회 전국체육대회의 교훈으로 지도자를 선임하였다 당시 속초 실업고등학교 사이클 부를 지도하던 모교 출신 심기연을 1972년 9월 1일자로 영입하였다.

> 강원도 소년체전에서 양양중학교가 패하고 양양고등학교 팀도 예전 같지 않고… 그런 분위기였어요. 나는 그 당시 속초 실업고등학교 사이클 코치를 하고 있었어요. 어느 날 속초 실업고등학교 선수와 속초중학교 사이클 선수들을 데리고 한계령에서 훈련하고 있었어요… 그 당시 이종세 학무국장님이 속초 뉴스호스텔에 회의가 있은 듯해요. 선수들과 올라오는 도중에… 국장님이 차를 세우더니 너 이놈 양양고등학교가 너 모교인데 … 중략 … 알았어… 조치할테니…양양고등학교 가서 열심히 해 이렇게 해서 9월에 속초 실업고등학교 선수들 모두 데리고 양양고로 갔어요. 그렇게 양양고등학교년 코치 생활이 시작된 거지요(심기연 면담, 2012년 5월 12일).

1972년 초 고등학교 신입생 방양호 선수를 비롯하여 석대해, 고광석, 남승희 등과 중학교 스키선수 중 사이클로 전향한 박순원 등으로 팀을 보강하였다.

전문지도자를 영입한 양양 사이클을 1972년 새로운 성장과 도약을 위해 우수선수를 발굴 육성하는 계획을 추진하였다. 이러한 계획을 지속적으로 강화시켜 1973년부터 각종 대회를 석권함으로써 국가대표와 우수실업팀 그리고 대학으로 진출하여 한국 사이클 발전에 기여하는 도약기를 마련하였다.

팀을 정상화하여 보완한 양양 사이클은 1973년 제54회 부산 전국체육대회에서 방양호의 고등부 800m 1위, 4,000m 단체 2위, 1974년 제55회 전국체육대회 방양호 880m 2위, 4,800m 2위, 석대회 20,000m 선두 2위로 입상하였다.

> 중학교 때는 교내 마라톤 대회에서 스키선수로 뽑히고… 고등학교는 교내 체육대회에서 자전거 시합을 했어요. 그 때 방양호, 석대해 등이… 그렇게 해서 사이클 선수가 되었어요. 1974년 전국 사이클연맹 회장배에 출전했는데… 방양호가 박철근을 제치고 종합 1위 했어요. 석대해는 전북고등학교 박철근과 쌍벽을 이루었어요. 단체전에서 방양호, 석대해, 박순원, 최대순 이렇게 4명이 전라도 팀을 이겼어요. 그래서 방양호, 석대해가 국가대표로 발탁되었어요. 자전거가 없어…박경원 강원 도지사가 도로 차와 트랙차를 사주었어요(박순원 면담, 2012년 5월 11일).

이러한 도약의 발판으로 1975년 제56회 전국체육대회 김창주 10,000m 1위, 선두 2위, 4,000m 단체 1위 등에 입상하였으며, 1976년 제57회 전국체육대회 4,000m 단체 1위의 성적을 거두었다.

이어서 1977년 제58회 전국체육대회 강원남 10,000m 1위, 노승준 2위, 4,800m 김남호 3위, 심종석 20,000m 선두 2위, 4,000m 단체 심종석, 강원남, 노승준, 김남호가 1위로 입상하였다.

1978년 제59회 전국체육대회에서 800m 1위 장윤호, 10,000m 1위 심종석, 20,000m 3위 강원남, 단체에서 5′ 30″ F으로 대회신기록을 수립하면서 입상하였다. 1979년 제60회 전국체육대회에서 800m 1위 김형국, 4,800m 1위 장윤호, 4,000m 단체 1위로 1970년대의 새로운 도약을 하게 되었다(대한체육회 홈페이지, 2012. 04. 07)

> 연습 때는 무거운 타이어를 끼우고 시합 때는 최대로 가벼운 타이어를 사용했어요. 그리고 각 대회별 전년도 최고 기록이 아니면 전망이 없다 해

서 출전하지 않았어요. 기록에 도달해야 시합 나간다… 그래서 양고가 나
가면 1등한 거지요. 그런 방법을 7년 동안 계속 시킨 거지요(심기연 면담,
2012년 5월 12일)

이상의 내용에서 살펴보면 전국체육대회에서 강원도 대표로 출전한 양양
고등학교 사이클은 1973년 부산 전국체육대회부터 7년 연속 전국체육대회
7연패에 종합 우승 주역에는 언제나 양양고등학교가 있었다.

1962년 창단한 양양중·고등학교 사이클을 통하여 배출한 양양 사이클은
강원 스포츠는 물론 한국 스포츠 발전에 기여한 공이 매우 크다고 볼 수 있
다. 특히 2009년 현재까지 47년간에 걸쳐 총 134명의 사이클 선수를 배출하
면서 국가대표 17명, 주니어대표 17명의 전국 최다수 선수를 배출한 양양고
등학교 사이클은 한국 사이클 발전에 기여한 공적이 매우 높다(김용수,
2012: 116).

심기연(9회, 1963년 졸업), 전성국(13회, 1967년 졸업), 방양호, 석대해(
21회, 1977년 졸업) 장원호(26회 1980년 졸업), 김형국, 김규근(27회, 1981년
졸업), 안우혁(28회, 1982년 졸업), 엄인영(36회, 1990년 졸업), 박계준(37회,
1991년 졸업), 최의동(38회, 1992년 졸업), 손양석(41회, 1995년 졸업), 박수
환(42회, 1998년 졸업), 장일남 44회, 1998년 졸업), 김동영(49회, 2003
년 졸업), 김철수(51회, 2005년 졸업), 김성태(52회, 2006년 졸업).

1970년대 사이클 선수로 활약하였으며, 1990년대 양양 사이클의 전성기
에 양양고등학교 체육교사 겸 사이클 감독을 한 바 있는 박순원은 다음과
같이 회상하고 있다.

참 우여곡절도 많았지요 지금도 반신불구된 사람 여럿 살아 계시지요.
사고 나서 돈도 많이 물어줬지요. 저도 그렇고…돈이 문제가 아니고 신체

가 그렇게 되니…이제 양양에 250억 들여서 벨로드롬 경기장을 만들었어요. 2011년 3월 준공했어요. 지금보다 더 사이클 고장으로 명성을 날릴거예요(박순원 면담 , 2011년 4월 15일).

VI. 결론

이 연구는 강원 양양 사이클 팀이 창단 후 우수 선수들을 육성하여 향토의 명예를 빛내기까지의 형성과 발달과정을 찾아내어 기록으로 남기는 데 목적이 있다. 그 연구 결과는 다음과 같다.

첫째, 강원 양양 사이클의 태동은 1961년 개교기념 행사 및 추계 교내체육대회에 자전거경기가 등장하면서 창단의 계기를 마련하였다.

둘째, 1962년 팀 창단 후 사이클 팀은 강원도 각종대회에 출전하여 우수한 성적을 올려 성장하였으나 팀 관리 부실과 신인 발굴의 소극적인 영향으로 팀이 해체되는 위기를 맞았다.

셋째 모교 사이클 선수 출신 김근우 체육교사의 노력으로 1969년 재창단되어 강원도 대표로 전국체육대회에 출전하여 소기의 성과를 얻을 정도로 성장하였다.

넷째, 1971년, 양양 사이클 팀은 불의의 안전사고로 또 한 번의 위기를 맞았으나 1972년 모교 사이클 선수 출신 심기연 코치의 영입 후 전국체육대회 연패의 쾌거를 이룩하였다.

강원 양양 사이클은 1962년 창단하여 지금까지 사이클 반세기를 바라보면서 전국 사이클 최고의 역사와 전통을 유지하면서 수많은 선수들을 육성하여 한국 스포츠 발전에 기여한바 컸다. 이는 열악한 환경 속에서도 사이클 발전을 위하여 정진해 온 강원 양양 사이클은 그동안 선수와 지도자 등의 피땀 어린 희생과 봉사 정신의 결과라고 볼 수 있다 때로는 경제적인 어려움이나 운동부에 대한 이해부족 선수 수급의 어려움과 작고 큰 대형 안전사고 등 이루 다 설명 할 수 없을 만큼의 사건 등을 딛고 오늘의 영광에 이르게 되었다. 이와 같은 발달 과정 속에서 강원 양양 사이클은 헌신적인 지도자와 선수들의 부단한 노력으로 강원도는 물론 한국스포츠 발전에 기여함으로써 한국 사이클사에 길이 남을 공적을 남겼다.

특히 강원 양양 사이클 팀은 발달 과정의 역사 가운데 창단 초기에 팀 해체의 불운한 시기도 있었으나 도약의 발판이 되는 기회로 극복한 점은 후배들에게 교훈이 될 것이다.

이와 같은 노력의 결실로 양양 사이클의 숙원 사업인 사이클 전용 벨로드롬 경기장 건립을 이루게 되었다. 양양 군민의 오랜 숙원이었던 종합 운동장 건설과 양양 종합스포츠 타운 건립이 2009년 2월 24일 양양군 돈양면 학포리 산 136번지 현장에서 첫 삽을 뜬 후 2011년 3월 전국에서 15번째로 공인 사이클 경기 전용 벨로드롬이 건설되었다.

참고문헌

강원도체육회(2004). 江原體育史. 춘천: 강원일보사출판국

강원일보. 1962년 6월 6일자.

강원일보. 1962년 6월 9일자.

강원일보. 1963년 7월 14일자.

강원일보. 1964년 5월 16일자.

김동일. 2012년 5월 12일, 양양: 자택에서 면담.

김명권 · 박기동 · 조금묵(2007). 조돈오의 생애로 본 경찰유도활동. 한국체육사학회지, 12(2), 81-95.

김용수(2012). 양양고등학교 사이클 년의 발자취, 강릉: 성원인쇄문화사.

김용수 · 박기동(2012). 강원 투척의 종목별 시원과 기술 전승, 강원대학교
      체육과학연구소논문집 제34호, 27-44.

대한사이클연맹 홈페이지. 2012년 7월 12일.

대한체육회 홈페이지. 2012년 4월 17일.

박기동(2014). 한국카누의 産室: 강원도 카누협회의 창립과 활동, 한국체육
      사학회지, 19(3), 1-12.

박기동 · 김용수(2010). 강원투척의 변천사, 한국체육사학회지, 15(1), 1-19.

박순원. 2009년 4월 12일, 양양: 양양 읍사무소 휴게실에서 면담.

박순원. 2010년 5월 9일, 양양: 양양고등학교 체육부에서 면담.

박순원. 2010년 5월 17일, 양양: 양양고등학교체육부에서 면담.

박순원. 2011년 4월 15일, 양양: 양양 벨로드롬경기장에서 면담.

박순원. 2012년 5월 11일, 양양: 양양고등학교 체육부에서 면담.

심기연. 2009년 5월 1일, 서울: 왕십리공원에서 면담.

심기연. 2009년 5월 9일, 서울: 왕십리공원에서 면담.

심기연. 2012년 5월 12일, 서울: 동서울 커피숍에서 면담.

양양고등학교 총동문회92001). 양양고등학교 50년사, 양양: 양양출판사.

양양문화원(2010). 襄陽郡誌, 춘천: 강원일보사 출판국.

이문형. 2012년 5월 10일, 양양: 자전거 수리점에서 면담.

인천일보. 1964년 9월 7일.

체육사에서 구술을 통한 연구방법에 대한 인식 변화

구술에 의한 연구는 양자 간의 공동 연구이다. 그러므로 상호 작용이나 공동 연구는 텍스트 생산에서 뿐만 아니라 텍스트 분석과 서술에도 동일하게 적용되고 있다. 구술은 구술자가 경험한 과거 사실만이 아니라, 그에 대한 구술자의 해석도 담겨 있다. 인간의 기억이나 내면은 쉽게 그리고 투명하게 밖으로 드러나는 것이 아니기 때문에 연구자는 구술자와 신뢰 관계를 형성하고, 이를 바탕으로 양파 껍질을 까듯이 구술자의 내면 속으로 깊이 파고들어야 하는 어려움이 존재한다. 이를 위해서는 양적 측면과 질적 측면을 고려한 심층 면접이 요구되고 있다. 물론 면담에서는 연구자의 적절한 개입이 필요하며, 그 방식은 상황에 따라서 다양하다. 개입이 필요할 경우에도 어느 정도 개입할 것인가 등에 대한 세심한 배려가 요구된다.

인간은 개인적으로, 사회적으로 이야기되는 삶을 살아가는 이야기하는 유기체이므로 내러티브는 개인적, 사회적, 문화적 측면에서의 인간의 삶이라고 볼 수 있다. 이러한 전제는 인간 경험이 이야기된 인간 경험이라는 신념에 기초한 것이다. 질적 연구 자료는 연구자의 시각이 아닌 행동하는 인간의 내면적 시각으로 조사된 자료에 의해 해석되어져야 한다.

체육사에서 구술 적용의 한계점을 극복하기 위해서는 구술을 통한 연구 방법은 자기 완결적이지 않기 때문에 문헌 자료에 기반을 둔 이론 틀이나 분석 틀, 개념 틀이 먼저 제시되어야 한다. 또한 질적 연구 방법론의 가장 기초가 되고 있는 참여 관찰법이 동반된 구술사 방법론이 수행되어야 한다. 그러한 가운데 구술 자료는 새로운 발견이나 기존 가설을 검토하는 공간(槓桿)이 되어 줄 것이다.

체육사에서 구술 적용의 객관성 문제의 인식은 질적 연구인 구술사 연구는 결코 오래된 과거나 큰 이야기가 아니라 바로 자신의 삶이자 자신을 구성하는 조건이라는 점을 자각해야 한다. 이는 체육사적 일면을 대중에게 돌려줌으로써 스스로 서술하고 바로 자신이 만들어가는 주체임을 인식하게 하는 것이다. 이와 더불어 자신을 포함한 주위 사람들의 기억에 각인된 지배의 혼적을 비판적으로 성찰함으로써 현재를 직시하고 미래를 전망하는 시야를 열어갈 수 있을 것이다. 또한 독자들은 구술을 통한 연구에 대한 편견을 깨고 다양한 시각과 초점을 통해 의의와 허용 범위를 수용할 때 가능할 것이다. 이를 위해 연구자들은 자료 수집을 위한 노력과 자구책이 먼저 선행되어야 하며, 미비한 구술 연구의 수적 열세 또한 적극적인 방안으로 극복해야 할 것이다.

구술사에서 다루는 자료 자체가 복합적이다. 사람들의 이야기, 기억, 증언, 생애사 등의 구술사 자료는 분석이라기보다는 통합적인 특성을 가지고 있다는 점을 구술사가들은 익히 잘 알고 있다. 그러므로 구술사가들은 통찰력을 키우는 일이 우선적으로 필요하다(함한희, 2009: 12). 앞으로 체육사에서 구술을 통한 연구 방법이 추구해야 하는 방향은 체육학간의 교류와 융복합을 통해서 인간의 복잡하고 복합적인 역사적 현상을 보다 쉽게 이해할 수 있도록 하는 데 있다고 본다.

최근 문헌 자료의 한계에 대한 인식과 구술 연구에 대한 관심이 증대하면서 구술 자료가 많이 축적되고 있다. 이는 구술을 주관적이라 하여 불신해 왔던 것에 비하면 중요한 진전이며, 앞으로 더 박차를 가해야 할 부분임에 틀림없다. 그러나 앞으로 구술 연구에 있어서 구체적으로 나타날 문제점으로는 먼저, 구술자들의 전 생애를 노출한 구술 자료와 연구진의 헌신적인 노력에 의해 얻어진 구술연구물을 어떻게 관리, 운영할 것인가에 부닥치게 된다. 다음으로 지금까지 흩어져 개인적으로나 집단적으로 수행했던 구술 자료물을 정리하는 일도 시급하다. 학문 자체가 '사회적' 성격이 강하므로 개인적 구술 조사의 연구 성과물을 어떻게 수집하여 공유할 것인가도 중요한 과제의 하나라고 본다.

[주석]

1) 유병렬. 「사이클 선수들의 의식구조에 관한 조사 연구」. 『한국체육학회지, 28(1)』, 1989: 49.

2) 또 다른 문헌(文獻)에 의하면, 1896년 아테네에서 개최된 제1회 근대 올림픽경기 대회에는 도로 경기만, 1990년 제2회 파리 올림픽경기대회 사이클 경기는 도로, 트랙을 시행하였고, 제3회 세인트루이스 올림픽경기대회 때만 사이클이 제외되 었다고 한다.

3) 1973년에는 주니어 세계선수권대회가 새로이 개최되어 세계선수권대회와 함께 매년 열리고 있다.

4) 본부는 스위스 제네바.

5) 본부는 이탈리아.

6) 본부는 벨기에.

7) 대한사이클연맹, KCF, Korea Cycling Federation, 2012; http://www.uci.ch, 2012.

8) 대한사이클연맹, KCF, Korea Cycling Federation, 2012.

9) 네이버. 「사이클(cycling), 스포츠 백과, 2008, 국민생활체육회, 『네이버 지식백 과』, 2019년 2월 20일.

10) Daum. 「사이클(cycling)」, 『다음백과』, 2019년 2월 20일.

11) 라이드매거진. 「Bianchi, 130년 역사의 이탈리안 사이클 명가」, 2014년 3월 19 일.

12) 이 연구는 이가람·우승호의 「개화기 자전거 도입 과정에 관한 연구」로 2017 년 한국체육사학회지 제22권 제3호, 에 게재된 내용임.

13) 파이낸셜 뉴스, 2017년 3월 8일자.

14) Ritchie, 1999: 491/김동준. 「저전거의 역사」, 월간교통, 1, 2012: 54-56.

15) Carl Becker. 『Every Hi: Own Historian』, chicago: Quadrangle Books, 1966: 235.

16) 하웅용, 이용우. 「엄복동자전거의 문화기술적 해석」. 한국체육사학회지,

17(1), 2012: 54.

17) 한국 자전거의 도입과 관련된 선행연구로는 김근우(1994). 한국사이클 경기사의 시대적 구분, 체육대학체육연구소 김광수·남인수(1996). 독립신문의 광고분석, 한국언론학회언론사연구회 선봉옥(1997). 한국 사이클경기의 변천과정에 관한 연구. 미간행 석사학위논문. 서울대학교 대학원 정성은(2011). 한국 사이클 경기의 역사. 미간행 석사학위논문. 안동대학교 교육대학원 하응용·이용우(2012). 엄복동자전거의 문화·기술사적 해석. 한국체육사학회지 제17권 제1호 임석원·박성수·김대한(2014). 일제강점기 '륜패천하(輪覇天下)'의 주역 엄복동 생애의 明과 暗에 관한 論考. 한국체육학회지 제53권 제3호 손환·하정희(2016). 구한말 근대스포츠의 도입과정에 관한 연구. 한국체육사학회지 제21권 제2호 등이 있다.

18) 독립신문은 1896년 4월 7일 창간된 우리나라 최초의 민간신문이다. 독립신문의 창간 목적은 일제에 의해 왜곡된 사회 현상을 언급하고, 개화파의 사회개혁 의지를 표출하는 것이었다. 독립신문의 주된 기능은 백성의 계몽과 외국 사정의 홍보에 있었다. '더 인디펜턴트'는 조선의 사정을 외국에 알리고, 외국 사정도 조선에 알릴 목적으로 발간되었다. '더 인디펜턴트'는 조선과 외부세계를 연결하는 교량역할을 했다(유재천, 1996: 111-112).

19) 1892년에 창간된 영문 월간잡지로 선교 활동을 돕기 위한 목적으로 창간되었다. 미국 감리교 출판사인 삼문출판사(三文出版社, The Trilingual Press)에서 발행되었다. 한국에서 편집되고 인쇄된 첫 영어잡지로 미국 감리회 선교사였던 올링거(Ohlinger, F., 茂林吉) 부처가 1892년 1월에 창간하였다. 1년간 발행되다가 올링거 부처의 귀국으로 휴간되었으며 2년 후인 1895년 1월에 속간하였는데, 이때의 발행인은 아펜젤러(Appenzeller, H. G.)와 존스(Jones, G. H.)였고 헐버트(Hulbert, H. B.)가 부편집인으로 편집을 맡았다(코리안리포지 토리, 네이버 지식백과).

20) 대한 사이클 연맹/Korea Cycling Federation, 2015년 10월 27일.

21) 이규태. 『개화백경 3권』, 서울, 新太陽社, 1971: 59-60.

22) 황산웅, 심현. 『自轉車 教本』, 서울, 대광문화사, 1980: 18.

23) 이경재. 『서울정도육백년 다큐맨터리 2. 개화풍속도』, 서울, 서울신문사, 1993: 320.

24) 한겨레 신문. 1994년 4월 13자.

25) 김근우.「한국 사이클 경기사의 시대적 구분」, 『체육과학연구소논문집, 12(1)』, 1994: 36-37.'

26) 趙豊衍. 『서울 잡학 사전(개화기의 서울 풍속도)』, 서울, 정동출판사, 1898:

351.

27) 박성득 외 2. 『자! 이제 자전거로 갑시다』, 서울, 글사랑, 1995: 194.

28) 정성은.「한국 사이클 경기의 역사」, 미간행 석사학위논문, 안동대학교대학원, 2011: 4.

29) 김용수.『사이클 50년의 발자취』, 강원, 성원문화사, 2012: 22.

30) 대한 사이클 연맹/Korea Cycling Federation, 2015년 10월 27일.

31) 이규태.『개화백경 3권』, 서울, 新太陽社, 1971: 59-60.

32) 이경재.『서울정도육백년 다규맨터리 2. 개화풍속도』, 서울, 서울신문사, 1993: 320.

33) 선봉옥.「한국 사이클경기의 변천과정에 관한 연구」, 미간행 석사학위논문, 서울대학교대학원, 1997: 16.

34) 손환, 이가람.「한국 최초 야구 경기에 대한 고찰,『한국체육학회지, 50(5)』」, 2011: 19-28.

35) Horace N. Allen.『Things Korean: A Collection of Sketches and Anecdotes Missionary and Diplomatic』, New York: Fleming H. Revell Company, 1908: 132.

36) 국민일보. 2017년 1월 15일자.

37) '하이힐 자전거(High wheel bicycle)'는 19세기 후반 페달이 달린 자전거가 소개된 이후 바퀴가 클수록 속도가 높아진다는 원리에 착안하여 탄생된 자전거의 형태로, 이후 체인형 자전거가 출시되기 전까지 큰 인기를 구가했던 자전거의 종류이다(김동준, 2012: 55).

38) 정성화, 로버트 네프.『서양인의 조선살이』, 서울, 푸른역사, 2008: 268-269.

39) Horaca N. Allen. Bicycle experiences in Korea,『The Korean Repository』, Aug, 1896: 320.

40) The Independent, 1896. 04. 09.

41) 철도청.『사진으로 보는 해방 이전의 철도역사』, 대전, 철도청, 2003: 3.

42) 정성화/로버트 네프.『서양인의 조선살이』, 서울, 푸른역사, 2008: 271.

43) The Independent, 1896. 06. 18.

44) The Independent, 1897. 05. 20.

45) The Independent, 1896. 12. 22.

46) The Independent, 1897. 03. 13.

47) The Independent, 1897. 05. 25.

48) '더 인디펜던트'가 교량의 역사를 전개할 수 있었던 배경에는 서재필의 존재가 절대적이었다. 서재필은 1896년 4월 7일부터 1989년 5월 10일까지 '더 인디펜던트'의 집필을 단독으로 진행하였다(유재천, 1996: 124).

49) 서울 유니온(The Seoul Union)은 회원들 간의 여가와 문학적인 교류와 진보를 위한 사교단체였다. 이 단체는 새 궁궐(경운궁)과 인접한 정동에 테니스코트를 보유했다. 봄과 가을철에는 정기적으로 테니스(Tennis)운동을 실시했으며, 많은 인기를 누렸다. 겨울철에 여성 회원들은 청소년과 노인네를 위한 독서, 음악, 강연, 오락을 제공해왔다(The Korean Repository, 1897년 1월호, 25-26쪽).

50) The Independent, 1896. 05. 07.

51) Horaca N. Allen. Bicycle experiences in Korea, 『The Korean Repository』, Aug, 1896: 321.

52) The Independent, 1896. 07. 25.

53) The Independent, 1896. 10. 08.

54) The Independent, 1897. 04. 27.

55) 독립신문, 1899. 07. 13.

56) 강준만. 『한국 자전거 문화의 역사-자전거를 '레저'로 만든 '자동차 공화국'-』, 인물과 사상사, 2008: 168.

57) 이가람, 우승호.「개화기 자전거 도입 과정에 관한 연구」,『체육사학회지, 22(3)』, 2017: 1-13.

58) 등록문화재 제446호(2010. 8. 24)인 엄복동(嚴福童)의 자전거는 영국 러쥐사(社)가 1910년~1914년 무렵(추정) 특별 제작한 경주용 자전거로, 우리나라에서 사용된 가장 오래된 자전거라 할 수 있으며 그 체육사적 가치가 매우 크다. 엄복동(嚴福童)은 자전거 판매상 점원으로 일하며 많은 자전거 대회에 출전해 우승을 하며 명성을 떨친 인물이다(조선일보, 2011년 9월 27일).

59) 하웅용·이용우.「엄복동자전거의 문화기술적 해석」,『한국체육사학회지, 17(1)』, 2012: 62.

60) 1945년 8월 15일 광복과 더불어 각종 운동경기가 소생되었다. 1945년 10월 27일 조선체육회 주최로 서울 운동장에서 제26회 전국체육대회가 '자유해방경축 전국체육 종합경기대회' 하는 이름으로 개최되었다.

61) 대한사이클연맹, Korea Cycling Federation, 2012; 강원도체육회. 『江原道體育史』 2004, p.218.

62) 대한사이클연맹은 사이클경기를 널리 보급하고 아마추어 경기인 및 단체를 지도하며 우수한 경기자를 양성하는 것을 목적으로 한다. 주요 활동으로는 전국선수권대회를 비롯한 각종 사이클경기를 개최하여 종목별 선수권자를 결정하는 것 외에 주요사업의 기본방침을 심의 결정하고 경기기술 및 경기시설을 연구하며, 국가대표선수와 후보선수를 양성하는 일 등을 한다. 이밖에 사이클에 관한 자료를 수집하고 경기종목에 관한 홍보계몽활동도 펼친다. 회원단체로 각 시·도 사이클경기협회 및 전국규모의 사이클연맹체가 있다. 위촉위원은 고문 2명, 자문위원 5명이다. 대한사이클연맹은 16개 시, 도 사이클 지부와 2개 한국실업사이클연맹, 한국학생사이클연맹 등 총 18개 산하 연맹이 있다.

63) 2002년 세계주니어선수권대회에서 구성은 선수가 은메달 2개를 획득한 이후, 현재까지 각종 국제대회에서 한국 선수들이 입상을 하고 있다.

64) 2007년 동계 주니어 대표팀 24명.

65) 서준영, 김구현, 장찬제, 정충교.

66) 이 연구는 하웅용, 이용우의 「엄복동자전거의 문화기술적 해석」으로 2012년 한국체육사학회지 17권 1호에 게재된 내용임.

67) 국보 및 보물, 중요무형문화재, 사적·명승 등 기존 지정문화재가 아닌 우리나라 근대 이후 제작·형성된 문화재 중에서 그 보존 및 활용을 위하여 특히 필요하다고 인정되는 문화재를 말한다.

68) 등록문화재 제466호인 엄복동 자전거는 영국 러쥐사(社)가 1910년~1914년 무렵 (추정)특별 제작한 경주용 자전거로, 우리나라에서 사용된 가장 오래된 자전거라 할 수 있으며 그 체육사적 가치가 매우 크다. 엄복동은 자전거 판매상 점원으로 일하며 많은 자전거 대회에 출전해 우승을 하며 명성을 떨친 인물이다(조선일보, 2011. 9. 27).

69) 김근우 면담, 2009년 10월 29일.

70) 1935년 일제강점기시 경성상업회의소의 조사 기록에 따르면 당시 쌀 1되 값이 0.32원이었다고 한다(세계일보, 2004.1.18). 1원 은 100전이므로, 쌀 1되에 32전, 1말은 3원 20전, 1가마는 5말이므로 16원이다. 요즘 쌀 1가마 값을 16만원으로 잡고, 쌀값만으로 대충 비교한다면, 당시 1원은 현재의 만원이다. 즉 500원은 대략 현재의 5,000,000원정도일 것이다.

71) 동아일보. 1983년 8월 22일자.

72) 동아일보. 1986년 4월 12일자.

73) 동아일보. 1983년 8월 22일자.

74) 김근우 면담, 2009년 10월 29일.

75) 정용택면담, 2009년 11월 28일.

76) 정용택 전화면담, 2009년 11월 28일.

77) 경향신문. 1986년 4월 12일자.

78) 현재 경기용 사이클은 최첨단 과학을 동원하여 제작된 것으로 자전거 프레임 재질은 특수합금인 티타늄이나 카본(가볍고 강한 소재)으로 제작되며, 바람의 저항을 최소화하기 위하여 역학적인 디자인으로 설계, 만들어지고 있다.

79) 김근우 면담, 2009년 10월 29일.

80) 정용택 면담, 2009년 11월 29일.

81) 정용택 면담, 2009년 11월 29일.

82) 조화문 면담, 2009년 11월 25일.

83) 정용택 면담, 2009년 11월 29일.

84) Lawrence e-mail, 2009년 12월 3일.

85) We have to remember that bicycle sales were very active until 1914 but after that year british bicycle makers concentrated their efforts on supplying the army forces during the war of 1914-1918. 2009년 12월 9일자 e-mail 전문.

86) Lawrence e-mail, 2009년 12월 16일.

87) 하웅용, 이용우.「엄복동자전거의 문화·기술사적 해석」,『체육사학회지17(1)』, 2012, 53-63.

88) 대한체육회.「대한체육회70년」, 서울: 대한체육회, 1990.

89) 대한체육회.「가맹경기단체 종합사업계획서」, 서울: 대한체육회, 1984.

90) 대한사이클경기연맹.「경기규칙 및 자료」, 서울: 대한사이클경기연맹, 1998.

91) 조영준.「이혜진, 韓사이클 역사상 최초로 Jr선수권 우승」, 사진, 이혜진, 대한사이클연맹,『엑스포츠뉴스』, 2010년 8월 12일.

92) 김희선.「사이클, 런던서 '올림픽 노메달의 한' 푼다」,『OSEN』, 2012년 7월 18일.

93) OSEN.「2010 광저우 아시안게임 사이클에 출전한 장선재와 초호성」, 2012년

7월 18일.

94) 최인영.「올림픽, 사이클 강국 영국과 한국의 차이는 '장기 계획'」,『연합뉴스』, 2016년 8월 17일.

95) 안호근.「 '매디슨도 정복' 나아름 4관왕, '광저우 눈물' 이 사이클 새 역사로 바뀌기까지 」,『연합뉴스』, 2018년 8월 31일.

96) 이병욱.「AG. 페달 밟을 때마다 새 역사…사이클 나아름, 한국 첫 4관왕 」,『국제신문』, 2018년 8월 31일, 14면.

97) 강원도체육회.『江原道體育史』2004, p.72.

98) 1948년 10월 20일부터 26일까지 7일간 정부수립 경축대회를 겸해 서울운동장에서 개최된 제29회 전국체육대회부터 조선체육회를 전국체육대회로 개칭하였으며, 시도 대항전을 실시함과 아울러 '조선' 이라는 단어를 모두 '대한' 으로 개칭하였다.

99) 강원도체육회.『 江原道體育史』2004: 220.

100) 강원도체육회. 『江原道體育史』2004: .218.

101) 1960년대 양양고등학교등학교를 중심으로 한 강원 사이클의 새로운 전기 마련 배경에는 이인종(서울신문사 기자)의 후원이 상당한 영향을 미쳤다(강원도체육회, 2004: 218).

102) 심기연 면담, 2009년 5월 1일.

103) 강원도체육회.『江原道體育史』2004: 69.

104) 강원도체육회.『江原道體育史』2004: 74.

105) 신기철: 1939년 7월 5일생, 원주시 명륜동 259, 동경 아시아올림픽 사이클 부문 은메달, 국가 대표 시절에 강원도청에 근무하고 있었다(강원도체육회. 2004: 805).

106) 1962년 9월 4일 제4회 인도네시아 자카르타 아시아경기대회에서 원주의 신이철은 일반부 도로 25km에서 2위로 입상하였다(강원도체육회, 2004: 74).

107) 강원도체육회.『江原道體育史』2004: 805.

108) 여기에서 1962년 양양 사이클 태동의 주역인 심기연을 주목할 필요가 있다.

109) 사이클 장거리 트랙경기에서 경기 주행 시 스피드가 떨어지는 것을 미연에 방지함으로서 박진감 있는 경기로 유도하기 위하여 트랙의 홈 센터라인(본부석 방향)과 백 센터라인(본부석 반대편)을 통과하는 선수에게 책임선두를 부여하여 규

정을 지키면서 골인한 선수에 대해서만 등위 순위가 인정된다.

110) 강원도체육회. 『江原道體育史』. 2004: 412.

111) 강원도체육회. 『江原道體育史』. 2004: 76.

112) 강원도체육회. 『江原道體育史』. 2004: 452.

113) 사이클에서 조성환(趙成桓) 선수가 전국체육대회 및 필리핀에서 거행된 동남아선수권대회에서 도합 6개의 메달을 획득하였음은 큰 성과라고 할 수 있다(강원도체육회, 2004: 78).

114) 강원도체육회. 江原道體育史. 2004: 453.

115) 강원도체육회. 『江原道體育史』 2004: 79.

116) 강원도체육회. 『江原道體育史』 2004: 445.

117) 충남, 대전 공설 운동장, 강원도 대표선수, 양양고 졸업생 김창주, 강원남, 심종석, 황산웅 감독, 김종백, 노승준, 한국체육대학 1기, 2기, 3기생.

118) 1979년 400m 육상트랙에서 시합을 마친 양양고등학교 출신 심종석, 김창주, 김종백, 강원남, 노승준.

119) 1962년 양양중학교 사이클 창단선수, 1970년 국가대표, 1970년 제6회 방콕 아시아경기대회 100km 도로 단체경기 동메달 (대통령 체육포장), 1971년 제5회 아시아선수권대회 100km 도로 단체경기 금메달, 1979년~1982년 강원도청 사이클 감독, 1986년 제10회 서울 아시아경기대회 경기운영 담당관, 1988년 제24회 서울 올림픽 경기심판, 1982년~1996년 한국통신공사 사이클 감독, 1982년~1995년 대한 사이클연맹 경기이사·시설이사심판이사, 1996년~1997년 한국실업 사이클연맹부회장, 1990년 제11회 북경 아시아경기대회 사이클 총감독(대통령 체육표창), 1991년 세계 주니어 사이클 선수권대회 감독(미국 콜로라도스프링스), 제6회 방콕 아시아경기대회 출전 100km 도로 단체경기 동메달 (대통령 표창). 1997년 제18회 서울·가평 아시아 사이클 선수권대회 감독.

120) 양양 사이클은 1971년, 1972년 2년 동안 침체 기간을 거쳤다. 하지만 1972년 9월, 1962년 양양고등학교 사이클 창단 멤버인 심기연을 새로운 지도자로 영입하여 1973년부터 전국체육대회 사이클 부문에서 강원도가 7년 연속 제패(制覇)의 기록을 세우는 데 기초를 다졌다.

121) 1980년 양양고등학교 졸업, 1980년~1988년 국가대표, 1998년 기아자동차 사이클 코치, 2000년~2004년 고등학교 코치(동대전고, 창원 경일고, 서울체고, 국가대표 중장거리 감독(2006 청용장, 2008 백마장) 수상, 2006년~2009년 현 대한지적공사 코치, 감독 , 1982년 방콕 제9회 아시아 사이클 선수권대회 100km 도로 단체경기 금메달, 1982년 뉴델리 제9회 아시아경기대회 100km 도로 단체경기 금메

달 (아시아신기록), 1982년 제9회 아시아경기대회 100km 도로 단체경기 금메달 (아시아신기록), 1983년 제10회 아시아 선수권대회 100km 도로 단체경기 은메달, 1984년 LA 올림픽대회 출전, 1986년 제10회 아시아경기대회 100km 도로 단체경기 은메달, 대표 팀 감독 지도실적(2006년 도하 아시아대회 장선재 3관왕 한국 우수선수상) 수상.

122) 강원도체육회. 『江原體育史』, 2004: 465~477.

123) 1982년 뉴델리 아시안게임 100km 도로 단체경기에서 1위를 한 장윤호 선수가 모교 후배들로부터 꽃다발을 받고 있다. 교장선생과 인사하는 장면

124) 강원도체육회. 『江原體育史』, 2004: 491~493.

125) 강원도체육회. 『江原體育史』, 2004: 494~507.

126) 1969년 1월 10일생, 임계초등학교, 임계중학교, 임계고등학교, 한국체육대학, 한국통신, 1988년 대한민국 올림픽 참가, 1990년 북경 아시아 경기대회 사이클 100km 단체 3위, 1991년 아시아 선수권대회 개인전 4위 100km 단체 3위.

127) 매년 개최되는 강원 도민체육대회에서 양양 사이클은 양양군 종합 성적에 크게 기여하게 되어 효자 종목이라고 할 만큼 그 비중이 매우 크다.

128) 1962년 양양고등학교 사이클 창단 선수. 1963년 양양고등학교 졸업, 1963년 전주 전국체육대회 일반부 사이클 양양 사이클 최초 입상자, 1963년 국가대표, 1970년~1972년 속초실업고등학교 코치, 1972년~1985년 양양고등학교 사이클 부코치, 1973년~1979년 전국체육대회 7년 연속 제패 지도 공로자, 1984년 제10회 1986년 아시아경기대회 여자 국가대표 사이클 코치.

129) 심기연 면담, 2009년 5월 1일.

130) 심기연 인터뷰, 2009년 5월 1일.

131) 심기연 면담, 2009년 5월 1일.

132) 강원도체육회. 『江原道體育史』 2004: 76.

133) 사이클 개인 도로 경기는 마라톤 경기와 같이 최장거리로 많은 선수들이 출전할 뿐만 아니라, 최고 인기 있는 종목이다. 인천 전국체육대회 사이클 경기 마지막 개인 112km 도로 경기 에서 각 시·도 출전 선수 70여명은 인천시를 출발하여 수원을 왕복하는 경기였는데, 전성국은 결승선 약 50km 지점을 남겨 놓고 타이어 펑크로 고장 난 사이클을 타고 1위로 골인하여 우승하였다. 그 당시 강원도 체육대회는 물론 제45회 인천 전국체육대회 스포츠 톱기사로 열광적인 찬사를 받았다(인천일보, 1964년 9월 7일).

134) 양양문화원. 『襄陽郡誌』 2010: 995.

135) 그 당시 경기용 사이클은 고가품으로 황소 한 마리 팔아야 구입할 정도였으니 형편이 여의치 않은 선수들은 구입하기 어려웠다.

136) 심기연 인터뷰, 2012년 5월 12일.

137) 강원도 사이클연맹 제2대, 제7대, 제9대, 제11대 전무이사, 서울신문사 기자, 강원도청 기자 반장.

138) 제6대 강원도 사이클연맹 전무이사, 강원일보 보도국장.

139) 강원 사이클연맹 제8대, 제10대 전무이사, 제일극장 사무장.

140) 양양문화원. 『襄陽郡誌』, 2010: 999.

141) 그러나 주변의 열성적인 노력에도 불구하고 속초 전국 사이클 대회는 인지도가 낮았으며, 대회 유치에 따른 환경적, 지역적 여건으로 참가 규모는 작았다.

142) 박상택 면담, 2012년 5월 19일.

143) 1980년 양양고등학교 졸업, 1990년 양양고등학교 사이클 코치, 1991년 제2회 아시아 주니어 사이클 선수권대회 코치, 1998년 제7회 청주 MBC배 전국사이클 경기대회 1km 독주 1위·1998년 제13회 방콕 아시아 경기대회 1km 독주 1위·1999년 제13회 아시아 사이클 선수권대회 1km 독주 1위 등을 한 지성환 선수 지도자, 2009년~현 강원도 사이클연맹 전무이사, 2006년 투르 디 홋가이도 국제 도로 사이클 경기 출전 인원. 2010년~현 양양군청 사이클 감독.

144) 1996년 12월31일 양양군청은 남자 일반부로 팀을 창단하면서 해체된 여자부 박상택 코치를 유임하여 지도자로 임명했다. 국내 정상급 선수와 양양고등학교 출신 우수 선수를 영입함으로써 양양군 사이클 전성기의 기틀을 다졌다.

145) 1996년 제77회 강원 전국체육대회에서 남일반 스프린트 1위, 엄인영, 개인독주 1위 최희동, 박수환이 30km 프린스레이스 3위, 제외 경기 3위로 입상한 바 있다.

146) 강원도체육회. 『江原體育史』. 2004: 498.

147) 1998년 6월 6일 제19회 아시아 사이클선수권대회에 출전한 지성환 선수는 본인의 주 종목인 1km 독주경기에서 1'02"895로 아시아신기록을 수립하여 양양군청 사이클 팀 명예와 대한민국 국위를 선양하는 데 크게 공헌하였다.

148) 우수한 경기력 향상의 기초가 되는 것은 우수한 인적자원(선수)과 지도력(코치)과 이를 뒷받침하는 스포츠 용품이나 경기 시설을 꼽을 수 있다. 양양군 사이클은 도약과 전성기에 접어들면서 여자 고등부와 여자 실업 팀을 창단하고 체육 시설 확충에도 많은 발전을 꾀하였다. 양양 군청에서는 군청 여자 사이클 팀 1991년 1월 17일 창단과 때를 맞춰 1991년 2월 실내체육관 준공으로 선수들의

체력 및 보강훈련장으로 그 활용도를 높였다.

149) 제13회 아시안 게임 2관왕을 하고 돌아 온 양양군청 지성환 선수와 박상택감독, 이상범, 오인택군수, 지성환, 고영달, 박충규, 박윤길이 함께 기념 촬영.

150) 박순원, 박충규, 이상범, 이상균, 지성환, 박윤길, 박상택과 함께 기념 촬영.

151) 2002. 4. 23 청주 MBC - 국제심판 송완식, 국제심판 Geerry Mcdaid, 국내심판 문범식, 단체종합우승, 최우수 감독상 박순원, 개인종합 1위 김동영 선수(26 23 ' 45 "00), 단체 종합우승 양양고등학교(78° 57' 28" 00), 경기를 마치고 시상을 하기 위해 청주 예술의 전당 앞에서 직지 찾기 심판들과 기념사진을 찍고 있다.

152) 양양 중등 여성교육의 요람이 된 양양여자고등학교는 1955년 1월 31일 홍기표 초대 교장이 부임하고 1956년 4월 10일에 개교하였다.

153) 江原女子 사이클 새章, 五輪향한 야심의 출범: 강원여자 사이클 팀의 역사적 새장을 연 양양여고 사이클 팀 창단은 84년 LA올림픽을 향한 야심의 출범이다. 84년 올림픽에 여자 사이클 종목 신설과 함께 88올림픽에 대비하기 위해 올해 제64회 仁川 국체에서부터 여고 사이클 3종목이 신설된 것(강원일보, 1983년 3월 15일).

154) 양양여자고등학교 사이클 팀은 양양고등학교 사이클 출신으로, 한국체육대학을 졸업한 노승준 지도자를 창단 코치로 영입하여 기술을 지도하도록 했다.

155) 강원일보. 1983년 3월 15일자

156) 그 후 1983년 4월 12일 인제 신남고등학교가 사이클 부를 창단했으며, 북평 광희고등학교의 여자 사이클 부가 1983년 5월 12일 창단되었다. 1998년 11월 홍천 양덕상업고등학교가 창단했다가 2007년 해체되었다.

157) 강원도체육회. 『江原體育史』, 2004: 473.

158) 강원도체육회. 『江原體育史』, 2004: 473.

159) 강원도체육회. 『江原體育史』, 2004: 486.

160) 1985년 10월 제66회 전국체육대회 여일반 도로 개인 2위 김난희, 1986년 10월 서울, 경기, 경기, 부산 제67회 전국체육대회에서 여일반 박선미 2위, 그리고 1987년 제68회 전남 전국체육대회에서 여일반부 스프린트 3위 박선미, 1988년 5월 전북 군산 제69회 여일반부 70km 개인도로 2위 김난희가 보인다.

161) 1975년 양양고등학교 졸업, 1974년 국가대표, 1989년~1990년 양양여자고등학교 지도자, 1991년~1992년 양양군청 감독, 1991년~1994년 강원도 사이클연맹 전무이사, 2008년~현 양양군 사이클연맹 회장.

162) 1991년 1월에 여자 실업 팀으로 창단한 양양군청 사이클 팀은 제15회 북경 아시아 사이클 선수권대회에서 장경아 선수가 3,000m 단체 2위와 3,000m 개인추발경기 3위를 시작으로, 국내 각종 대회에서 김옥선 선수 등 선전하여 많은 입상 경력을 갖게 되었다.

163) 제88회 전국체육대회 (2007. 10.8-14) 개인도로 1위로 골인 하는 정충교 선수 모습.

164) 이문형 면담, 2012년 5월 10일.

165) 자전거 경기 종목은 자전거를 타고 느리게 가기와 운동장 50바퀴 질주 등 2종목으로 운영했다. 천천히 자전거 타기는 10m 직선주로를 동시에 출발하여 단위시간 내에 가장 주행 거리가 짧은 선수가 우승하였다. 이때 정해진 코스를 이탈하거나 넘어지면 실격되었다. 운동장 50바퀴 경주는 학교운동장이 넓지 못하여 학교와 근접한 현 충용아파트단지 일원인 공설운동장에서 실시하였다.

166) 심기연 면담, 2009년 5월 1일.

167) 강원도체육회. 『江原道體育史』 2004: 75.

168) 강원일보. 1962년 6월 6일자.

169) 심기연 면담, 2009년 5월 1일.

170) 심기연 인터뷰, 2012년 5월 12일.

171) 이석봉은 속초 '함흥냉면' 주인으로 '자전거에 냉면을 잔뜩 싣고 손으로 냉면 7~8 그릇을 들고 배달할 정도였다' 고 한다(이문형 면담, 2012년 5월 10일). 그 장시 잘 뛰었어요. 함경도 400m 선수 출신이에요. 이석봉씨는 선수면 무조건 공짜, 고기도 많이 주고, 대단했어요. 그 많은 선수들을, …속초시는 물론이고 다른 곳 선수도 눈에 보이면 마냥 베풀었어요(심기연 증언, 2012년 5월 12일).

172) 심기연 면담, 2012년 5월 12일.

173) 심기연 인터뷰, 2009년 5월 9일.

174) 이문형 면담, 2012년 5월 10일.

175) 심기연 면담, 2010년 5월 12일.

176) 심기연 증언, 2009년 5월 1일.

177) 양양문화원. 『襄陽郡誌』, 2010: 991.

178) 강원일보. 1962년 6월 9일자.

179) 고등학교로는 전국에서 양양고등학교가 창단이 제일 빠를 거예요. 팀으로는…

우리와 비슷한 연도인 충청남도에 합덕농업고등학교가 1964년인가 그래요(박순원 인터뷰, 2009년 4월 12일).

180) 이문형 면담, 2012년 5월 10일.

181) 좌로부터 신창오, 고창주, 심기연, 김근우, 최원섭, 전성국.

182) 신현택 사이클 창단 지도교사에게 심기연 제자가 꽃다발을 증정하고 있다.

183) 사이클 동문 김동일 회장님께서 김창림 감독 교사에게 감사패를 전달하고 있다.

184) 조규억 교장선생님께서 사이클 창단 40주년을 맞이하여 환영사를 하고 있다.

185) 대한 사이클연맹 최부응 부회장님께서 창단 40주년 기념 축사를 하고 있다.

186) 이석봉은 양양군 사이클이 강원도뿐만 아니라 전국 규모대회에서도 이름이 알려지게 되자 더욱더 적극적인 관심을 갖게 되었다. 사이클 훈련장에서 직접 기술적 조언은 물론 후원회를 구성하여 강원도 내 출전선수들 격려를 위해 직접 참가하기도 하였다.

187) 심기연 회상, 2009년 5월 1일

188) 심기연 회상, 2012년 5월 12일.

189) 이석봉은 함경도에서 육상 단거리 400m 선수로 출전하여 입상한 경력이 있다.

190) 강원도체육회. 『江原道體育史』, 2004: 218.

191) '제1회 학생종합체육대회를 6월 23일까지 강릉 공설운동장에서 개최하며 학생체육대회를 강조하여 학교체육에 대한 진흥 측면에서 자극을 주었다' (강원도체육회, 2004: 75).

192) 제1회 대회보다 종목 수와 출전 선수도 규모가 증가하였다. 육상, 자전거, 배구, 축구 연식 정구, 배드민턴, 권투, 역도 등 1천 3백 명의 선수들이 출전하였다. 양양고등학교는 전년도 대회에 이어 중·고등학교 사이클 종목과 고등학교 연식정구 팀을 추가하여 출전하였다.

193) 양양문화원. 『襄陽郡誌』, 2010: 992.

194) 강원도체육회. 『江原道體育史』, 2004: 76.

195) 양양중·고등학교 사이클부는 제1회 학생 종합체육대회와 제2회 대회에 출전하여 고등학교는 심기연, 김근우 선수가 중학교는 전성국 등이 선전하여 중·고등학교 공이 연속 종합 우승을 하였다. 그러나 제3회 대회에 양양고등학교는 김근우가 졸업한 후 김봉수, 손철갑, 전성국, 김종완 선수 등 4명의 선수가 출전하여

이를 이어왔으나 양양중학교는 선수가 육성되지 않아 1964년 제3회 대회부터 출전하지 못하게 되었다.

196) 상장 문맥 내용을 살펴보면, '본회 주최 제1회 각 중고등학교 대항 자전차 선수권대회에서 탁월한 기술을 발휘하여 우수한 성적으로 입상하였기에 이에 표창함. 1962년 6월 8일. 강원도체육회장 이용' 그리고 '위는 본회 주최 제2회 학생종합체육대회에 탁월한 기술을 발휘하여 우수한 성적으로 입상하였기 이에 표창함. 1963년 7월 13일 강원도체육회장 이용'에서 확인할 수 있다.

197) 사이클 트랙 경주에서 경기를 할 때… 스피드가 떨어지는 것을 미연에 방지하기 위해… 박진감 있는 경기를 유도하기 위하여… 본부석 방향 트랙의 홈인 센터라인 선두로 통과하는 주자에게 책임 선두를 부여해요… 책임 선두를 완료한 선수에게만 골인 등위 순서가 인정되는 규정이 바로 책임 선두예요. …그 당시 시합에서… 예를 들면, 2위 김봉수(19 ' 39 " 9)는 서성경(19' 39" 8)보다 늦은 3위로 골인하여 기록은 뒤졌지만…책임 선두를 완료했기 때문에 2위가 된 것이지요(박순원 인터뷰, 2010년 5월 17일).

198) 양양문화원. 『襄陽郡誌』, 2010: .993.

199) 강원일보. 1964년 5월 16일자.

200) 강원도체육회. 『江原道體育史』, 2004: 76.

201) 양양문화원. 『襄陽郡誌』,2010: 994.

202) 사이클 창단 지도교사인 신현택은 배구 출신으로 중학교 배구팀을 육성해오다 1964년 타 학교로 전출되었고, 1965년 새로 부임한 체육교사 김관옥은 농구 출신으로 핸드볼 팀 육성으로 사이클의 전통을 이어가지 못했다.

203) 1962년 양양고등학교 사이클 창단선수 1964년 양양고등학교졸업, 1969~1971년 양양고등학교 사이클 감독 겸 코치, 1970년 우수선수 육성지도 공로표창 수상(양양군체육회장), 1984년~2003년 한국체육대학교 사이클 지도교수, 1984년~2003년 서울시사이클연맹 회장, 총무, 전무, 부회장, 제12회 아시아 사이클 선수권대회 경기행정담당관(1985), 제10회 1986년 서울 아시아 경기대회 경기행정담당관, 제24회 1988년 서울올림픽 경기행정 담당관, 1994년 경륜사업단 심판자격 김징시험 출제관리위원장.경륜용어 심의위원, 제13회 방콕 아시아 경기대회 선수단 본단 임원, 1988년 대한체육회장 한국 체육발전 공로 표창 수상, 1991년 한국 교육발전 공로 대통령 표창, 2001년 서울시체육회 국제교류 부위원장, 2001년 체육발전공로 표창 수상, 2003년 체육발전공로 감사패, 한국학생사이클연맹 부회장, 대한 사이클연맹 이사총무이사, 한국체대,

204) 양양문화원. 『襄陽郡誌』, 2010: 197.

205) 김동일 인터뷰, 2012년 5월 12일.

206) 양양문화원. 『襄陽郡誌』, 2010: 74.

207) 양양문화원. 『襄陽郡誌』, 2010: 75.

208) 김동일 면담, 2012년 5월 12일.

209) 1969년~1971년 양양고등학교 사이클 선수, 1969년 제50회 사이클 고등부 양양고등학교 최초 입상자, 1972년 양양고등학교졸업, 1997년~2003년 양양고등학교 사이클 동문회회장, 2000년~강원도 사이클연맹 상임부회장.

210) 김동일 면담, 2012년 5월 12일.

211) 1967년 제48회 서울 전국체육대회부터 처음으로 고등부 사이클 종목이 채택되었다.

212) 강원도체육회.『강원체육사』, 2004: 455.

213) 김동일 면담, 2012년 5월 12일.

214) 일반부 800m 일제 3위, 1,600m속도 경기에서 양양고등학교 출신 전성국은 3위로 선전하였다.

215) 강원도체육회. 『江原體育史』, 2004: 456.

216) 1971년 제52회 서울 전국체육대회에서 600m 3위 전원경의 기록만이 보인다.

217) 1970년 5월 초 사이클 훈련 도중 반환점인 오색 약수터에서 잠깐 휴식을 취한 후 학교를 향해 하행 길을 앞서거니 뒤서거니 하며 내려오던 중 마사토로 노면이 잘 다져진 직선 내리막길에서 1학년 정형교의 사이클 앞 호구가 부러지면서 발생하였다. 이때 안면이 핸들 포스트에 여러 번 부딪혀 머리의 충격과 넘어지면서 온몸의 상처에서 많은 출혈로 정신을 잃는 사고로 약 1개월 만에 회복하여 퇴원하게 된 사고이다.

218) 전국대회가 끝나고 김근우는 양양군 체육회장 최해규 군수로부터 어려운 여건 속에서 역경을 이겨내고 우수한 선수를 배출하여 체육발전에 기여한 공로로 표창장(체육발전 공로)을 수여한 바 있다(양양군체육회, 1970년 12월 30일).

219) 김동일 면담, 2012년 5월 12일.

220) 신재성은 진부중학교에서 스키 선수를 육성하다 양양중학교에 전출되어 스키부를 창설하고 육성하여 각종 시합에서 입상시킨 바 있었다

221) 1972년 고등학교 신입생 방양호 선수를 비롯하여 석대해, 고광석, 남승희 등과 중학교 스키선수 중 사이클로 전향한 이상균, 박순원 등으로 팀을 보안하였다.

222) 심기연 면담, 2012년 5월 12일.

223) 심기연 면담, 2009년 5월 1일.

224) 박순원 인터뷰, 2009년 4월 12일.

225) '학생들 자체가 몸도 좋고 정신력이 좋은 선수를 훈련시켰는데 전국대회에 입상 못시킨다면 내가 문제 있는 거지요' '스피드다'. 2급 경기 지도자 교육에서 내 지도 방법이 맞다고 늘 그렇게 생각했는데,··· 그 내용을 발표하니 비웃더라고요. 100m가 빨라야 200m가 빠르고 200m가 빨라야 800m 빠르다는 거죠. 그래서 단거리 스피드 훈련을 많이 반복하여 시켰어요 짧은 거리를 그리고 각 대회별 전년도 최고 기록이 아니면 전망이 없다 해서 출전하지 않았어요. 기록에 도달해야 시합 나간다 ···그래서 양고가 나가면 1등 한거지요. 그런 방법을 7년동안 계속 시킨거지요 지금 얘기한 게 7연패의 골자예요(심기연 인터뷰, 2012년 5월 12일).

226) 1975년 양양고등학교 졸업, 1974년 국가대표, 1989~1990년 양양여자고등학교 지도자, 1991~1992년 양양군청 감독, 1991~1994년 강원도 사이클 연맹 전무이사, 2008~현 양양군 사이클 연맹 회장.

227) 강원도체육회. 『江原體育史』, 2004: 460-461.

228) 박순원 인터뷰, 2012년 5월 11일.

229) 뒷줄부터 황윤근, 심기연선생님, 노승준, 심종석, 김남호, 강원남, 김창림, 김진섭, 진상태, 이인형, 김남수, 최돈석, 박상택.

230) 제 58회 전국체육대회 종합 우승 교직원과 기념촬영.

231) 1980년 양양고등학교 졸업, 1980~1988년 국가대표, 1982년 방콕 제9회 아시아 사이클 선수권대회 100km 도로 단체경기 금메달, 1982년 뉴델리 제9회 아시아경기대회 100km 도로 단체경기 금메달(아시아 신기록), 1982년 11회 마닐라 아시아 선수권대회 100km 도로 단체경기 은메달, 제12회 인천 아시아 사이클 선수권대회 100km도로단체경기 금메달, 스위스 세계 사이클 선수권대회 출전, 1984년 제23회 LA 올림픽대회 출전, 1986년 제10회 아시아경기대회 100km 도로 단체경기 은메달, 국가대표 중장거리 감독상(2006년 청용장, 2008년 백마장) 수상, 1991년 독일 슈트트 가르트 사이클 선수권대회 코치, 2006년 도하 아시아경기대회 감독 실적(장선재 3관왕 한국 우수선수상) 수상, 2006년~현 대한지적공사 코치, 감독.

232) 강원도체육회. 『江原體育史』, 2004:P 464-465.

233) 심기연 인터뷰, 2012년 5월 12일.

234) 강원일보. 1980년 5월 11일자.

235) 사진관 기념촬영; 김남수, 박상택, 박중리교사, 강원남, 장윤호, 심종석.

236) 양양고 선수 기념촬영; 김남수, 박상택 장윤호, 심종석, ,강원남.

237) 춘천교육대학 운동장; 석대해, 방양호, 김남호, 김종후, 허 영, 안호순, 이정욱, 김남수, 강원남, 장윤호, 김형국, 박상택, 심종석.

238) 김남수, 장윤호, 심종석, 교감, 교장 정치규,

239) 심기연 인터뷰, 2012년 5월 12일.

240) 강원도지사.

241) 국회의원.

242) 양양면장, 양양군체육회 부회장.

243) 일신자전거 수리점 대표.

244) 중앙약국 경영.

245) 박순원 인터뷰, 2009년 4월 12일.

246) 심기연 인터뷰, 2009년 5월 1일.

247) 400m 트랙에서 진행하는 10,000m 경기 모습, 두 번째 선수가 심종석 선수이다.

248) 4,000m 단체 추발경기 모습, 야! 멋지다!! 양양고!

249) 우승; 1978년 10월 16일 장윤호, 강원남, 박상택, 심종석.

250) 400m육상 트랙에서 시합, 1978년 10월 16일, 10,000M 결승골인 직전 장면 1위 심종석

251) 심기연, 2009 5월 1일.

252) 심기연, 2012년 5월 12일.

253) 심기연 인터뷰, 2012년 5월 9일.

254) 제64회 전국체전 시상식 후 시가행진을 하고 있다. 박춘웅 선수는 1km 개인 독주 경기에서 1위로 입상하였다.

255) 1982년 양양고등학교 졸업, 1983년 5000m 속도경기 한국 신기록(6'58"6'1), 1986년 국가대표, 1986년 서울 아시아경기대회 4km 단체경기 은메달, 1988년 서울 올림픽대회 출전, 1989년 제11회 뉴델리 아시아 선수권대회 4km 단체 추발경기 금메달, 1991년 동두천 여상 사이클 팀 창단 감독교사.

256) 1990년 양양고등학교 졸업, 1997년 국가대표, 1994 제12회 아시아 사이클 선수권대회 동메달 (대통령 표창), 1997년 국민체육진흥공단 경륜선수 , 전국체육

대회 금 7, 은 3, 동메달 6개 입상(스프린트 3연패), 1999년 제19회 아시아 사이클 선수권대회 경륜경기 동메달, 1999년 경륜 올스타대회 우승 경륜 사업본부 특선 급 대상경주 우승 11회, 준우승 6회, 2000년 제27회 시드니 올림픽대회 국가대표 출전, 2006년~2009년 현재 서울 체육고등학교 사이클 전임코치.

257) 심기연 인터뷰, 2012년 5월 12일.

258) 1992년 9월 5일 유영환 교장 선생님께서 (앞 줄부터 김규연, 정동석, 강경화, 이형우, 박춘복, 황남식, 윤양석) 선수에게 시상하고 있다.

259) 박순원 감독교사는 1991년 3월 1일자로 양양고등학교에 전입되어 5년간 복무한 후 1996년 3월 1일자로 타교로 전출되었다가 1998년 3월 다시 양양고등학교 사이클 지도 감독을 맡게 되었다.

260) 1984년 양양고등학교 졸업, 양양고등학교, 서울체고, 한국체대 사이클 코치, 주니어·시니어 국가대표 코치, 1994년 제75회 전국체육대회 금메달 3, 개인도로경기 1~4위 양양고등학교 석권 지도코치, 1994년 제11회 대통령배 전국사이클경기대회 금메달 (11개 종목 중 9개 입상 지도코치, 2002년 제10회 방콕 아시아주니어 사이클 선수권대회 지도코치, 2003년 제23회 창원 아시아 사이클 선수권대회 지도코치.

261) 사진에서 보듯이 이 영광된 지도상에는 양양중·고등학교 사이클 전성기에 피와 땀이 섞인 남다른 노고와 희생이 포함되어 있다.

262) 강원체육회.『江原體育史』, 2004: 485.

263) 강원체육회.『江原體育史』, 2004: 486.

264) 강원체육회.『江原體育史』, 2004: 489.

265) 1993년 10월 4,000 단체추발 경기 1위, 30km 포인트 경기 1위 황남석, 89.1km 개인도로 1위 정동석, 3km 개인 추발경기 3위 윤양석.

266) 앞줄 윤양석, 정동석, 황남식, 강경화, 뒷줄 김형우, 김정영, 이천환, 박수환.

267) 양남석교사, 전광섭 체육교사, 오경식교사, 허용봉 지도자, 박순원 감독.

268) 양양고등학교 사이클 팀은 대전 사정공원 9.4km를 10바퀴 주행하는 남고부 94km 개인 도로경기에 윤양석·박수환·김정영·정동석 선수 등이 출전하여 윤양석과 박수환이 세 바퀴째부터 2진 그룹과 6분대로 벌려 일찍 금, 은 메달을 확정했고, 2학년생인 박수환이 초반부터 경기를 리드하다가 결승점에서 선배 윤양석에게 우승을 내줘 갈채를 받기도 했다. 또한 1년생인 김정영 선수도 3바퀴를 남겨놓고 메인 그룹에서 이탈하여 메달 독식에 일조했다(박순원 인터뷰, 2010월 5월 17일).

269) 의정부 사이클 경기장.

270) 1995년 4월 23일- 5월 2일까지 열린 필리핀 마닐라에서 열린 제4회 아시아 주니어사이클대회 4,000m 단체 추발경기 시상식, 한국선수단 세 번째 선수가 박수환선수이다.

271) 고병수 인터뷰, 2012년 5월 11일.

272) 2006 북해도 홋카이도 국제 도로 사이클 경기에서 심완규 외 4명은 독주 단체 동메달을 획득함으로써 2007년 우리나라에서 열렸던 국제도로 사이클에서 김성태 외 4명은 도로단체에서 동메달로 입상하였다.

273) 이와 같은 지도공적으로 박순원 감독교사는 2001년도와 2002년도에 최우수 감독상을 받게 되었다. 이 영광된 지도상에는 남다른 지도 육성의 헌신이 포함되어 있음을 다시금 인식할 필요가 있다.

274) 2000년 5월 박충규 양양 사이클연맹 회장, 서정현 강원도 사이클연맹 회장, 조규억 양양고등학교 교장, 주윤호, 노도엽, 신경섭, 김현승, 김동영.

275) 뒷줄 박충규 회장, 천형근 ,허용봉 지도자, 노혜수, 박순원, 장석삼.

276) 2002년 아시아 사이클 선수권 대회를 마치고 돌아온 김동영 선수에게 양양읍 남문 1리 감남원 이장님과 주민들이 환영식 및 잔치를 열고 있다.

277) 강원일보. 2008년 7월 9일자.

278) 강원 도민일보. 2009년 4월 3일자.

279) 匿名 金海東, 2012년 5월 27일.

280) 1975년 양양고등학교졸업, 양양고등학교 사이클 감독(1998~2003), (2008~2012 현), 1993년 강원도체육상 수상, 1994년 제75회 대전전국체육대회 고등부 개인도로 경기(94km) 1~4위 석권, 1995년 제4회 마닐라 아시아 주니어 사이클대회 감독, 1997년 양양군 체육문화상 수상, 2001년, 2002년 대한사이클연맹 최우수 감독상수상, 강원도사이클연맹 전무이사, 부회장.

281) 박순원 인터뷰, 2009년 4월 7일.

282) 심기연(9회, 1963년 졸업), 전성국(13회, 1967년 졸업), 방양호, 석대해(21회, 197년 졸업), 장원호(26회, 1980년 졸업), 김형국 김규근(27회, 1981년 졸업), 안우혁(28회, 1982년 졸업), 엄인영(36회, 1990년 졸업), 박계준(37회, 1991년 졸업), 최의동(38회, 1992년 졸업), 손양석(41회, 1995년 졸업), 박수환(42회, 1996년 졸업), 장일남(44회, 1998년 졸업), 김동영(49회, 2003년 졸업), 김철수(51회, 2005년 졸업), 김성태(52회, 2006년 졸업).

283) 김종석, 박춘웅(30회, 1984년 졸업), 엄인영(36회, 1990년 졸업), 박계준(37회,

1991년 졸업), 최희동(38회, 1992년 졸업), 원양석(41회, 1995년 졸업), 박수환, 김정영(42회, 1996년 졸업), 장일남, 김영수(44회, 1998년 졸업), 김동영 주윤호(49회, 2005년 졸업), 정영교(50회, 2004년 졸업), 김철학(51회, 2005년 졸업), 심완규(52회, 2006년 졸업), 정충교, 이경호(54회, 2008년 졸업).

284) 캐나다 앨바타주 시내 일원에서 교환경기를 하고 있는 모습과 개나다 앨바타주 교환경기 시합을 마치고 노도엽 선수가 1등 소감을 인터뷰를 하고 있다.

285) 양양고등학교 사이클 부의 피와 땀이 모여 있는 곳.

286) 사이클 경기는 트랙 경기와 도로경기로 구분하는데, 트랙 경기는 사이클 전용경기장(벨로드룸)에서, 도로경기는 일반도로에서 경기를 하였다. 그 당시 국내에는 트랙 전용경기장(벨로드룸)이 없어 육상경기장 400m 트랙에서 경기를 하였다. 이와 같이 국내의 사이클 트랙경기는 400m 평면 육상 경기장에서 시합을 하기 때문에 트랙 곡선 주에서 코너 위크시 안전사고가 자주 발생했다.

287) 양양군문화원. 『襄陽郡誌』, 2010: 984.

288) 양양군은 지난 2009년 2월 24일에 양양군 손양면 학포리 조성공사 현장에서 기공식을 거행하였다. 본 시설의 조성목적은 군민의 체위 향상과 사이클 고장의 전통을 이어가며 사이클 경기력 향상을 위하여 양양종합스포츠타운 및 사이클 전용벨로드룸경기장을 건설하게 되었다. 위치는 손양면 학포리 산 136번지 일원에 건설되며, 2009년 2월 착공하여 2011년 3월까지 3년간 280억원이 투입된다. 총면적은 104,991㎡이며, 축구장 1면(100m×68m), 육상트랙 8레인, 부대시설로 주차장, 광장, 체육공원 등이다(양양군문화원. 『襄陽郡誌』, 2010: 1984).

289) 양양군문화원. 『襄陽郡誌』, 2010: 984.

290) 강원도 사이클 전용 벨로드룸 경기장은, 1985년 제66회 전국체육대회를 앞두고 춘천에 총 사업비 12억 3,200만원으로 춘천시 삼천동에 부지 면적 33, 226m2, 트랙 면적 10, 750m2로 333, 3m의 국제 규격으로 의암호 주변의 아름다운 공관과 잘 어우러지는 춘천 명물로 자리 잡게 되었으며 도내 대회는 물론 국내 각종 대회를 유치하고 있었다. 그 후 생활 체육 단체인 춘천시 저전거 사랑회가 시설 전부를 위탁 운영하다가 적자로 운영되지 못하고 있다(강원도체육회, 『江原體育史』, 2004: 388~389).

291) 박순원 인터뷰, 2009년 4월 2일.

292) 김병수 인터뷰, 2012년 5월 11일.

293) 2010년 1월 22일, 이진호 양양군수님께서 대한사이클연맹 사이클대상 수상 후 강원도 사이클 연맹 임원진과 기념촬영.

294) 강원일보. 2011년 12월 12일자.

295) 김용수 구술 채록, 2012년 5월 19일, 강릉 종합운동장 쉼터에서.

296) 심기연, 2012년 5월 12일.

297) 박상택, 2012년 5월 19일.

298) 심종석, 2012년 5월 19일.

299) 심기연, 2012년 5월 12일.

300) 심종석, 2012년 5월 19일.

301) 박상택, 2012년, 5월 19일.

302) 박상택, 2012년 5월 19일.

303) 박순원, 2012년 5월 19일.

304) 박순원, 2012년 5월 19일.

305) 박상택, 2012년 5월 19일.

306) 박순원, 2012년 5월 19일.

307) 박상택, 2012년 5월 19일.

308) 심종석, 2012년 5월 19일.

309) 匿名 金海東, 2012년 5월 27일.

310) 속초 실업고등학교, 양양고등학교, 강원도청, 1986년 아시아경기대회 국가대표 코치 등.

311) 심기연, 2012년 5월 11일.

312) 양양의 녹원갈비 박춘규 회장님은 80년 중반부터 지금까지 사장님께서 직접 월별로 선수들에게 영양식을 제공하고 있다(박순원, 2012년 5월 19일).

313) 도민일보. 2012월 4월 1일자.

314) 김병수, 2012년 5월 11일.

315) 성판악 코스는 한라산 동쪽 산사면으로 백록담 정상까지 오르는 9.6km의 등반코스이다. 우리 선수단은 한라산 중턱을 관통하는 5,16도로 중간 지점에서 출발하여 왕복 19,2km을 매년 제주도 전지 훈련 시 극기훈련으로 선택하여 실시하고 있다. 겨울 등반이라 눈이 너무 많아서 고생은 했지만 우리 선수들은 영원히 있지 못 할 추억이 될 것이다.

304) 김병수, 2012년 5월 10일.

305) 김용수, 2012년 5월 19일, 강릉종합운동장.

306) 양양고등학교 사이클 감독 체육교사 박순원, 2012년 6월 1일.

참고문헌

강준만(2008). 한국 자전거 문화의 역사 : 자전거를 '레저'로 만든 '자
   동차 공화국', 인물과 사상, 3.

강원도체육회(2004). 江原體育史. 춘천: 강원일보사출판국.

강원도 사이클연맹 홈페이지(2012).

강원도민일보. 2009년 4월 3일자.

강원일보. 1962년 6월 6일자.

강원일보. 1962년 6월 9일자.

강원일보. 1963년 7월 14일자.

강원일보. 1964년 5월 16일자.

강원일보. 1980년 5월 11일자.

강원일보. 1983년 3월 15일자.

강원일보 1991년 1월 17일자.

강원일보. 1997년 10월 28일자.

강원일보. 2009년 7월 9일자

경향일보(1986. 4. 12). 엄복동자전거 관련기사.

경향일보. 1986년 4월 12일자.

고병수 인터뷰. 2012년 4월 11일. 양양: 양양고등학교 체육부.

국민일보. 2017년 1월 15일자.

김근우(1994). 韓國 사이클 競技史의 時代的 區分. 체육연구소논문집, 12(1),
   12-19.

김근우 면담(2009. 10. 29). 자택.

김근우 면담(2009. 11. 25). 전화면담.

김근우 면담(2009. 12. 8). 자택.

김근우. 양양사이클 반세기. 서울: 보명사.

김기석, 이향규(2003). 구술사: 무엇을, 왜, 어떻게 할것인가?, 구술사이론·방법 워크샵 자료집. 한국교육사고, 5-6.

김동일 인터뷰. 2012년 5월 11일. 양양: 자택에서.

김동준(2012). 자전거의 역사. 월간교통, 1. 羅絢成(1957). 韓國運\動競起史. 서울: 普文社.

김용수(2012). 양양고등학교 사이클 50년의 발자취, 강원: 성원인쇄문화사.

김은신(1998). 한국 최초 101장면. 가람기획.

김태수(2005). 꽃가치 피어 매혹케 하라 : 신문광고로 본 근대의 풍경. 황소자리.

독립신문(1896.10.8). "[광고] Bicycle For Sale"

독립신문(1898.6.14). "자행거에 기름 넣는 기계와 바람 넣는 기계를 어떤 아해가"

독립신문(1899.7.13). "[광고] 개리양행, 미국에 기별하여 여러가지 유명한 자행거가"

독립신문(1899.7.29). "[광고] 개리양행, 자행거 수레바퀴에 나마질 인도고 통과 공기 잡아 넣을".

독립신문. 1899년 7월 13일자.

동아일보. 1920년 5월 21일자.

동아일보. 1983년 8월 22일자.

동아일보. 1986년 4월 12일자.

동아일보(1920. 5.21). 엄복동 관련기사.

동아일보(1983. 8.22). 엄복동 관련기사.

동아일보(1986. 4.12). 엄복동 관련기사.

대한사이클연맹 홈페이지(2012). Korey Cycling Federation.

대한 사이클 연맹 검색. 2015년 10월 27일. http://cycling.or.kr/

대한체육회 홈페이지(2012). http://www.sports.or.kr.

박성득 외 2(1995). 자! 이제 자전거로 갑시다. 서울: 글사랑.

박성희(2004). 질적 연구방법의 이해: 생애사연구(Biography research)를 중심으로. 서울: 원미사.

박상택 인터뷰. 2012년 5월 19일. 강릉: 강릉종합운동장 쉼터.

박순원 인터뷰. 2009년 4월 12일. 양양: 양양 읍사무소 휴게실.

박순원, 인터뷰. 2010년 5월 17일. 양양: 양양고등학교체육부.

박순원 인터뷰. 2012년 5월 9일. 양양: 양양고등학교체육부

박순원 인터뷰. 2012년 5월 10일. 양양: 양양고등학교체육부

박순원 인터뷰. 2012년 5월 11일. 양양: 양양고등학교체육부.

박순원 인터뷰. 2012년 5월 19일. 강릉: 강릉종합운동장 쉼터.

서울특별시사편찬위원회(1979). 서울육백년사 제3권. 서울특별시. 세계일보. 2004. 01. 18.

선봉옥(1997). 한국 사이클경기의 변천과정에 관한 연구. 서울대학교 석사 학위논문.

손환·이가람(2011). 한국 최초 야구 경기에 대한 고찰. 한국체육학회지. 제50권, 제5호.

심기연 인터뷰. 2009년 5월 1일. 서울: 왕십리 커피숍.

심기연 인터뷰. 2012년 5월 12일 서울: 동서울 커피숍.

심종석 인터뷰. 2012년 5월 19일. 강릉: 강릉종합운동장 쉼터.

양양고등학교등학교(2001) 양양고등학교 50년사.

양양고등학교홈페이지(2012). http://www.yang.go.kr/

양양고등학교 총동문회(1999). 양양중고인. 양양: 보라기획.

양양군청 홈페이지(1982). http://www.yangyang.go.kr

양양문화원(2010). 襄陽郡誌. 춘천: 강원일보사 출판국.

양양군생활체육회 홈페이지(1990). http://www.yangyang-sportal. go.kr

유병렬(1989). 사이클 선수의 의식구조에 관한 연구. 한국체육학회지. 28(1). 49-62.

유재천(1996). 독립신문의 국문판과 영문판 논설 비교분석. 언론과 사회, 14.

윤홍은(2005). 마지막 공간. 청계천 사람들의 삶의 기록. 서울: 진보생활문

예.

이규태(1971). 개화백경 3권. 서울: 新太陽社

이경재(1993). 서울정도육백년 다큐멘터리 2 개화풍속도. 서울: 서울신문사.

이경훈(2006). 한국근대문학풍속사전: 1905~1919. 태학사.

이문형 인터뷰. 2012년 5월 10일. 양양: 자택.

인천일보. 1964년 9월 7일자.

임석원·박성수·김대한(2014). 일제강점기 '륜패천하(輪覇天下)'의 주역 엄복동 생애의 明과 暗에 관한 論考. 한국체육학회지, 53(3), 23-34.

정성은(2011). 한국 사이클 경기의 역사. 안동대학교 석사학위논문.

정성화·로버트 네프(2008). 서양인의 조선살이. 서울: 푸른역사.

정용택 면담(2009. 11.26). 한국체육대학교 자문회의.

정용택 면담(2009. 11.28). 전화면담.

조선일보(2011. 9.27). 문화재청 관련기사.

조선일보. 2011년 9월 27일자.

조한욱(2000). 문화로 보면 역사가 달라진다. 서울: 책세상.

조화훈 면담(2009. 11.25). 대한사이클연맹 사무소.

조화훈 면담(2009. 12.7). 전화면담.

철도청(2003). 사진으로 보는 해방 이전의 철도역사. 대전: 철도청.

클리퍼드 기어츠(1973). 문옥표(역). 문화의 해석. 서울: 한국정신문화 연구원.

파이낸셜 뉴스, 2017년 3월 8일자.

호레이스 알렌(1999). 신복룡(역). 조선견문기. 집문당.

하웅용·이용우(2012). 엄복동자전거 문화·기술적 해석. 한국체육사학회지. 28(1). 16-26.

한겨레 신문. 1994년 4월 13일자.

황산웅·심현(1980). 自轉車敎本. 서울: 대광문화사. 趙豊衍(1898). 서울 잡학 사전 -개화기의 서울 풍속도-. 서울: 정동출판사.

Andrew Ritchie(1999). The Origins of Bicycle Racing in England:

Technology, Entertainment, Sponsorship and Advertising in the Early History of the Sport, Journal of Sport History, 26(3).

Carl Becker(1966). Everyman His Own Historian. chicago: Quadrangle Books.

Horace N. Allen(1896). Bicycle Experiences in Korea, The Korean Repository. Aug.

Horace N. Allen(1908), Things Korean: A Collection of Sketches and Anecdotes Missionary and Diplomatic. New York: Fleming H. Revell Company.

Lawrence S. E-mail(2009.11.29).

Lawrence S. E-mail(2009.11.30).

Lawrence S. E-mail(2009.12.3).

Lawrence S. E-mail(2009.12.9).

Lawrence S. E-mail(2009.12.13).

Lawrence S. E-mail(2009.12.26).

Lawrence S. Interview(2009.12.4). Telephone Interview.

Lawrence S. Interview(2009.12.6). Telephone Interview.

Lawrence S. Interview(2010.1.4). Telephone Interview.

Lawrence S. Interview(2010.1.6). Telephone Interview.

The Independent, 1896. 04. 09.

The Independent, 1896. 06. 18.

The Independent, 1896. 07. 25.

The Independent, 1896. 12. 22.

The Independent, 1897. 03. 13.

The Independent, 1897. 04. 27.

The Independent, 1897. 05. 07.

The Independent, 1897. 05. 20.

www.flickr.com/photos

초원의 빛(Splendor in the Grass)

윌리엄 워즈워스(William Wordsworth)

What though the radiance which was once so bright
Be now for ever taken from my sight,
한때 그처럼 찬란했던 광채가
이제 내 눈앞에서 영원히 사라졌다 한들 어떠랴

Though nothing can bring back the hour
Of splendor in the grass, of glory in the flower
초원의 빛, 꽃의 영광어린 시간을
그 어떤 것도 되불러올 수 없다 한들 어떠랴

We will grieve not, rather find
Strength in what remains behind;
우리는 슬퍼하지 않으리, 오히려
뒤에 남은 것에서 힘을 찾으리라

In the primal sympathy
Which having been must ever be;
지금까지 있었고 앞으로도 영원히 있을

본원적인 공감에서